Vertrauen Deiner Intuition

Ein Leitfaden Für Dein Authentisches Leben

Robin Pollak

Gebundene Ausgabe ISBN: 978-1-958714-86-7
Taschenbuch ISBN: 978-1-958714-87-4
Ebook ISBN: 978-1-958714-88-1
Library of Congress Kontrollnummer: 2023933483

CHICAGO · NEW YORK · PARIS · ROME

Muse Literarisch
3319 N. Cicero Avenue
Chicago IL 60641-9998

Dieses Buch ist aus meiner Sicht geschrieben. Die Erinnerungen, die ich mit dir teile (einschließlich Familie und Freunde), mögen in deinem Kopf anders aussehen, aber es ist das, was ich gesehen, gefühlt und erlebt habe.

WIDMUNG

i.l.y. 4784

JDP2

Für Cooper, Maggie, Chelsea,
Jade, Jeri, Dezi, Luci, und Rhoda

INHALT

Zugang zum Inspirational Podcast über diesen QR-Code

EINFÜHRUNG

Dinge aus einem anderen Blickwinkel zu betrachten, macht mich immer neugierig. Ich konnte Dinge in mir selbst aus einer neuen Perspektive sehen. Je mehr ich lernte, mich mit meiner intuitiven Seite zu verbinden, desto mehr konnte ich mir selbst vertrauen. In vielerlei Hinsicht ist der Prozess zu schreiben "der Tanz des Nichstuns". Ich war in der Lage, mir selbst die Erlaubnis zu geben, den Dingen in meinem Kopf ihren Lauf zu lassen. Neugierig zu werden. In vielerlei Hinsicht ist dieses Buch ein Beispiel dafür, dass ich Ja zu mir selbst gesagt habe. Es gab so viele Momente, in denen ich aufgehört habe zu schreiben und neu anfangen musste. Ich hatte die Gelegenheit, meine intuitiven Fähigkeiten zu erweitern, als ich dieses Buch schrieb. Mir wurde klar, dass meine Fähigkeit zum Channelisieren und Empfangen von Informationen von meinen Führern in Wirklichkeit ein weiteres Annehmen meiner Gaben war. Jedes Mal, wenn ich an einem Scheideweg stand und mich entscheiden musste, ob ich weiter schreiben sollte oder nicht, sagte ich Ja zu mir selbst und machte weiter. Ich sagte Ja zu mir selbst und machte weiter. Auf diese Weise habe ich alle Schritte, die ich in den letzten vier Jahren gegangen bin, bestätigt und anerkannt.

Was du wissen solltest: Alle Titel sind in Wirklichkeit gechannelte Botschaften. Dieses Buch ist für all jene, die intuitiv sind und die neugierig sind. Die persönlichen Geschichten, die ich mit euch teile, sind ein Leitfaden, der euch auf eurer Reise begleiten wird.

Jede Überschrift ist eine gechannelte Botschaft, die ich im Essay näher erläutert habe.

Die Kanäle sind kursiv geschrieben.

Das Buch ist so geschrieben, dass du es entweder so lesen kannst, wie es aufgebaut ist, oder du kannst das Inhaltsverzeichnis zu Rate ziehen, um die Informationen zu finden, die du an dem jeweiligen Tag brauchst. Vielleicht liest du das ganze Buch in unregelmäßigen Abständen. Das ist perfekt. Jedem Aufsatz folgt eine Meditation, die dich noch tiefer in die Energie des Aufsatzes hineinführt.

Ich hoffe, dass du dich in meinen Geschichten wiederfindest. Meine Hoffnung ist, dass du dich in den Geschichten wiederfindest und dass sie der Katalysator dafür sind, dass du noch neugieriger wirst, als du es ohnehin schon bist.

Ich wünsche mir, dass du aus diesen Geschichten das mitnimmst, was dich anspricht, und das loslässt, was dir nicht dient.

Ich hatte keinen Plan oder eine bestimmte Vorgehensweise, ich vertraute einfach darauf, dass ich meine Erfahrungen und mein Wissen weitergeben musste. Auf diese Weise habe ich mehr über mich gelernt. Ich wünsche dir, dass du mehr über dich selbst herausfindest. Gib dir die Erlaubnis, dich selbst zu erforschen. Durch diese Arbeit habe ich gelernt, wie wichtig es ist, mir selbst die Erlaubnis zu geben, ich selbst zu sein. "Daydreaming for Warriors" ist die ursprüngliche Idee dessen, was schließlich zu diesem Buch wurde. Es ist der Tanz des Nichtstuns. Es ist die Erlaubnis zu sein. Allzu oft habe ich mich dabei ertappt, wie ich mich im Kreis drehte und darüber nachdachte, was ich tun "sollte" oder wie ich die Dinge in Ordnung bringen könnte. Ich hoffe, dass die Geschichten in diesem Buch dir erlauben, zu tun, was du willst.

Damit du anfangen kannst, dich selbst authentisch zu umarmen, zu lieben und zu fühlen.

1

Nutze deine Weisheit

Kennst du den "Hätte-Könnte-Tanz"? Ich habe ihn jahrelang getanzt und kann dir sagen: Er ist reine Zeitverschwendung. Es geschieht, wenn es geschehen soll. Ich rollte innerlich mit den Augen, wenn mir die Leute sagten: "Mach nicht den "Hätte-Könnte-Tanz"-Tanz", um mich aufzumuntern. Es gibt einen Grund, warum wir uns wehren. In meinem Fall war es die Angst vor Veränderungen, vor Urteilen und die Schwierigkeit, mir selbst zu vertrauen... um nur einige zu nennen. Ich hatte das Gefühl, Dinge zu wissen, die ich nicht erklären konnte. Ich hörte Stimmen. Ich war mir nur nicht ganz sicher, ob die Informationen, die ich hörte, auch wirklich wahr waren. Wie ich mit den Stimmen in Kontakt treten konnte oder ob ich das überhaupt sollte, wusste ich auch nicht. Ich konnte die Idee akzeptieren, dass Menschen hellsehen können. Diese Vorstellung faszinierte mich. Ich fühlte mich davon angezogen. Aber ich war nicht skeptisch; ich bin New Yorkerin und wusste, dass Menschen Betrüger sein können. Also vertraute ich nicht darauf, dass irgendein Hellseher verstehen würde, was vor sich ging. Ich habe die ganze Zeit an mir selbst gezweifelt und mich gefragt, ob ich mir das alles nicht nur eingebildet habe.

Meine Intuition war etwas, das ich trug, wie jemand, der einen Pullover anzieht, den er ganz unten in der Schublade vergessen hat. Du weißt schon, den man vergräbt, weil er nicht zu den Lieblingsstücken gehört. Als ich ihn also zerknittert fand, ausschüttelte und anzog, fühlte er sich kratzig und eng an, und innerhalb von Minuten hatte ich ihn wieder ausgezogen und weggelegt. Ich hatte das Gefühl, dass ich nicht wusste, wie ich meine hellseherischen Fähigkeiten einfordern sollte, oder ob es überhaupt etwas zu fordern gab. Es war, als hätte ich eine neue Maschine bekommen und versucht, sie zu bedienen, ohne die Gebrauchsanweisung zu lesen. Du weißt, was ich meine - es fühlte sich seltsam an und ich war nicht vertraut damit. Ich brauchte viel Zeit, um zu begreifen, dass ich über ein Gespür verfüge, auf das ich zurückgreifen konnte, wenn ich Hilfe brauchte. In Krisenzeiten konnte ich mich gut auf meine Intuition verlassen. Aber ich fand es entmutigend zu entscheiden, wann ich mich in weniger dringenden Situationen darauf verlassen sollte. Als ich zu verstehen begann, dass jeder Mensch über Intuition verfügt, wurde mir klar, dass so viele von uns ihre innere Weisheit verleugnen. Ich fing an, darüber nachzudenken und dachte: *Welche Zutaten brauche ich, um meiner Intuition zu vertrauen?* Ich dachte darüber nach und stellte mir die Zutaten so vor, wie wenn man eine Suppe kochen würde. Ich grübelte herum, wie ich es immer tue, wenn ich versuche, etwas herauszufinden. Ich wusste, dass ich Vertrauen, Glauben, Liebe und Mitgefühl in mir selbst entwickeln musste. Ich wollte aufhören, das, was ich dachte, zu hinterfragen. Als ich damit begann, fühlte es sich unangenehm an, als würde ich die Schuhe eines anderen tragen. Das war es auch. Ich schlüpfte in die Schuhe einer Person, die an sich selbst glaubte und wusste, dass sie wertvoll und wertvoll ist.

Hast du ein Lieblingspaar Hausschuhe? Ich schon. Eines Tages betrachtete ich meine Pantoffeln mit den Kaffeespritzern und einem weiteren Fleck, den ich nicht zuordnen kann, und entschied, dass ich ein neues Paar brauchte. Also habe ich mir ein neues Paar gekauft, und als es bei mir angekommen ist, habe ich es ganz hinten in den Schrank gestopft. Ist dir das auch schon passiert? Ich hatte das Gefühl, dass ich sie bald anziehen würde. Als ob ich meine Bequemlichkeit aufgeben würde, wenn ich die neuen Pantoffeln anziehe. Im übertragenen Sinne ist das wohl so. Es dauerte eine Weile, bis ich das Vertrauen hatte, dass die neuen Hausschuhe den Komfort und die Entspannung bieten, die man braucht, wenn man Unterstützung braucht. Eines Tages beschloss ich, sie einfach aus dem Schrank zu holen und zu tragen. Am nächsten Tag holte ich mir die gleichen. Als ich beim Hineinschlüpfen in den linken Pantoffel auf meine Füße blickte, bemerkte ich mein altes, vertrautes Paar auf dem Boden meines Schrankes und mein Herz wurde ein wenig schwer. Als würde ich ein Stück von mir wegwerfen. Ich lächelte und merkte, dass ich in vielerlei Hinsicht über diese alten Pantoffeln hinausgewachsen war. Die Zeit war gekommen, etwas Neuem zu vertrauen. Dass diese neuen Pantoffeln mir ein gutes Gefühl geben würden und dass sie genauso gut, wenn nicht sogar besser sein würden. Es war Zeit für einen Sprung des Vertrauens und einen Sprung des Glaubens. Ich zog die neuen Pantoffeln an, aber es dauerte eine Weile, bis ich die alten wegwerfen konnte. Bald hatte ich vergessen, dass ich sie überhaupt hatte. Eines Tages steckte ich meinen Ohrring in meinen Schrank und ließ ihn fallen. Ich kniete mich hin und suchte den Ohrring zwischen den Schuhen auf dem Schrankboden und den gelegentlichen Staubhasen. Meine alten Hausschuhe standen ganz hinten neben dem Ohrring. Ich schaute sie an und musste kichern. Die Zeit war gekommen, sie wegzuwerfen. Ich hatte mich weiterentwickelt. Meine neuen Pantoffeln fühlten sich gut an und waren perfekt. Ich musste mir die Chance geben, die neuen Ideen, die ich über mich gelernt hatte, Wurzeln schlagen zu lassen. Ich musste mich daran erinnern, dass all diese innere Arbeit selbst ein Prozess ist. Ich muss mich immer wieder daran erinnern, Mitgefühl mit mir selbst zu haben, mit allem, was ich bin.

Das ist ein Prozess, dem ich mich verschrieben habe. Persönliches Wachstum - so wurde mir klar - ist kein Ziel, das zeitlich begrenzt ist. Es ist eine Entscheidung für das Tun der inneren Arbeit. Nachdem ich gelernt hatte, Dinge in meinem Leben loszulassen, die einfach nicht funktionierten, konnte ich mir den Raum schaffen, an das zu glauben, was ich bin. Ich hatte die Freiheit, zu dem zu stehen, was ich war.

Ich kann erkennen, dass ich, indem ich meinen Wert und mein Selbstvertrauen verleugnete, den wertvollsten Teil von mir losgelassen habe. Ich war verloren und versuchte immer, von anderen anerkannt zu werden.

Ich richtete mein Verhalten an anderen aus, die ich respektierte, anstatt an mir selbst. Ich habe mir erlaubt, sehr klein zu werden. Ich bin der Überzeugung, dass wir mit dem Verlust der Verbindung zu unserer Intuition auch den Kern dessen verlieren, was wir sind. Dieses Buch zeigt auf, wie ich begann, meine Intuition zu akzeptieren. Du hast die Wahl. Du kannst deine Intuition nutzen.

Etwas zum Nachdenken

Die Wahrheit ist, dass wir alle eine Intuition haben, die wir verleugnen. Wenn wir das Vertrauen in uns selbst in Frage stellen, sagen wir damit, dass wir nicht genug sind. Stattdessen müssen wir den Teil nähren, der es uns ermöglicht, Vertrauen und Glauben zu haben und unseren Wert und unsere Würde zu erkennen. Wenn wir unsere Intuition verleugnen, lassen wir den wertvollsten Teil von uns los. Wir sind verloren. Wenn du versuchst, den Fluss deiner Intuition abzuschalten, schaltest du auch den innersten Teil von dir ab. Die Intuition ist das führende Licht. (Wir hören auf, auf unsere innere Weisheit zu hören, wenn wir Entscheidungen treffen, Verbindungen eingehen und unsere Träume verwirklichen.) Wir riskieren, die Essenz dessen zu verlieren, was wir sind. In diesem Buch geht es darum, wie ich begonnen habe, meine Intuition zu akzeptieren. Du hast die Wahl, deine Intuition anzuzapfen.

Es gab eine Zeit, in der ich den Wunsch verspürte, mehr mit mir selbst verbunden zu sein. Ich konnte diese Sehnsucht in mir spüren. Ich glaube, es war ein Zeichen, dass ich neue Informationen zulassen musste. Ich sollte offen sein für neue Ideen, um meine Verbindung zu mir selbst zu vertiefen. Es war diese plötzliche Veränderung, ein Erwachen in mir. Ich begann, die Dinge in einem neuen Licht zu sehen. Ich begann, alte Muster und Gedanken zu verändern und mich innerlich weiterzuentwickeln.

Um mit dieser Übung zu beginnen, musst du dir die Erlaubnis geben, zu träumen oder zu "putteln". Die Fähigkeit, Gedanken zuzulassen, die dir durch den Kopf gehen, ohne sie zu bewerten. Schenke dir die Zeit, dich nicht unter Druck zu setzen, zu denken oder etwas zu tun. Es klingt seltsam, aber ich glaube, dass in diesem Raum die Magie zu entdecken beginnt. Die Freiheit, dir die Zeit zu geben, dich zu wundern. In all den Ideen fängst du an, zu enträtseln, was dir wichtig ist. Fang an, diese Ideen aufzuschreiben. Wichtig ist auch, dass du dir jeden Tag mindestens zehn Minuten Zeit für diese Tätigkeit nimmst. Früher dachte ich, dass es wichtig sei, wie viel Arbeit ich produziere, aber ich habe schnell gelernt, dass sie mit meinen Überzeugungen verbunden sein muss, damit das, was ich tue, von Leidenschaft angetrieben wird.

Umgib dich mit Menschen, die bereit sind, ihre Denkmuster zu ändern. Sei bereit, alte Glaubensmuster zu verändern, die dich in einer Geschichte festhalten, in der sich deine Träume unerreichbar anfühlen. Wenn wir beginnen, unsere alten Überzeugungen aufzulösen, schaffen wir Raum, um neue Ideen in Betracht zu ziehen und unseren Träumen zu vertrauen. Wir beginnen, unsere Ideen zu säen und dann Schritte zu unternehmen, um vom bloßen Denken zum Erschaffen dessen überzugehen, was unsere Ideen der Welt bringen könnten. Auf diese Weise entdecken wir unsere Leidenschaft. Diese Leidenschaft ist die Energie, die uns zu einer tieferen Verbindung mit dem, woran wir glauben, antreibt. Sobald wir das glauben, beginnen wir, auf unseren Wert zu vertrauen und eine neue Version von uns selbst zu entwickeln. Unser Ego wird zum Vorschein kommen und uns dazu bringen, unsere Entscheidungen zu hinterfragen. Die Version von uns, die sich nicht mit unserer Seele verbunden hat, scheint so weit weg zu sein. Wir wissen jetzt, dass wir der Tagträumerin in uns vertrauen und ihr Licht leuchten lassen können.

CHANNEL

In deinen ruhigsten Momenten
Hast du entdeckt
wer du bist
dieser Teil von dir
Das braucht
Keine Erlaubnis
um herauszukommen
gesehen werden
Gehört werden
Anerkannt werden

Die Erlaubnis
Das muss von innen kommen
Du musst alle deine Geschenke sehen
beanspruche sie für dich
Herrlichkeit in allem, was du bist
Eine Zeitleiste erstellen
In der Zukunft
Wo dein Licht leuchten kann
Siehst du im Wert
wer du bist
Erkenne deine Weisheit
Omaya

AFFIRMATION

Ich erkenne mein Geschenk an

INSPIRATION

Ein Raum zum Finden deiner Gabe

2

WIR BRAUCHEN EINE GEWISSE STILLE, BEVOR WIR WACHSEN KÖNNEN

Wenn wir merken, dass wir uns aus dem Gleichgewicht gebracht oder sogar krank fühlen, dann ist das die Art und Weise, wie unser Körper alte Informationen und Geschichten loslässt, um Platz für eine neue Integration zu schaffen, denn es steht ein Upgrade an.

Mich hat schon immer alles interessiert, was mit Persönlichkeitsentwicklung zu tun hat. Wenn ich mich selbst besser verstehen würde, könnte ich ein authentischeres Leben führen.

Das Problem war, dass ich immer auf Situationen außerhalb meiner eigenen Person gehört und geschaut habe. Als ich mit der Erforschung meiner Intuition begann, merkte ich bald, dass ich nach innen gehen muss. Viel zu lange hatte ich meine Handlungen danach beurteilt, wie ich mit dem übereinstimmte, was andere Menschen von mir zu sehen glaubten. Ich musste Vertrauen und Glauben in das haben, was ich finden würde, bevor ich nach innen schauen konnte. Das ist die eigentliche Arbeit. Ich musste mich von der Vorstellung lösen, dass alle anderen die Antworten für mich haben. Ich hatte den unbewussten Wunsch, aus dem Opferdreieck auszubrechen, in dem ich lebte. Ich war zu lange das Opfer gewesen, hatte denjenigen beschuldigt, den ich für den Täter hielt, und dann nach einem Retter gesucht. Durch die tägliche Entscheidung, mich mit meinem Höheren Selbst und meiner Intuition zu verbinden, begann ich, an mich selbst zu glauben und die Idee zu erforschen, dass die Informationen und Weisheiten, die ich erhielt, etwas waren, dem ich Glauben und Vertrauen schenken konnte. Ich schlüpfte in die Rolle meiner eigenen Retterin.

Es ging nicht darum, Recht zu haben. Es ging darum zu glauben, dass ich einen Wert hatte. Ich war wertvoll. Es hat lange gedauert, bis ich diese beiden Gedanken verinnerlicht hatte. Ich wusste, dass ich einen Wert habe, wenn ich etwas zur Welt beitrage, aber der Gedanke, dass ich einen Wert habe, wenn ich nur ich selbst bin, ohne etwas für andere zu tun, war schwer zu begreifen. Rückblickend erkenne ich jetzt, dass es meine wichtigste Lektion war und ist, daran zu glauben, dass ich einen Wert und einen Wert habe, wenn ich einfach ich selbst bin. Wenn ich mit meinen Klienten arbeite, ermutige ich sie, ihren eigenen Wert zu erkennen. Ich weiß jetzt, wie unschätzbar wertvoll diese Erkenntnis ist, aber viele Jahre lang war sie mir entgangen.

Ich erinnere mich an das erste Mal, als ich mit meinem Coach telefonierte und sie mich fragte: "Liebst du dich selbst?" Ich verdrehte die Augen, zögerte mit der Antwort und atmete tief durch. Wenn du mich überhaupt kennst, bin ich es nicht. Ich stolperte herum und hatte das Gefühl, den leeren Raum mit etwas füllen zu müssen, dann spuckte ich aus: "Ich liebe es, mitfühlend und geduldig zu sein." In der Pause, die auf meine Antwort folgte, konnte ich die Energie spüren, die auf eine andere Antwort wartete. In diesem Moment war das alles, was ich anbieten konnte. In meinem Kopf schrillten bei dieser Frage alle Alarmglocken. Die Wahrheit war, dass ich mochte, wer ich war, aber mich selbst geliebt zu haben? Ist es nicht das, was uns jemand gibt?

Ich lernte, mehr Mitgefühl für mich selbst zu haben und mich von all den Auslösern zu befreien, die mich dazu brachten, meinen Wert und meine Würde in Frage zu stellen. Diese Auslöser brachten mich dazu, mich zu fragen, ob ich genug bin. Das endlose Gespräch in meinem Kopf, in dem ich mich fragte, ob ich es hätte anders machen sollen. Das ist der Moment, in dem ich mit mir selbst spreche und sage: "Hey, du, hör auf mit diesem ,Hätte, wäre, wenn'-Tanz!" Es ist leicht für mich, den vertrauten Weg der Frustration und Verteidigung zu gehen. Dorthin gehe ich, wenn ich meinem Ego das Ruder überlasse. Sobald diese Energie verflogen ist, löse ich normalerweise Probleme und finde heraus, was ich als nächstes tun kann, indem ich meiner Intuition folge. Früher habe ich mir nie die Zeit genommen, mich selbst zu hinterfragen. Ich habe nie in mich hinein geschaut oder an mich geglaubt. Ich nahm Kritik an und leckte meine Wunden, aber ich schaute selten auf die Situation und dachte über mein Verhalten nach. Mich hat immer nur das Resultat interessiert. Ich war leicht überfordert und sehr ängstlich, wenn ich Entscheidungen treffen musste, bevor ich volles Selbstvertrauen hatte. Ich traf Entscheidungen auf der Basis der Meinung einer Gruppe von Menschen und nicht auf der Basis meines eigenen Wissens. Dadurch fühlte ich mich unsicher, leicht überfordert und unruhig. Ich wurde ungeduldig, frustriert und sehr selbstkritisch. Ich merkte, dass ich es nicht einmal mochte, mir große Ziele zu setzen. Was, wenn ich scheitern würde? Die Sprache der Liebe, die ich benutzte, basierte auf der Art und Weise, wie ich von anderen Menschen gesehen wurde.

ETWAS ZUM NACHDENKEN

Wir sind der Meinung, dass wir zur Veränderung der Dinge das Problem erkennen und es in Ordnung bringen müssen. Aber was wäre, wenn es nichts in Ordnung zu Bringen gäbe? Was wäre, wenn die Dinge, von denen wir denken, dass sie Probleme oder negative Eigenschaften sind, in Wirklichkeit Geschenke sind? Wir lassen den Zwang los, es allen recht machen zu müssen, wenn wir anfangen, mehr Mitgefühl für das zu haben, was wir gerade sind. Lass uns für einen Moment die Augen schließen und uns an eine Zeit erinnern, in der wir geliebt wurden. Dabei kann es sich um die Liebe zu einem Menschen, zu einem Haustier oder auch zu einem Erlebnis handeln. Erinnere dich an die Gefühle, die du dabei empfunden hast. Was war das Gefühl in deinem Körper, als du diese Liebe erfahren hast? Erinnere dich nun an die Ausdehnung deines Herzens, um diese Liebe für dich zu fühlen. Wenn du diese Verbindung zu deinen Erinnerungen herstellst, erkennst du, dass du die Liebe für dich halten kannst und immer in ihr verankert bist. Wenn wir uns Lieben können, können wir Lieben lassen.

CHANNEL

Erschaffe die Vision, wie du liebst
[Es] kann die Seelen berühren, die du erreichst
Die Energie, sie zu erreichen
kannst du nicht beherrschen oder beanspruchen

Es ist ihre Reise,
den Raum zu schaffen,
um ihren Wert zu entdecken.
Sie warten auf den entscheidenden Moment,
in dem sie den Wert dessen erkennen,
was sie sind.
Du kannst den Raum schaffen,
in den sie eintreten können
Erschaffe einen Raum für sie,
um ihre Größe zu erleben
Entfalte, was darunter liegt
Lass die Freude los
Lass die Angst los
Lass das Urteil los
Geh die Schritte,
die du gegangen bist,
um ihre angeborene Authentizität zu entdecken

AFFIRMATION

Ich bin würdig

INSPIRATION

Finde deine Stimme

3

ERLAUBNIS KOMMT VON INNEN

Der Tod ist ein Thema, über das man nur schwer sprechen kann, und es gibt keine richtige oder falsche Art und Weise des Trauerns. Es gibt keine Regeln. Um den Tod ranken sich so viele Ängste. Viele Menschen führen dieses Gespräch in ihrem eigenen Kopf. Ich habe es vermieden, darüber zu sprechen, bis ich direkt danach gefragt wurde, weil die Leute so reagiert haben, als ich erzählte, dass meine Mutter gestorben ist, als ich drei Jahre alt war. Es gab Zeiten, da war ich nach der Schule bei einem Freund. Ich war so aufgeregt, weil wir uns zum Spielen trafen. Ich erinnere mich an ein besonderes Spiel mit sieben Jahren, als wir am Küchentisch saßen und Thunfisch und Cracker gegessen haben. Die Mutter meiner Freundin kam mit ihrem Kaffee dazu und fragte mich nach dem Altersunterschied zwischen mir und meiner Schwester und zwischen meiner Schwester und meinem Bruder. Zwischen einem Bissen Thunfisch und einem Schluck Seetang habe ich es ihr erklärt. Alle Einzelheiten. Warum sie das wissen wollte, darüber habe ich nicht nachgedacht. Sie fing an zu weinen und versuchte, mich in den Arm zu nehmen, was sich erdrückend und unangenehm anfühlte. Ich lernte schnell, so wenig wie möglich zu erzählen, selbst wenn ich gefragt wurde, denn sobald die Leute die wahre Geschichte erfuhren, lag eine unangenehme Spannung in der Luft. Sie waren traurig und wussten nicht, was sie mir sagen sollten. Ich hatte nie eine Ahnung, was ich sagen sollte, es war einfach eine Tatsache. Mir war nie bewusst, dass sie meiner Trauer Raum gaben. Tatsache ist, dass ich nie das Gefühl hatte, Mitleid zu verdienen. Ich habe nie getrauert. Mein

Vater und meine Schwester haben getrauert, nicht ich. Dass ich nicht wusste, wie ich Mitgefühl annehmen sollte, weil ich immer dachte, es sei nicht mein Verlust, wurde mir erst viel später bewusst. Es war eine Art Schutz vor dem Schmerz des Verlustes. Mitgefühl empfangen zu können bedeutete, dass ich mir erlauben musste, mich selbst zu heilen.

Als ich in meinen Dreißigern war, beschloss ich, einen Therapeuten aufzusuchen, der mir Selbsthypnose beibrachte. Ich dachte, ich könnte hypnotisiert werden, um meine Erinnerungen an meine Mutter zu rekonstruieren. Die Hypnose war interessant, aber es gelang mir nicht, eine tiefere Verbindung herzustellen oder verlorene Erinnerungen wiederzuerlangen. Als ich mit meinem Therapeuten sprach, merkte ich, dass ich mir selbst Vorwürfe machte, mich nicht mit meiner Mutter verbinden zu können. Ich versuchte, Medien zu kontaktieren, um eine Verbindung herzustellen, aber sie konnten keine Verbindung zu meiner Mutter herstellen. Mein Therapeut und ich untersuchten dies auf einer tieferen Ebene. Ich fühlte Mitleid mit meinem kleinen Ich und verstand, dass ich mein kleines Ich nicht dafür verurteilen konnte, dass es diese Erinnerungen nicht festhielt. Ich verstand, dass ich das von meinen Kindern nicht erwarten würde. Irgendwie löste dieser Gedanke eine große Traurigkeit in meinem Herzen aus. Wie viel Liebe hatte ich mit meinen Kindern geteilt, und wenn ich sterben würde, würden sie sich auch nicht an mich erinnern. Diese Gedanken brachten so viel Traurigkeit in mir zum Vorschein. Wie schwer muss es für meine Mutter gewesen sein, mit 36 Jahren zu wissen, dass ich sie vergessen würde. In diesem Raum spürte ich diese tiefe Verbundenheit und begann, mit meiner eigenen Trauer in Berührung zu kommen.

Die Trauer kam wie ein Güterzug. Nur mein Mann Kevin wusste, dass ich zum ersten Mal seit 35 Jahren trauerte. Ich teilte meinen Schmerz mit niemandem und lebte mein Leben, als wäre es ein ganz normaler Tag. Mir wurde klar, dass ich Hilfe brauchte. In Wahrheit erlebte ich ihren Verlust, als wäre er gerade erst geschehen. Ich fing an, mit Menschen, die mir nahe standen, darüber zu sprechen, und ich sprach sogar mit meiner Schwester darüber. Ich war so wütend auf sie, dass sie sie zwölf Jahre lang in ihrem Leben hatte und all diese Erinnerungen in ihrem Inneren unter Verschluss waren. Irgendwie verstand ich, dass diese Erinnerungen ihr gehörten. Die letzten Teile unserer Mutter, die sie noch hatte. Mein Vater war etwas ganz anderes. Ich war so hin- und hergerissen, wie ich jeden Tag weitermachen sollte, wie ich all diese Informationen für mich behalten und als privat einstufen sollte. Ich habe mir nie wirklich erlaubt, wütend auf ihn zu sein. Ich habe immer runtergeschluckt, was ich fühlte. Ich fühlte mich so isoliert; dies war eine gemeinsame Erinnerung, und doch hatte ich aufgrund meines Alters irgendwie keine Erinnerung. Irgendwie verstand ich, warum sie so fest an ihnen festhielten. Auf einer anderen Ebene war ich verwirrt und frustriert, dass ich nicht in die Informationen eingeweiht war, an denen ich beteiligt war. Ich fühlte mich isoliert und nicht Teil der Familie. Das Gefühl, ausgeschlossen zu sein, war lange Zeit ein Auslöser für mich. Ich habe es nie verstanden. Es hat lange gedauert, bis ich akzeptiert habe, was sie mir geben konnten, und ich habe aufgehört zu fragen. Ich war in der Lage, meinen Verlust zu verstehen und meine Geschichte mit anderen zu teilen, und wenn sie mir ihr Beileid aussprachen, konnte ich es annehmen. Ich wusste, dass der Verlust meiner Mutter nicht nur meine Schwester und meinen Vater betraf. Er gehörte zu mir.

Als ich fünf Jahre alt war, spielte ich in meinem Zimmer mit meinen Puppen, als mein Vater an die Tür klopfte. Er trug ein kariertes Hemd mit kurzen Ärmeln und eine khakifarbene Hose. Er hatte immer diesen sauberen Geruch, den ich liebte, und dieser Geruch zog ins Zimmer, noch bevor er die Tür öffnete. Die Tür knarrte auf. Ich wusste, dass er es war, ohne ihn anzusehen. Er trug einen Briefumschlag und einen Rahmen bei sich. Er bat mich, zu ihm zu kommen. Er reichte mir den großen Umschlag, hielt aber den Rahmen fest. Er sagte mir, er wolle, dass ich die Bilder meiner Mutter bekomme, aber ich solle sie in meiner Schublade aufbewahren, damit ich Gerda (meine Stiefmutter) nicht verärgere. Wir öffneten meine oberste Schublade und er legte den Rahmen mit der Vorderseite nach unten und den großen gelben Umschlag oben drauf. Er legte meine Kleidung wieder oben drauf und schloss die Schublade. Er wartete darauf, dass ich die Schublade schloss und stellte sicher, dass sie nicht zu sehen war. Mein Vater schenkte mir ein kleines Lächeln und schloss die Tür. Ich habe ihn nicht einmal gefragt. Ich spürte, dass ihm das wichtig war. Nachdem er gegangen war, öffnete ich die Schublade und kramte den Rahmen heraus. Ich schaute meine Mutter auf dem Foto an und berührte ihr Lächeln durch den Glasrahmen. In diesem Moment wusste ich, dass Gespräche über meine Mutter tabu waren. Ich verstand das nicht, aber erst viel später habe ich es in Frage gestellt. Ich wusste, wo sie waren. Ich hatte ein Stück von meiner Mutter in meiner Kommode. Ich bewahrte sie dort sicher in meiner Unterwäscheschublade auf, damit ich ihr Gesicht jeden Tag sehen konnte. Ich nahm sie erst aus der Schublade, als ich aus dem Haus meiner Eltern auszog. Es war an der Zeit, dass diese Bilder von uns zu sehen waren. Zuerst stellte ich sie auf eine Kommode und schließlich in mein Familienzimmer auf ein Regal. Erst als ich meinen Sohn bekam, erhielt ich eine Nachricht von ihr. Sie sind sehr wertvoll für mich. Hier ist eine, die ich kürzlich erhalten habe.

CHANNEL

Es wurde deiner Seele verliehen,
als du erschaffen wurdest
Deine Weisheit und dein Licht sind ein Geschenk
Verliehen von Engeln und Führern,
die dein Licht in einem anderen Leben sahen
Eine andere Zeit,
die darauf wartete,
dass du es siehst

Sieh es in deinen eigenen Augen Hör auf,
darauf zu warten, es [in] einem anderen zu sehen
Ich glaube, du suchst meine Liebe in allen Augen,

die du siehst Ich bin hier Meine Liebe ist endlos
Du fühlst sie Du weißt,
wie du sie in dir erkennen kannst
Sei stark,
mein schönes Mädchen
Sei mutig
Sei hell
Sei neugierig
Meine Liebe umgibt dich immer

EINE NACHRICHT FÜR DICH

Wenn wir Schmerz empfinden, brauchen wir all unsere Ressourcen zur Bewältigung. Meine Tante Rose hat mir gesagt, dass man in einer Notsituation manchmal fünf Minuten auf einmal nehmen muss, und wenn das zu viel ist, nimmt man einen Moment nach dem anderen. Wenn ich daran denke, wie meine Geschwister getrauert haben, als sie ihre Eltern verloren, haben wir das auf unsere eigene Weise getan. Das größte Geschenk, das wir uns selbst machen können, ist die Fähigkeit, uns nicht für das zu verurteilen, was unsere Seele braucht, sondern uns Zeit zu geben, um zu heilen. Ich hatte das Glück, meinen Bruder und meine Schwester zu haben, die für mich da waren, als ich es nicht konnte.

Die Energie, die du dir gibst, um deine Gefühle zu ehren, wird gebraucht, wenn du der Zeit erlaubst, über den Moment hinauszugehen.

CHANNEL

Tränen ermöglichen es uns, loszulassen und zu heilen.
Jetzt ist die Zeit, der Liebe zu erlauben, zu dir zu kommen
Empfangen zu können und von denen gehalten zu werden, die
dir den Raum geben können,
um zu sein

Erlaube dir eine Zeit, in der du die Erlaubnis hast
Sei still
Zum Weinen
Allein zu sein
Zum Lachen
Zur Erinnerung

AFFIRMATION

Ich erlaube es mir

INSPIRATION

In jedem von uns

4

ALLEINE FINDEST DU ES TIEF IM INNEREN

Als ich diese ganze spirituelle Reise begann, hatte ich ein sehr systematisches Ritual, das ich jeden Tag befolgte. Ich wachte jeden Tag auf und entschied mich dafür, offen zu sein für das, was das Universum mir bringen könnte. Ich hatte keine bestimmte Erwartung. Ich war offen dafür, zu sehen, was kommen würde. Eines Tages, nachdem ich dieses Ritual wochenlang durchgeführt hatte, stellte ich fest, dass ich einen Mangel an Verbindung verspürte. Ich war besorgt, dass ich diese Gabe irgendwie verloren hatte. Als ich mit meiner Mentorin sprach, sagte sie mir, dass ich das Ritual nicht mehr brauche. Ich hatte das, was ich brauchte, in mir selbst. Ich könnte darauf zugreifen, wo und wann immer ich wollte. Ich war überrascht und probierte es aus. Ich merkte, dass ich wusste, was das für ein Gefühl war, wenn ich mich verband. Ich konnte es in der Mitte meines Herzens spüren. Ich wusste, wie es sich in meinem Kopf anfühlte. Es ging nicht darum, dass ich etwas verloren hatte, sondern um eine neue Perspektive auf das, was ich gewonnen hatte. Stille zu schaffen bedeutet für mich, mir die Zeit zu gönnen, in mich selbst zu gehen und mich mit etwas Größerem als mir selbst zu verbinden. Dazu muss ich darauf vertrauen, dass das, was ich fühle, real ist, und ich muss glauben, was ich fühle und was ich weiß. Wenn ich mir nicht die Zeit genommen hätte, Stille in meinem Leben zu schaffen, hätte ich das nie entdeckt.

Meine neue Art, Stille zu schaffen, ist das *Tüfteln - die* kleinen Dinge, die ich in meinem Haus tue, erlauben es mir, meine Gedanken schweifen zu lassen und nachzudenken, ohne mich zu zwingen, an etwas Bestimmtes zu denken. All die Listen, Planungstabellen und Dinge, die viele Menschen tun, um sich zu organisieren, funktionieren bei mir einfach nicht. Das soll nicht heißen, dass ich keine Listen und Tabellen benutze, aber wenn ich mich in einem kreativen Modus befinde und versuche, meine Intuition anzuzapfen, helfen mir diese Methoden nicht weiter. Jede/r von uns muss herausfinden, was für ihn/sie funktioniert und wie er/sie den Raum findet, um seine/ihre Intuition zu erkennen und auf das zu hören, was sie sagt. Jedes Mal, wenn ich an einem Kurs teilnehme oder einen Podcast über persönliche Entwicklung höre, höre ich den Vorschlag, ein Ritual zu machen. Sobald ich das höre, ist das mein Stichwort, das zu tun, was für mich funktioniert. Ich vertraue darauf, dass ich selbst weiß, was für mich gut ist. Ich bin resistent gegen jedes Ritual; ich fühle mich in offenen Räumen wohl. Ich schaffe mir Momente, in denen ich meine Gedanken schweifen lassen kann. Ich habe unzählige Male versucht, feste Routinen zu haben. Ich arbeite besser, wenn ich mich nicht zu sehr einschränken muss. Ich akzeptiere das einfach und weiß intuitiv, dass ich Zeiten in meinem Tag habe, in denen ich produktiver bin als in anderen. Ich habe einen Terminkalender und einen Zeitplan, aber die Zeit, die mir zusteht, organisiere ich locker, um Raum zum Tüfteln zu schaffen. Ich kann es in meinem Körper spüren, wenn sich meine Energie verändert. Ich bin sehr wachsam, um meine Energie zu erkennen und nur Energie zuzulassen, die zu meinem höchsten Wohl dient. Das bedeutet auch, dass ich merke, wenn ich Energie von Leuten um mich herum aufnehme, die nicht meine ist. In dem Maße, in dem ich mein Bewusstsein intuitiv entwickle, nehme ich immer deutlicher wahr, wann ich einen Stimmungswechsel spüre. Ich schaue immer wieder nach, woher dieses Gefühl, diese Emotion kommt. Ich habe gelernt, mich in Räumen mit anderen Menschen zurechtzufinden, damit ich nicht ein Schwamm für die Stimmungen anderer bin. Das ist etwas, das ich mit meinen Kunden bearbeite. Es ist eine häufige Hürde für Menschen, die empathisch sind. Ich bezeichne es als Straßensperre, weil es sich anfühlen kann, als würde man in die Realität eines anderen Menschen eindringen.

CHANNEL

Sei eine Antwort für deine Frage
Hör auf deine Stimme
Sprich und sei bereit, dich auf das zu stützen, was du weißt
Stelle nicht in Frage, was du sicher weißt
Erlaube deiner Stimme, sich zu erheben und wahr zu sein
Wissen, dass es Wissen ist
Wissen kann dazu führen, dass du
Weniger erklären musst
Sei stolz und treu
Sehe, wer du bist
Wisse, dass du genug bist
Beanspruche einen Platz des Wissens
Ein Wissender weiß nicht alles
kann aber Wissen annehmen, wenn es angeboten wird
nimm an, was angeboten wird
Es gehört dir
Mach es zu deinem eigenen.

Wir sind damit vertraut, die Dinge um uns herum aufzuräumen. Genauso wichtig ist es, die Emotionen in uns zu entrümpeln. Ich finde, wenn ich mir jeden Tag "Zeit *zum Aufräumen*" nehme, ist das eine Zeit, in der ich meinen Gedanken nachhängen kann, ohne einen bestimmten Fokus zu haben. Unserem Geist zu erlauben, sich auf das zu konzentrieren, woran er denken möchte. Die Gedanken zu sichten und mir die Zeit zu geben, das zu integrieren, was ich brauche, und das loszulassen, was nicht nützlich ist. Mach dir klar, dass du diese Zeit brauchst und gib sie dir. Diese Zeit *des Grübelns* ermöglicht es uns, Dinge zu verarbeiten. Wir alle verarbeiten die Dinge auf unsere eigene Art und Weise. Wenn du das bedenkst, wirst du erkennen, was du brauchst. Dies ist deine heilige Zeit. Es ist eine Zeit, in der du neue Informationen aufnimmst und das, was du glaubst, in dein Leben integrierst.

AFFIRMATION

Schau nach innen, um die Stimme zu finden.

INSPIRATION

Entdecke deinen inneren Wert

5

JEDER HAT EINE INNERE STIMME.
SEI STILL UND HÖRE ZU.

Ich bin der Meinung, dass es unsere Bestimmung ist, an uns selbst zu glauben. Dieses Licht leuchtet in uns so hell, dass die in ihm enthaltene Energie unsere Fähigkeit zur Erfüllung unserer Bestimmung zum Leuchten bringt. Wir erschaffen das Gewebe in uns zur Kultivierung des Glaubens an uns selbst. Vertrauen und das Wissen, dass wir, wenn wir an unsere Träume glauben, tatsächlich eine Zeitlinie erschaffen, in der sie wahr werden können. Es gibt keine externe Quelle, die besser geeignet wäre, die Wahrheit zu verbreiten, als unser eigenes Herz, das die Vision trägt, von der wir träumen. Wir werden uns unserer angeborenen Gaben bewusst, wenn wir erkennen, dass wir die Dirigenten unserer Träume sind.

Schweigen ist das Mutigste, was ich tun kann. Auf meine eigene Stimme zu hören und zu akzeptieren, dass es genug ist. Mich daran zu erinnern, dass in mir ein Licht brennt. Es dauert lange, bis ich mich mit diesem Gedanken anfreunden kann. Es scheint mir leichter zu sein, das Licht in anderen Menschen zu sehen. Diene ihnen, zeige ihnen ihr Licht, zeige ihnen ihre Bestimmung, führe sie auf den Weg ihrer Seele. In einem Gespräch mit meiner Mentorin vor einigen Jahren sagte sie mir, dass der beste Teil meiner Gabe die Fähigkeit sei, mich selbst zu fragen, was ich wissen müsste. Es mag absurd klingen, aber manchmal vergesse ich, um Hilfe zu bitten. Am Anfang dachte ich nicht einmal daran zu fragen, weil ich dachte, dass ich immer für andere fragen sollte. Die Idee, mich zu vernetzen, war aufregend für mich. Ich war so aufgeregt, dass ich mich mühelos mit meinen Guides verbinden konnte. Ich begann und hörte so oft auf, weil ich das Gefühl hatte, dass meine gewohnte mühelose Verbindung blockiert war. Ich stellte fest, dass ich zu viel nachdachte und dass ich versuchte, mich mit meinem denkenden Verstand zu verbinden, anstatt mich mit meinem Herzen zu verbinden. Ich saß mit einem Channel zusammen, der mir sagte: "Gehe in einen Raum, in dem es innerlich ruhig ist, und suche uns dort". Am einfachsten war es für mich, das automatische Schreiben zu benutzen. Auf diese Weise konnte ich mich immer auf einer tieferen Ebene mit den Menschen in Verbindung setzen. Ich saß in meinem Zimmer und atmete ein paar Mal durch, um Raum zum Empfangen zu schaffen. Dann habe ich in meinem Tagebuch auf ein leeres Blatt Papier eine Frage geschrieben. Am Anfang bekam ich nichts. Ich versuchte es jeden Tag. Am vierten Tag spürte ich die Energie in meinem Körper und begann mit geschlossenen Augen zu schreiben. Erst am nächsten Tag las ich, was ich geschrieben hatte. Ich war überwältigt von den wunderbaren Antworten, die ich erhielt. Ich machte das monatelang. Hier ist ein Beispiel aus einem meiner früheren Downloads oder aus einem meiner früheren Channels.

CHANNEL

Licht für den, der Wissen will
Zeig ihnen, wie man rein ist
Zu dem, der sie sein sollen
Frag weniger
Hör auf deine Stimme
Sprich und sei bereit
Lehn dich an das, was du weißt
Stelle nicht in Frage, was du sicher weißt
Erlaube deiner Stimme, sich zu erheben und wahr zu sein
Wisse, dass es das Wissen von vielen ist, das dich dazu bringt
Frag weniger
Sei stolz und treu

Sehe, wer du bist
Wisse, dass du genug bist
Sichert einen Fleck des Wissens
Ein Wissender weiß nicht alles
Kann aber Wissen annehmen, wenn es angeboten wird
Das Angebot ist dein
Leere Seelen versuchen nicht, etwas zu fangen,
das keine Bedingungen stellen will
Weniger Arbeit ist mehr Freude
Nimm an, was du glaubst
Wisse einfach, dass es wahr ist
Die Gegenwart in dir bringt Frieden
Nah an deinem Herzen
Der Frieden, den du suchst, ist im Inneren

Heute ist meine Verbindung eher intuitiv, aber ich nehme mir jeden Tag einen Moment Zeit, um mich auf meine Geistführer einzustimmen und mit ihnen zu sprechen. Ich bin immer wieder demütig angesichts der Informationen, die ich erhalte. Die Wahrheit ist, wenn wir unsere Augen und unser Herz öffnen, um zu sehen, sind wir ständig von Informationen umgeben. Das Problem besteht meiner Meinung nach darin, dass viele von uns einen anderen Experten suchen, der uns die Bedeutung einer Sache erklärt, anstatt sich zu überlegen, was das für uns selbst bedeutet und was das Universum uns gerade zu sagen versucht.

ETWAS ZUM NACHDENKEN

Egal, wie weit ich denke, dass ich persönlich gewachsen bin, suche ich manchmal immer noch nach Bestätigung außerhalb meiner selbst. Ich bin ein Mensch, der seine Ideen gerne mit anderen teilt. Wenn ich meine Ideen mit anderen teile, kann ich sie durch den Prozess des lauten Denkens noch besser erforschen. Es gibt auch einen Teil von mir, der immer noch die Bestätigung sucht, dass die Idee interessant ist. Macht mich das schwach? Ich glaube nicht. Ich bin daran interessiert, die Parameter einer Idee auszutesten. Ich stelle immer wieder fest, dass sich meine Ideen im Gespräch mit meinen Freunden erweitern und auf einer tieferen Ebene ankommen. Das ermöglicht auch eine intime Beziehung. Ich liebe es, diese Gespräche mit meinen Freunden zu führen. Nicht jedes Gespräch ist so intensiv, aber ich liebe es zu wissen, dass ich es kann, wenn ich es will. Ich genieße auch die Möglichkeit, still und leise zu sein. Am liebsten ist es mir, wenn ich "putteln" kann. Wenn ich ruhig bin und "herumstochere", bekomme ich die besten Informationen. Ich bekomme ständig Gedankenströme, aber wenn ich mich im Haus bewege, putze oder koche, oder wenn ich nach draußen in den Garten gehe, verarbeite ich alle Nachrichten, die ich bekomme. Ich finde, dass diese Momente es mir ermöglichen, meinen denkenden Verstand zu beschäftigen und die Informationen, die ich empfange, aufsteigen zu lassen, und am Ende gewinne ich meist mehr Klarheit.

Das Universum will uns mit der Liebe und Unterstützung versorgen, die wir uns wünschen. Wir müssen innehalten und darauf achten, wie wir unseren geschäftigen Verstand zur Ruhe bringen, damit wir hören können. Viele meiner Kunden sagen mir, dass sie nicht wissen, wie sie ihre Gedanken beruhigen können. Ich möchte also klarstellen, dass ich nicht vorschlage, dass dein Geist frei von Gedanken sein soll. Wenn du jedoch To-Do-Listen erstellst oder ein altes Gespräch wiederholst, beschäftigt diese Art des Denkens dein Gehirn und blockiert den Zugang zu neuen Ideen. Ich schlage vor, dass du dir bei diesen Gedanken einfach erlaubst, alle Gedanken zu hören, und sobald sich dein Geist beruhigt hat, wirst du merken, dass du anfängst, deine Gedanken schweifen zu lassen. In diesem Raum beginnst du zu hören, was du empfängst.

CHANNEL

Die Klarheit eines Augenblicks kann die Perspektive verändern
Hoch oben ist ein Ort, an dem die Aussicht schön ist
Aber die Aussicht ist vielleicht zu groß, um sie mit einem einzigen Blick zu

erfassen
Hab Geduld
Um zu sehen, was für dich bestimmt ist
Wie das Universum zu dir spricht

MASSNAHMEN ERGREIFEN

Nimm drei Atemzüge
Blase deine Lungen auf, atme aus und wenn du deine Augen öffnest, nimm die ersten drei Dinge wahr, die du siehst
Was siehst du?

WERTVOLLE LEARNINGS

Inmitten eines Moments kannst du dich erheben
Erhöhe deine Schwingung
Deine Reise in den nächsten Moment zu wählen
und
Lass die Energie von vorher los
Sei Verbunden

AFFIRMATION

Ich bin würdig, ich bin wertvoll

INSPIRATION

Sehe dich selbst

6

EREIGNISSE VERHELFEN DIR ZUR NÖTIGEN WEISHEIT.

Es mag seltsam erscheinen, aber die Lektionen, die wir durchmachen, lehren uns die Lektionen, die wir brauchen, um Weisheit zu erlangen. Als jemand zum ersten Mal sagte: "Jedes Ereignis hat eine positive Absicht", lachte ich innerlich bitter auf und sagte, wenn sie meine Geschichten kennen würden, wären sie still.

Ich habe gelernt, dass die Ereignisse in unserem Leben, die uns am meisten berühren, nicht die wahren Lehrer sind. Die Art und Weise, wie wir durch diese Ereignisse gehen, ist das, worauf wir achten müssen. Viele Menschen haben größere Kämpfe durchgemacht als ich - es gibt keine Möglichkeit, den Schmerz eines anderen zu messen. Sobald du anfängst, die Erfahrung eines anderen zu analysieren, urteilst du über ihn und dich selbst. Wie können wir Schmerz und Kummer beurteilen? Es ist eine persönliche Reise, um zu verstehen, was die Situationen, die du erlebt hast, dich gelehrt haben. Wenn wir nicht mehr urteilen und uns von der Opferrolle lösen, können wir die Träume, die wir verloren haben, betrauern und heilen.

In einer meiner ersten Sitzungen mit meiner Mentorin sagte sie mir, dass der Tod meiner Mutter ein Geschenk sei. Prompt stand ich auf und verließ die Sitzung. Nachdem ich über ihre Worte nachgedacht hatte, beschloss ich, dass ich verstehen musste, was einen mitfühlenden Menschen dazu bringt, so eine verrückte Aussage zu machen. Sie sagte mir, es sei ein Geschenk, weil ich gelernt habe, auf mich selbst zu zählen. Ich habe gelernt, an den Geist zu glauben und Dinge zu tun, weil ich an sie glaube. Ich wünschte, es wäre alles so reibungslos verlaufen. Ich wünschte, ich hätte so sehr an mich geglaubt, dass ich alle Stimmen, mit denen ich konfrontiert wurde, übertönt hätte. Heute weiß ich, dass mein Weg darin bestand, meinen Wert, meinen Wert und mein Vertrauen in mich selbst zu entdecken, weil ich das erlebt habe. Das war etwas, das ich in mir selbst entdecken musste. Niemand hätte mir sagen können, dass ich es habe. Es gab viele Momente, in denen ich an mir selbst zweifelte und mich von Gleichaltrigen schikaniert fühlte. Oft wünschte ich mir, ich wäre jemand anderes. Doch alles in allem glaubte ich, dass ich aus einem bestimmten Grund hier war. Ich habe auch schnell gelernt, dass die Opferrolle nichts bringt. Sich selbst zu bemitleiden, hilft nicht weiter.

In der dritten Klasse wurde ich zum Opfer von Mobbing. Ich konnte keinen Schritt machen, ohne dass mir jemand auf den Schuhabsatz trat oder über mich stolperte. Das Mädchen in meiner Klasse war grausam, zog an meinen Haaren und schleuderte mir böse Worte entgegen. Ich hatte immer das Gefühl, dass ich den Tränen nahe war. Ich hasste die Schule. Ich erzählte es meiner neun Jahre älteren Schwester, und sie riet mir, sie zu ignorieren. Ich war so anders als sie, und ich war auch neun Jahre jünger. Obwohl ich wusste, dass sie mich liebte, hatte sie ihre eigenen Probleme. Als ich dreizehn war, war sie schon verheiratet und ich glaube nicht, dass sie das verstand. Meine Eltern sagten ziemlich genau das Gleiche. Mein Lehrer erwischte mich beim Weinen und schickte mich schließlich zum Vertrauenslehrer. Ich wusste nicht, was ich zu ihr sagen sollte. Ich weiß noch, wie sie mir gegenüber saß, die Haare kurz geschnitten, in einem karierten Kleid und die Hände auf dem Schreibtisch gefaltet. Sie las gerade etwas, während ich ihr gegenüber saß. Ihr Zimmer war winzig. Ich weiß noch, dass ich dachte, *warum bin ich hier?* Ich habe doch nichts falsch gemacht. Ich ging ein paar Mal pro Woche in ihr Büro. Sie stellte mir Fragen, aber ich erzählte nichts. Ich hatte das Gefühl, dass ich meinen Vater und meine Familie verraten würde.

Eines Tages wusste ich, dass ich ihr etwas mitteilen musste, also erzählte ich ihr von meiner Mutter, die gestorben war. Ich erzählte ihr von meinem neuen Bruder. In der Zwischenzeit sagte ich meinen Eltern immer wieder, dass sie meine Klasse wechseln und auf eine neue Schule gehen sollten. Eines Tages erfuhr ich, dass meine Eltern mit ihr sprechen mussten. Das nächste, was ich wusste, war, dass ich meinen Wunsch bekam. Sie sagten, ich könne die Klasse wechseln. Meine Lehrerin sagte: "Du kannst gehen, wenn du willst, aber lass dich nicht zwingen, zu gehen." Ich blieb und schließlich hörte es auf. Jahre später erlebte ich das Gleiche in dem Viertel, in dem ich wohnte. Diesmal hörte es nicht auf und beeinflusste die Menschen, mit denen ich zu tun hatte. Während der gesamten Junior High und High School war ich ständig unbehaglich. Sie waren die beliebten Kinder und ich machte einen großen Bogen um sie. Dadurch fühlte ich mich weniger wert. Damals war es so wichtig, Teil einer Gruppe zu sein. Ich erinnere mich, wie mein Vater und ich mit meinem Hund spazieren gingen und er sagte, dass sich manche Blüten schnell öffnen und andere länger brauchen, um zu blühen. Die Blumen, die länger brauchen, um zu blühen, halten länger und leuchten heller. Ich verstand, was er damit sagen wollte, aber in diesem Moment wollte ich schon blühen. Als ich in der zehnten Klasse war, hatte ich mich irgendwie daran gewöhnt. Ich hatte immer noch die Hoffnung, dass ich einen Freund finden würde und wir eine Verbindung haben könnten.

Ich bin gerade zu meinem Platz im Chor gekommen. Mrs. Pierce nahm ihren Job ernst und sie war eine Persönlichkeit. Wenn sie sprach, hatte sie einen Singsang-Ton. Sie liebte ihren Job und trieb uns immer an, unser Bestes zu geben. Sie sprach zu den Bassisten, weil jemand Spucke spuckte. Während sie mit ihnen sprach, hörte ich zu, wie Mrs. Pierce sie mit diesen kitschigen Anekdoten dazu brachte, die "jungen Männer" zu sein, von denen sie "wusste, dass sie es sind".

Mein Blick traf ein Mädchen, das ein paar Reihen von mir entfernt saß. Sie warf mir einen wissenden Blick zu und wir mussten beide innerlich kichern. Sie kämpfte gegen das Bedürfnis an, laut zu lachen, genau wie ich. Ich weiß noch, wie wir uns angrinsten, als wir den Chorraum verließen und zu unserer nächsten Klasse gingen. Ich wusste nicht einmal, dass wir in anderen Klassen zusammen waren. Ich begann, sie zu beobachten, weil sie auf unaufdringliche Weise so klug und witzig war. Wie konnte ich sie vorher nicht sehen? Ich schätze, bis zu diesem Moment war es mir nicht bestimmt, mit ihr in Kontakt zu treten. Unsere Freundschaft entwickelte sich auf natürliche Weise und wir begannen, die Sätze des anderen zu vervollständigen. Wir hatten tausend Insiderwitze. Ich konnte den ganzen Tag mit ihr reden, sie verstand mich, und ich war begeistert, jemanden zu treffen, der mich verstand. Wir teilten so viele Geschichten, Träume und unsere unheimliche Fähigkeit, nicht in der beliebten Gruppe zu sein. Sie bestärkte mich in meiner Stärke und Überzeugung, und ich begann zu glauben, dass ich intelligent war. Sie ermutigte mich, mich bei Colleges zu bewerben, und drückte mir die Daumen, während wir auf eine Zusage warteten. Es war das erste Mal, dass ich mich für das einsetzte, was ich mir für mich vorstellte. Es war das erste Mal, dass ich einen Kurs einschlug, um an eine größere Version von mir selbst zu glauben. Ich wusste, dass ich es in mir hatte. Ich hatte das Gefühl, dass mein Schicksal an die Tür klopfte und ich war bereit, die Tür zu öffnen und einzutreten. Meine Freundschaft mit ihr hat mich gelehrt, mich selbst so zu sehen wie sie und an mehr zu glauben als das, was andere zu Hause vielleicht sehen. Ich entschied mich, an mich selbst zu glauben. Dieser Schritt brachte mich auf den Weg, meine Karriere als Logopädin zu entdecken. Ich wurde selbstbewusster und obwohl mein Vater mich immer als Idealistin bezeichnete, wenn ich meinen Standpunkt vertrat. Ich hatte nicht den Mut, mich auf die Reise zu begeben, um meine intuitive Seite zu entdecken. Stattdessen wählte ich einen anderen Weg. Ich hörte auf, für mich selbst zu träumen und begann, für meine Familie zu träumen. Ich habe nie kapiert, dass ich in alle Richtungen träumen kann. In meiner neuen Geschichte ging es darum, Mutter, Hundemutter, Ehefrau, Schwester und Logopädin zu sein. Ich war im Alltag mit all diesen Dingen gefangen. Erst viel später begann ich, auf meine innere Stimme zu hören, und ich wusste, dass ich herausfinden musste, was mir fehlte. Es lag an mir, die fehlenden Teile zu finden. Ich musste wiederentdecken, wofür ich Leidenschaft hatte, was mich begeisterte. Ich musste mich mit Menschen umgeben, die das Gleiche fühlten. Ich *saß* in der Küche, die Kaffeetasse in der Hand, und

Chelsea hatte ihren Kopf auf meinem Fuß. Jade saß auf der Couch und ich hörte sie schnüffeln. Maggie schnarchte im Arbeitszimmer. Ich starrte aus dem Fenster und hörte die Stimmen, meine Führer, die mir sagten, dass es noch mehr gibt. Du hast noch mehr. Ich sah mich selbst, wie ich mit Menschen sprach und teilte, und ich konnte sehen, wie glücklich ich war. Ich wusste, dass ich in diese Version von mir schlüpfen wollte.

Ich hatte große Träume und sah in meinem Kopf, wie dieser Weg mich meiner Bestimmung näher bringen würde. Ich träumte davon, ein Buch zu schreiben, auf der Bühne zu sprechen und die Möglichkeit zu haben, zu Menschen auf der ganzen Welt zu sprechen. Ich hatte den tiefen Wunsch, dass die Menschen wissen, wie besonders sie sind. Dass sie sich dafür entscheiden, an sich selbst zu glauben und sich zu trauen zu träumen. Ich wusste nicht wie; ich wusste nur, was ich tun musste. Jetzt war es an der Zeit; ich musste diesen Glauben an mich selbst finden. Der einzige Weg, diese Opferrolle zu beenden und nicht mehr schikaniert zu werden, war zu lernen, mich selbst zu wählen. Ich hörte auf, es allen recht machen zu wollen. Ich versuchte nicht mehr, die Person zu sein, die alle mögen. Ich war mit meinem Freundeskreis zufrieden und hörte auf, mit den Leuten zusammen zu sein, die mich nicht wollten. Das klingt so selbstverständlich und einfach. *Nein!* Es war sehr schwer! Ich habe auf meinem Weg viele weitere Lektionen gelernt. Freunde sind die Familie, die du dir machst. Ich habe auf meinem Weg neue Freunde gefunden. Ich habe immer noch das Glück, meine Freunde aus der High School und dem College in meinem Leben zu haben. Ich habe gesehen, wie sie viele ihrer Träume verwirklicht haben und wie sie mir beim Feiern meiner Träume zur Seite standen. Sie sind mein inneres Aufgebot, die Menschen, auf die ich zähle, die Menschen, mit denen ich reden kann, die Menschen, mit denen ich ich selbst sein kann.

ETWAS ZUM NACHDENKEN

Authentizität bedeutet, dass du deiner Stimme erlaubst, lauter zu sein als alle anderen Stimmen da draußen. Erinnerst du dich an meine alte

Freundin Judge und ihr Sidekick-Ego? Sie kommen immer wieder uneingeladen zur Party. Der Unterschied ist, dass ich sie jetzt hereinbitte. Ich biete ihnen sogar einen Cocktail an. Ich habe gelernt, dass diese Urteile Teil einer alten Geschichte sind, die ich immer noch mit mir herumschleppe. Wenn sie also auftauchen, lade ich sie ein und führe ein Gespräch mit ihnen. Es gibt viele Geschichten, die wir erzählen. Viele dieser Geschichten geben uns Sicherheit. Sie halten uns aber auch versteckt und fest. Nimm die Geschichte an, sieh sie dir an, höre sie dir an und frage dich dann, ob du das bist, was du in diesem Moment bist. Wenn die Antwort nein lautet, dann sag es deinem Ego mit all der Liebe und dem Mitgefühl, das du für deinen besten Freund aufhebst, und gib es dir selbst. Dann atme durch und mach einen kleinen Schritt auf deinen Traum zu. Vertraue auf dich selbst. Warte nicht darauf, dass jemand anderes es zuerst in dir sieht.

CHANNEL

Die Energie, in die wir hineinrufen, nimmt Gestalt an in Form
viele Male durch Taten, die uns geschenkt werden
Von Menschen, die sich uns in den Weg stellen
Es gibt keine Zufälle oder Unfälle.
Es ist ein Geschenk
Für dich
Du hast die Wahl, das Geschenk zu erhalten
Sobald du dich würdig fühlst, es zu empfangen
Das Ausmaß dessen, was du akzeptierst
kann sich später zeigen
Sorge dich nicht
Das Geschenk liegt im Empfangen, meine Liebe
Empfange mit offenem Herzen
Wir sind nicht dazu bestimmt, andere nur zu beschenken
Die Arbeit ermöglicht es deiner Entität zu empfangen

AFFIRMATION

Ich bin widerstandsfähig

INSPIRATION

Reflektieren

7

UNSER SELBSTGEFÄLLTES URTEIL, IST DAS URTEIL, DAS WIR IN UNSER LEBEN EINLADEN.

Das Festhalten an dem, was wir fürchten, kann Veränderungen verhindern. Genau das, was wir gerne in unser Leben aufnehmen würden, verlangt von uns eine neue Perspektive und möglicherweise eine neue Gewohnheit. Die Erkenntnis, dass du dich verändern musst, ist ein erhellender Prozess und bringt den Widerstand mit sich, die Dinge so zu lassen, wie sie sind. Wir sehnen uns nach Sicherheit und Vertrautheit, und Veränderungen bringen all das durcheinander. Veränderung kann dich befreien und dir mehr Fülle ermöglichen. Veränderungen können aber auch Ängste und innere Verurteilungen hervorrufen, wenn wir all die Gefühle verhandeln, die auftauchen, wenn wir etwas Neues lernen.

Wenn Dinge in unserem Leben auftauchen, dann sind sie da, um uns etwas zu lehren. Die Reise unserer Seele hat diese Situationen geschaffen, um uns zu lehren. Selbst wenn wir nicht genau wissen, was die Lektion ist, taucht sie später in dem auf, was viele Menschen einen "Aha"-Moment nennen.

Wenn ich darüber nachdenke, wer ich war, als ich jünger war, hatte ich das Gefühl, dass ich mich sehr bemühte, es diesem oder jenem recht zu machen: meinen Eltern, meinen Lehrern, meinem Mann, meinem Arbeitgeber, meinen Kunden, meinen Kindern. Ich hatte das Gefühl, dass es immer etwas gab, das ich hätte besser machen, mehr wissen oder fleißiger sein müssen. Ich fand das alles anstrengend und hatte das Gefühl, dass ich immer auf jemanden schauen musste, der mir sagte, ob das, was ich tat, "akzeptabel" oder "genug" war. Warum war es so wichtig für mich, was alle dachten? Ich wusste nicht, wie ich mich selbst zufrieden stellen konnte. Es kam mir nie in den Sinn, mich zu fragen, was ich dachte. Es schien, als hätte ich nie daran gedacht, mit mir selbst zu reden. Stattdessen war ich wütend, als ich die meiste Zeit bei meinen Eltern lebte. Ich hatte ein Gefühl in meinem Bauch, dass ich mehr tun könnte.

Ich hatte Angst, meine Eltern herauszufordern. Ich erinnere mich, dass ich mit sechzehn in einem Theaterstück mitgespielt habe und ein Gesangssolo bekam. Mein Vater sagte: "Ich verstehe nicht, warum du so viel Zeit mit diesen Dingen verbringst; das bringt dich nicht weiter. Es wird dir weder in der Schule noch in deinem Leben helfen." Ich sagte: "Ich liebe es." Ich dachte, damit wäre alles gesagt. Ich traute mir zu, vorzusprechen und traute mir zu, die Rolle anzunehmen. Ich hatte so viel Angst, ihm zu sagen, wie viel Freude es mir bereitet. Wie glücklich es mich machte, meine Stimme zu teilen. Wenn ich in einem Stück mitspielte, hatte ich das Gefühl, dass ich zu etwas Spektakulärem beitrug. Als er zur Aufführung kam, sagte er mir hinterher, dass er mich nicht hören konnte. Wenn ich sprach, konnte er mich nicht verstehen. Dieses "Abenteuer", wie er es nannte, war reine Zeitverschwendung. Ich beschloss nicht, ihn nicht mehr einzuladen. Ich beschloss, ihn nie wieder einzuladen. Ich schloss diesen Teil von mir für ihn aus. Ich habe nie wieder mit ihm darüber gesprochen. Das tat innerlich weh. Was ich erst viel später verstanden habe, ist Folgendes. Wenn es einen Konflikt gibt, löst das Emotionen aus, und wir treffen Entscheidungen, die uns prägen. Die Menschen, die in unserem Leben sind und den Konflikt auslösen, geben uns die Möglichkeit, uns selbst zu verändern.

Ich wurde in dem Glauben erzogen, dass die Meinung der Älteren wichtiger ist als meine. Mir wurde beigebracht, dass ich mich nicht selbst zuerst fragen sollte. Ich glaube nicht, dass ich wusste, was ich dachte; die Frage, die ich im Kopf hatte, war: "Bin ich gut genug?" Ich war sehr voreingenommen mir selbst gegenüber und dachte immer, ich würde nicht so viel tun, wie ich könnte. Ich wurde zu meinem größten

Kritiker. Ich lernte dies - ich erhielt diese Botschaft in einer gechannelten Botschaft: *Um nicht mehr von anderen verurteilt zu werden, musste ich aufhören, mich selbst und andere um mich herum zu verurteilen.*

Ich wusste, dass dies wahr war, aber ich verstand nicht, was ich ändern musste. Ich entdeckte, dass das Gegenteil von Beurteilung nicht Akzeptanz ist, sondern Mitgefühl. Das ist eine Lektion, die ich weiterhin erforsche. Ich neige von Natur aus dazu, mich um die Menschen zu kümmern, mit denen ich verbunden bin. Ich war der Meinung, dass mein Wert darin lag, wie ich den Menschen, die ich liebte, gefiel. Wenn die Summe meiner Handlungen gut war, dann war ich mehr wert. (Ich erschaudere, während ich das schreibe, aber es ist wahr). Ich erschaudere, weil es all meine gemischten Gefühle über die Verbindung zwischen Liebe und Essen hochbringt.

Meine Stiefmutter, Gerda, war eine fantastische Köchin und Bäckerin. Sie wurde in Wien ausgebildet und war sehr begabt. In der Küche war sie eine Revierkämpferin. Sie wollte nicht, dass ich in der Küche koche. Ich habe ihr über die Jahre beim Kochen zugesehen und dabei gelernt, aber sie hat nur meinem Bruder erlaubt, mit ihr zu kochen. Sie hatte eine Hassliebe zum Essen. Sie liebte es, üppige Speisen zuzubereiten, aber solange ich mich erinnern kann, war sie auf Diät. Sie versteckte alle Snacks im Haus. Eines Tages in der Schule gab uns die Lehrerin Reibekuchen und Kleber und ich hatte diese Idee. Ich wurde zum Snack-Detektiv und fand ihre geheimen Verstecke. Ich öffnete die Tüten, steckte ein paar Brezeln und Chips in eine Tüte und klebte die Brezeln und Chips dann wieder zusammen. Ich versteckte das Versteck in meinem Zimmer. Das hat mich immer sehr verwirrt. Ich fühlte mich, als würde ich in meinem eigenen Haus stehlen. Ich weiß noch genau, wie peinlich es mir war, dass ich das getan habe. Ich dachte, die ganze Situation sei verrückt. Ich wusste, dass ich das auf keinen Fall in meinem Haus mit meiner Familie machen würde. Ich erinnere mich noch gut daran, wie ich mit meinen Kindern hausgemachte Nudeln kaufte und ihnen dabei zusah, wie sie jede einzelne Nudel mit den Fingern in den Locatelli-Käse tauchten. Sie haben es geliebt. Eine meiner schönsten

Erinnerungen ist es, mit meinen Kindern zu Abend zu essen und danach in der Höhle fernzusehen. Es hat etwas, am Tisch zu sitzen und den Tag Revue passieren zu lassen. Das Lustige ist, dass sich meine beiden Kinder als Feinschmecker entpuppt haben. Wir lieben es immer noch, gemeinsam ein gutes Essen zu essen und danach auf der Couch zu sitzen und fernzusehen. Mir ist klar, dass es nicht darum geht, dass das Essen selbst gekocht ist. Es geht vielmehr darum, dass wir zusammen sind und die Gesellschaft des anderen teilen. Kevin sagt: "Zusammen essen zu gehen, ist meine Lieblingsbeschäftigung."

Obwohl meine Eltern nicht mehr da sind, bin ich gerade dabei, das Haus meiner Eltern aufzuräumen und alte Bilder und Schätze zu sichten, die so viele Erinnerungen enthalten, die mit gemischten Gefühlen verbunden sind. Ich kann erkennen, dass meine Wahrnehmung meines Körperbildes durch ihre Wahrnehmung getrübt wurde, und damit kämpfe ich immer noch, ganz ehrlich. Als ich im College war und von zu Hause wegzog, beschloss ich, dass ich so nicht mehr leben wollte. Ich wusste, wenn ich Kinder hätte, würde ich meinen Kindern alles bieten, egal wie ich mich fühlte. Ich würde sie weder für gute Zeugnisse mit Essen belohnen, noch würde ich ihnen das Essen wegnehmen, um sie zu bestrafen. Meiner Meinung nach sollte Essen, genau wie Liebe, im Überfluss vorhanden sein. Beim Überfluss geht es nicht darum, etwas zu geben, sondern eine Atmosphäre zu schaffen, in der du weißt, dass du bekommen kannst, was du willst. Ich begann zu erkennen, dass ich meinen Wert mit dem verknüpfte, was ich beitrug. Ich erkannte endlich, dass ich einen Wert hatte, nur weil ich ein Mensch war. Ich hatte auch dann einen Wert, wenn ich nie wieder etwas gekocht oder einen Gefallen getan hätte. Ich musste erkennen, dass, wenn ich meinen Wert und meine Bedeutung nicht erkennen konnte, wie sollte es dann jemand anderes können? Ich begann, auf mich zu achten und anzuerkennen, wer ich war. All die Dinge, die ich zu Hause und mit meiner Familie tat, wurden zur Gewohnheit, und ich hatte solche Angst, damit aufzuhören, weil ich glaubte, dass ich mich so zeigen müsste. *Das, was mich in meiner Angst festhielt, war genau das, was mich aus meiner festgefahrenen Situation befreien würde.* Die Angst wurzelte in der Vorstellung, dass ich ohne all das, was ich tat, nicht wertvoll sein konnte. Ich stützte mich auf andere, um Entscheidungen zu treffen, weil ich nicht daran glaubte, dass ich es allein schaffen könnte. Wenn ich so darüber nachdenke, bin ich immer darauf angewiesen, dass jemand meine Ideen gutheißt. Ich erinnere mich, dass ich, als ich jünger war, meine Ideen mit Gerda, meiner Stiefmutter, teilte. Ich verbarg meine Ideen, indem ich sagte, dass sie von jemand anderem stammten. Wenn sie sie für interessant hielt, war ich begeistert und wusste, dass diese Ideen gut waren. Ich habe nie verraten, dass es meine waren. Ich glaubte, dass sie mir nicht mit der gleichen Aufgeschlossenheit zuhören würde, wenn ich sagen würde: "Ich habe eine Idee." Ich hatte immer das Gefühl, dass sie mich als unintelligent ansah und sich diesen Plan ausdachte, wenn ich mit ihr sprach, um meine Ideen zu unterbinden. Ich hatte immer das Gefühl, dass sich niemand die Zeit nahm, zuzuhören.

Irgendwann lernte ich, dass ich gute Ideen hatte und dass ich sie leicht und selbstbewusst treffen konnte. Es hat lange gedauert, bis ich mit zunehmendem Alter besser darin wurde, Entscheidungen zu treffen, aber die Wahrheit ist, dass ich jetzt niemanden brauche, um eine Entscheidung zu treffen. Ich tausche mich gerne aus, um zu sehen, ob Leute, die ich kenne, vielleicht mehr Informationen haben, die mir helfen, eine bessere Entscheidung zu treffen. Mein Wunsch, die Meinung anderer einzuholen, wurde weniger. Mir wurde klar, dass jeder eine Meinung haben kann und dass diese nicht immer positiv ist. Ich musste zulassen, dass die Meinung anderer weniger wichtig ist. Die Angst, mir selbst nicht gut genug zu sein, musste aufhören. Diese Angst hielt mich davon ab, zu erforschen, wozu ich noch fähig war. Ich konnte nicht an einem Ort der Perfektion wachsen. Der einzige Weg, um zu wachsen, ist, durch meine Fehler zu lernen. Also musste ich meine Fehler als Lehrer betrachten und Misserfolge im Geschäftsleben als Lernfeld betrachten, auf dem ich es erneut versuchen konnte. Ich musste mich mit Menschen umgeben, die in der gleichen Branche tätig sind wie ich und die mich bei all meinen Fehlschlägen unterstützen und mir helfen konnten zu erkennen, dass es noch mehr zu lernen und zu erforschen gibt. Das Urteil, an dem ich so festhielt, war die Tür, die aufgebrochen werden musste, damit die Inspiration einströmen konnte. Unsere größten Misserfolge sind auch unsere größten Geschenke. Das Universum erteilt uns Lektionen, und wir müssen in der Lage sein, die Nuancen zu erkennen und daraus etwas zu machen.

Wertvolle Learnings

Das Gegenteil von Urteil ist nicht Akzeptanz. Es ist Mitgefühl. Lange Zeit hatte ich das Gefühl, dass mein Leben von Urteilen bestimmt war. Ich hatte mich daran gewöhnt, es zu erwarten. Ich entdeckte, dass ich sie auch verteilte. Meine Mentorin Maria brachte mich dazu, dieses Muster zu überdenken. Ich sprach mit ihr über das Urteilen. Ich hatte das Gefühl, dass es mich auf Schritt und Tritt auslöste. Du weißt ja, dass ich erwähnt habe, dass das Urteil einen besten Kumpel hat, der Ego heißt. Das waren zwei Figuren, die in meinem Leben eine große Rolle spielten. Ich wollte also eine neue Perspektive auf die Sache gewinnen. Ich hatte es satt, ständig beurteilt zu werden und mich wertlos und unwürdig zu fühlen und mir selbst nicht zu trauen. Was ich herausfand, war Folgendes. Je mehr ich andere Menschen beurteilte, desto mehr beurteilten andere Menschen auch mich. Das bedeutete natürlich auch, dass ich nicht mehr über die Outfits oder die meiner Meinung nach schlechte Wahl der Kleidung von Prominenten urteilen sollte. Dieses Geständnis war schwieriger. Es ging um mein tägliches Leben zu Hause. Ich beschwere mich nicht über eine Tasse auf dem Tresen oder eine ungefaltete Decke. Ich muss zugeben, dass einige dieser Dinge schwer zu handhaben sind, da sich die Sauberkeit von Mensch zu Mensch so drastisch unterscheidet. Ich habe mich selbst gestoppt und schließlich aufgehört, diese Art von negativen Gesprächen zu führen. Das hat nur negative Energie erzeugt.

CHANNEL

Urteilen ist ein Wort, das diktiert,
Ob richtig oder falsch, bevor der Handlung,
Wenn du an ein System glaubst, in dem jede Handlung gemessen werden
muss, lade ein, dich zu verurteilen
Wenn du merkst, dass ein Urteil nicht gerechtfertigt ist
Dann muss die Idee nicht gewogen oder gemessen werden.
Du erschaffst lediglich eine Idee und gibst sie an das Universum weiter.
Wer sie erhält, hat seine eigene Interpretation und seine eigenen Bedürfnisse.
Wenn wir aus unserem Ego heraus funktionieren
dann brauchen sie die Validierung
um zu wissen, was andere denken.
Aber, meine Liebe, denk daran
Es liegt nicht an uns zu entscheiden
wie die anderen ihre Stimme abgeben.
Es ist unsere Aufgabe, unsere Ideen zu teilen
ohne die Angst vor dem Urteil, das kommen könnte.
Wenn wir jede Idee als ein Geschenk des Universums sehen
Haben wird das Recht, sie zu erhalten
wie sie kommen
und zu verwerfen, was uns nicht dient.

AFFIRMATION

Ich kann Weisheit empfangen

INSPIRATION

Urteil freigeben

8

LASS DAS URTEIL LOS UND BETRACHTE STATTDESSEN FOLGENDES.

Ich schätze, man könnte sagen, dass das Urteil und ich beste Freunde sind. Wir haben eine gemeinsame Geschichte. Wenn ich auf mein Leben zurückblicke, scheint es, als wäre mein Kumpel Judgment dabei gewesen. Er war so laut und stark in meinem Leben. Manchmal war es sogar erdrückend. Erst vor kurzem wurde mir klar, dass Judgment einen Kumpel namens Ego hatte. Jedes Mal, wenn Judgement zu Besuch kam, beschloss Ego, Salz in die Wunde zu streuen. So war es bei mir lange Zeit. Das Gericht hat mich umgehauen, es war wie ein Schlag in die Magengrube (auch wenn ich das nie buchstäblich erlebt habe). Wenn die Verurteilung auftauchte, ging es bei den Gefühlen, die mich auslösten, darum, geschätzt zu werden. Die Gefühle, die ich jahrelang verdrängt hatte, schienen in meinem Kopf aufzutauchen und lösten eine Reaktion aus, auf die ich nicht stolz war. Das wirkte sich auf mein Selbstwertgefühl und meinen inneren Wert aus. Sie beeinflussten die Entwicklung meines Körperbildes und mein Bedürfnis zu gefallen. Es griff ein und nahm mir mein Selbstvertrauen, meinen Wert und mein Selbstwertgefühl. Immer wieder verdrängte ich es und dachte, ich sei über diese Gefühle hinweg. Dann, wie aus dem Nichts, ohne dass ich es merkte, wurde ich wieder in diese Gefühle zurückgeworfen. Ich fühlte mich als Opfer und schikaniert. Ich wollte mich klein machen und verstecken. Stattdessen rebellierte ich heimlich und wurde wütend und verbittert. Meine Eltern haben das nicht verstanden, als ich jünger war, und ich hatte nicht die Weisheit, die ich jetzt habe, um es in Worte fassen zu können. Ich erzähle dir das nicht, damit du Mitleid mit mir hast, sondern um dir ein Bild davon zu machen, wie ratlos ich war, wie ich dieses Dilemma ändern sollte.

Ich wuchs in einem Haus auf, in dem es viele Regeln und hohe Erwartungen gab. Ich habe immer versucht, mein Bestes zu geben und an meiner Handschrift zu arbeiten, die immer zu schief und schwer zu lesen war. Ich versuchte, mich nicht schlecht zu fühlen, wenn ich Karten für meinen Vater machte und er mir sagte, ich solle sie umschreiben, weil er sie nicht lesen könne. Ich bin immer noch nervös, wenn ich Karten schreibe, weil ich Angst habe, dass jemand denkt, dass sie unordentlich und unleserlich sind. Ich habe Jahre gebraucht, um mich nicht schlecht zu fühlen, wenn mich jemand bat, leiser zu sprechen, weil ich eine laute Stimme habe. Die Leute sagten mir, ich solle leiser sprechen. Ich schien diese Kommentare anzuziehen. Mir wurde gesagt, ich solle in verschiedenen Geschäften einkaufen, weil ich zu groß sei. Bei jeder Bemerkung fühlte ich mich wieder wie ein Opfer in einem dummen Selbstgespräch.

Eines Tages sprach ich mit meiner Mentorin und sie sagte: "Was, wenn du aus dem Urteil lernen sollst?"

Ich war sprachlos. "Okay", sagte ich. "Wie soll ich das machen?"

"Was denkst du?", fragte sie.

Also habe ich darüber nachgedacht und festgestellt, dass ich einen Anwalt geheiratet habe, dessen Job es ist, zu urteilen. Ist das nicht witzig? Ich fragte mich: "Was lehrt mich das Urteilen?" Wenn ich zulasse, dass die Meinungen anderer mich prägen, dann bin ich das, was sie sehen wollen. Wenn ich anderen erlaube, ihre Meinung zu haben, und ihnen dafür danke und mich für das entscheide, was für mich wahr ist, kann ich entdecken, was ich denke, fühle und will. Das klingt einfach, aber das war es nicht. Ich war so daran gewöhnt, dass andere Menschen mein Bewusstsein bestimmen, dass ich nicht wusste, wie ich selbst entscheiden sollte. Ich vermied es, Entscheidungen zu treffen, indem ich alle anderen entscheiden ließ und mich dem Plan anschloss, den jemand anderes aufgestellt hatte. Das war sicherer und ich konnte vermeiden, dass man mich zur Rede stellte, wenn etwas schief ging. Ich war unglücklich und emotional. Ich musste mich ändern.

Das erste, was sich ändern musste, war mein Bedürfnis zu fragen, was ich tun sollte, anstatt mich auf das einzustimmen, was ich wollte. Die Zeit, in der ich meine intuitiven Fähigkeiten entwickelt habe, hat mich gelehrt, dass andere Menschen nicht glauben müssen, was ich weiß. Sobald ich dies in die Tat umsetzte, kam die Sabotage. Ich fing an, Kommentare von Leuten um mich herum zu hören, dass sie dachten, ich wüsste alles und könne mir die Meinung anderer nicht anhören. Mein Ego schrie mir ins Ohr, dass ich zurückschlagen sollte, und manchmal tat ich das auch, ehrlich gesagt. Ich begann zu erkennen, dass das, was ich als Urteil empfand, eine Entscheidung war, die es mir ermöglichte zu verstehen, wo ich noch wachsen musste.

Ich habe gelernt, dass ich, wenn ich aufhöre, das Urteil in anderen zu sehen, es nicht mehr zu mir herüberziehen kann. Es ist leicht, die Fehler in anderen zu sehen und schwieriger, das Gute zu würdigen. Ich merkte, dass ich mir das zwar von anderen wünschte, ihnen aber nicht immer meine Wertschätzung für das, was sie sind, entgegenbrachte. Ich hatte das Gefühl, dass ich langsam erkannte, dass mein Bedürfnis, anderen zu gefallen, von meinem Bedürfnis herrührte, mich wertgeschätzt zu fühlen.

Wenn ich anfing, meinen eigenen Wert zu erkennen, hatte ich weniger das Bedürfnis, ihn außerhalb von mir zu suchen. Ich habe versucht, mich davon fernzuhalten, aber ich würde lügen, wenn ich behaupten würde, dass ich nicht zu meinem Mann sage: "Du hast deine Kaffeetasse stehen lassen", oder mich selbst verurteile und sage: "Mal sehen, wie die Suppe ist, die ich gekocht habe; man weiß ja nie", anstatt anzuerkennen, dass ich Suppe gekocht habe, und einfach zu fragen: "Willst du welche?" Wir sind unsere größten Kritiker. Ich musste die Sprache ändern, die ich benutzte, um über mich zu sprechen. Jetzt bin ich so oft wie möglich ein stiller Beobachter. Ich bin wie viele Menschen, die mehr über sich selbst urteilen als über andere. Das bringt kein Gefühl der Freude oder Verbundenheit. Also versuche ich, mich selbst zu ertappen, wenn ich das tue, denn die Energie, die ich anziehe, ist nicht das, was ich mir wünsche.

Es hat mich viel innere Arbeit gekostet, um zu verstehen, dass ich das Urteilen loslassen kann, indem ich mehr Liebe und Mitgefühl für mich selbst empfinde.

AFFIRMATION

Ich ziehe an, was ich mir wünsche

INSPIRATION

Alles startet mit der Selbstliebe

ETWAS ZUM NACHDENKEN

Wir müssen es erst bemerken, bevor wir uns verändern können. Wenn du dein Urteil ablegst, hast du die Freiheit, etwas zu schaffen. Die Welt ist sehr groß geworden und es gibt so viele Dinge, aus denen du wählen kannst. Wenn dich bei deinen Entscheidungen Zweifel überkommen, geben wir uns oft selbst die Schuld. Wir lassen uns auf das ein, was ich den "Hätte, würde, könnte"-Tanz nenne. Es gibt immer Entscheidungen zu treffen, aber nichts fühlt sich schlimmer an, als sich selbst zu verurteilen und festzustecken. Die Angst, sich falsch zu entscheiden, lässt viele Menschen feststecken. Etwas nicht zu versuchen, weil man nicht weiß, wie es erwartet wird. Der Unterschied zwischen dem Gefühl, festzustecken und etwas zu versuchen, ist die Perspektive. Wenn wir uns erlauben können, nicht perfekt zu sein, dann ist alles, was wir versuchen, nur eine Information. Glaube nicht, dass du ein Experte sein musst.

Wie kannst du ein Experte in etwas sein, bevor du es überhaupt ausprobiert hast? Immer die Kontrolle zu haben und das Gefühl zu haben, dass wir alle Antworten haben müssen, verhindert, dass neue

Informationen aus dem Universum zu uns fließen. Wir setzen uns selbst so sehr unter Druck, etwas Neues zu erreichen, dass es lächerlich ist. Einer der größten Traumverhinderer ist die Sorge um das "*Wie*". Ich habe in vielen verschiedenen Gruppen viel darüber gesprochen. Meine wichtigste Erkenntnis ist die folgende: Niemand kann in allem außergewöhnlich sein. Du kannst lernen, alles zu tun, was du willst. Die Frage ist, ob du es willst. Als Erstes solltest du dir ansehen, wo du feststeckst. Dann prüfe, ob du mit Unterstützung dieses Ziel erreichen kannst. Wie willst du deine kreative Energie nutzen? Ich habe diese Idee schon oft gehört, aber nie realisiert, wie befreiend das ist. Die Möglichkeit, einen Experten zu engagieren, während du dich auf das konzentrierst, was du gut kannst, ist so unglaublich befreiend. So kannst du positive Energie um deine Arbeit herum anziehen.

CHANNEL

Es ist der leuchtende Moment,
in dem du dir klarmachst,
wer du bist,
ohne die Energie der Menschen in deinem Leben festzuhalten,
die du loslässt,
Du hast ihre Energie zu lange festgehalten
und sie in ihrer eigenen Reifung und Angst vor dem Besitz dessen,
was ihnen gehört, gefangen gehalten
Es ist - ihre Last,
die nicht von dir getragen werden sollte,
indem du sie sanft und mit Liebe und Mitgefühl an sie zurückgibst,
damit sie am ehesten in der Lage sind, ihre eigene Seele oder ihr eigenes
Schicksal zu bewältigen und zu erkennen,
was sie sich in ihrem Leben wünschen
Es ist Teil ihrer Lebensaufgabe und ihres Lebensschicksals,
sie weiterhin für sie festzuhalten,

hindert sie den Schmerz zu fühlen,
das Urteil all der Jahre loszulassen,
an denen sie festgehalten haben,
indem sie ihren Wert an dem festhielten,
was sie taten,
anstatt zu sehen,
dass ihr Wert das ist,
was sie sind
Wir sind alle Ernter der Erde des Planeten
Die Energie, die wir halten, zieht Energien zu uns,
die in ähnlicher Energie sind
Nicht mehr länger Menschen anziehen,
die dir deinen Wert zeigen können
Deine Energie ist jetzt,
Menschen anzuziehen,
die ihre eigene weiße Büffelkalb Frau
entdeckt haben oder entdecken wollen

AFFIRMATION

Ich erschaffe die Energie, die ich anziehen möchte

INSPIRATION

Heilende Herzensinspiration

9

WIR MÜSSEN UNSERE ENERGIE ÄNDERN,
UM UNSER LEBEN ZU ÄNDERN.

Schaffe ein positives, liebevolles Umfeld. Wir schaffen Cluster von Verbindungen. Ist dir schon mal aufgefallen, dass du eine Person triffst, mit der du in Resonanz gehst, weil ihr beide so seid, wie ihr seid? Es gibt Zeiten in meinem Leben, in denen ich eine neue Person treffe und es sich anfühlt, als würde ich sie bereits kennen. Unsere Beziehung fühlt sich an, als hätten wir sie wieder aufgenommen, nachdem wir uns ein paar Monate oder Jahre lang nicht gesehen haben. Diese Freundschaften sind mühelos und entwickeln sich so leicht, dass ich das Gefühl habe, sie kennen mich bereits. Früher dachte ich, ich müsste mich davor hüten, mein Herz diesen Menschen anvertrauen zu lassen. Mein Instinkt sagte mir, dass es sicher ist, ihm zu vertrauen. Die Wahrheit war, dass ich lange Zeit an mir gezweifelt habe. Ich habe mir nie verziehen, dass ich nicht auf meine Schwester gehört habe, die mir sagte, ich solle meiner Stiefmutter nicht vertrauen. Ich war noch klein und dachte, das sei sicher. Es war eine schwierige Beziehung, und auch jetzt, nachdem meine Stiefmutter Gerda gestorben ist, bin ich immer noch dabei, mich von dieser Entscheidung des kleinen Mädchens von vier Jahren zu erholen. Ich habe dem kleinen Mädchen verziehen und ihr sogar gesagt, dass sie die beste Entscheidung getroffen hat, die sie treffen konnte. Ich glaube, ich habe herausgefunden, dass Gerda mich gelehrt hat, mich auf mich selbst zu verlassen und auf das zu vertrauen, was ich wollte. Ich musste daran glauben und dann daran arbeiten, es zu erreichen.

Ich habe in meinem Prozess, ein intuitiver Life Coach zu werden, festgestellt. Die Menschen, die ich meine Freunde nenne, sind Menschen, die ich Suchende nenne. Sie haben den Wunsch, jeden Moment authentisch zu leben. Sie sind damit verbunden, wie sie ihr Leben leben wollen. Die Menschen, die ich meine Freunde nenne, sind motiviert, das Leben voll und ganz zu erleben. Sie haben sich dafür entschieden, einen Weg zu finden, wie sie leben wollen. Wenn du denkst, dass du dir aussuchen kannst, wie du dein Leben gestalten willst, hast du eine andere Motivation. Wenn du dich für deine Arbeit, deine Beziehungen und die Art und Weise, wie du deinen Tag gestaltest, begeisterst, erhältst du eine positive Dynamik. Ich habe nicht aktiv nach solchen Menschen gesucht, aber wenn ich mir die Menschen anschaue, mit denen ich zu tun habe, kann ich eine Gemeinsamkeit erkennen. Ich habe Menschen angezogen, die ähnliche Dinge wollten. Es gab eine Zeit, in der ich mit Leuten befreundet war, die Eltern der Freunde meiner Kinder waren, und diese Freundschaften waren wichtig, aber das gemeinsame Interesse war, dass wir Eltern waren. Ich habe eine Gruppe von Frauen, die ich von der Highschool und vom College her kenne, und diese Frauen haben sich als kreative, intelligente Frauen entpuppt, die eine innere Stärke haben, und ich bewundere jede einzelne von ihnen.

Die Freunde, die ich in letzter Zeit kennengelernt habe, haben mich bei meinem inneren Wachstum unterstützt und mich als Intuitive akzeptiert, lange bevor ich es selbst tat. Sie sahen in mir, was ich nicht sehen konnte und förderten alle meine Schritte.

Es gibt die Menschen in deinem Leben, zu denen du geboren wirst, und die Menschen, mit denen du dich umgibst. Das ist die Familie, die du bildest. Als ich anfing, die Menschen zu verändern, veränderten sich auch die Gespräche, die ich mit den Menschen führte. Wir ziehen die Menschen an, mit denen wir uns umgeben wollen. Die Menschen, mit denen du dich umgibst, sollten dir erlauben, dein authentischstes Selbst zu sein. Wenn ich Räume entdecke, in denen ich so sein kann, wie ich bin, kann ich mich weiterhin inspirieren und unterstützen lassen. Unsere

Familien sind der Ort, an dem wir leben, und unsere Freundschaften, so habe ich festgestellt, sind der Ort, an dem ich gewachsen bin.

CHANNEL

Die Erlaubnis geben, sich selbst zu erlauben
in die Rolle zu schlüpfen, von der du glaubst, dass du sie gerne wärst
ist dein glänzender Moment
Wo bist du?
Mach dir klar, wer du einfach bist

Wenn du dir die Erlaubnis gibst,
in die Rolle zu schlüpfen,
von der du glaubst,
dass du sie sein willst,
ist das dein leuchtender Moment,
in dem du klären kannst,
wer du einfach bist,
ohne die Energie für die Menschen
in deinem Leben zu halten, denn
wir sind die Tür - aber die Wahrheit ist, meine Liebe,
Du hast ihre Energie zu lange gehalten und sie in ihrer eigenen Unreife
und Angst vor dem Besitz dessen, was ihnen gehört, gefangen gehalten.
Es ist ihre Last und nicht deine, die du tragen und sanft an sie zurückgeben
musst, mit Liebe und Mitgefühl,
um sie so zu halten, dass sie in der Lage sind,
ihre eigene Seele oder ihr Schicksal zu verwalten und zu sehen, was sie sich
in ihrem Leben wünschen.
den Schmerz zu fühlen und das Urteil über all die Jahre loszulassen, in
denen sie an ihrem Wert festgehalten haben, anstatt zu sehen,
dass ihr Wert nicht der war, der sie sind
Wir sind alle Ernter der Erde und des Planeten
Die Energie, die wir halten, zieht Energien zu uns,

die wie deine Energie sind
Es geht nicht mehr darum,
Menschen anzuziehen,
die dir deinen Wert zeigen können
Deine Energie ist jetzt,
Menschen anzuziehen,
die ihren eigenen
Weißen Büffelkalb Frau
entdeckt haben oder entdecken wollen

AFFIRMATION

Ich empfinde in jedem Moment ein Mitgefühl für mein Sein.

INSPIRATION

Der Reichtum liegt im Inneren

10

Positivität ist Praxis, kein Ziel.

Ein positiver Geisteszustand kann die negativen Stimmen verdunkeln. Die Liebe findet dich, wenn du sie in dir selbst findest. Um die Liebe mit einer anderen Person zu teilen, musst du zuerst die Liebe für dich selbst finden. Diese Anekdote habe ich schon oft gehört. Ich dachte sogar, ich hätte sie verstanden. Die Wahrheit ist, dass es sich einfacher anhört, als es ist, wenn du dich selbst liebst und alle Teile von dir akzeptierst.

Ist dir schon mal aufgefallen, dass Menschen es genießen, negativ zu sein? Es gibt ihnen einen Grund, ihre Wut zu zügeln. Diese Art des Gruppenbewusstseins zieht negatives Denken an und führt zu Wut, Frustration und Verurteilung; es führt nie zu einem warmen und angenehmen Ergebnis. Menschen, die nicht anders können, als sich über Dinge zu beschweren, fällt es auch leichter, Fehler bei sich selbst und anderen zu finden. Sie scheinen stolz auf ihre Fähigkeit zu sein, andere auf das hinzuweisen, was sie in ihrem Handeln übersehen. Sie sind auch diejenigen, die Schwierigkeiten haben, an ihren eigenen Wert zu glauben und denen es schwerfällt, zu vertrauen. Es gibt viele, die diesen Weg schon gegangen sind und von Zeit zu Zeit in Negativität verharren, nur um sich in dieser Spirale wiederzufinden, die immer mehr Negativität hervorbringt. Am Ende fühlen wir uns alle ziemlich trostlos.

Um aus dieser Perspektive herauszukommen und nicht mehr an den negativen Gesprächen teilzunehmen, musst du bedenken, dass das, was du suchst, kommen wird. Wenn du dich auf die Suche nach dem machst, was nicht perfekt ist, wirst du es ohne Zweifel finden. Wenn es dir wie mir geht, hast du festgestellt, dass dieser Ansatz zu keinem positiven Ergebnis geführt hat. Stattdessen fühlst du dich traurig, unerfüllt und ohne Hoffnung. Ich steckte im Schlamassel. Negative Gespräche sind überall - in den Nachrichten, in den sozialen Medien und in Gesprächen mit unserer Familie. Mit der Quarantäne 2020 und COVID-19 musste ich mich anstrengen, um das Ganze anders zu sehen. Ich konnte nirgendwo hingehen, ohne alle düsteren Ergebnisse, endlosen Zahlen und Szenarien zu hören.

Ich beschloss, aufzuhören. Die Informationen zu ändern, die ich anziehe. Ich weiß, du denkst: *Wie kann man einfach aufhören?* Es ist eine Entscheidung, genau wie die Entscheidung, weniger Kaffee zu trinken oder das Handy zu einer bestimmten Zeit auszuschalten. Ich fühlte mich einfach dazu berufen, das auszuprobieren.

Wenn wir bedenken, dass wir jeden Moment wählen können und wie wir darauf reagieren. Wenn wir uns tatsächlich nicht erlauben, in der Zeit vorwärts zu gehen, können wir im Jetzt-Moment sein. Diese Praxis hat es mir ermöglicht, Ängste loszulassen und durchzuatmen, um in jedem Moment Möglichkeiten zu sehen. Mir ist klar, dass dieser Ansatz bei der Planung unlogisch erscheint. Lass es mich also erklären. Die Dinge, auf die ich mich konzentriere, sind es, in die ich meine Energie stecke. Ich ertappte mich dabei, wie ich aus meinem gegenwärtigen Zustand in einen negativen Strudel geriet und mich dann ärgerte, als ich merkte, dass ich in den Kaninchenbau geraten war. Ich öffnete mich für Gespräche und Ideen, auf die ich mich nicht einlassen wollte. Das Ergebnis war, dass ich die Auswirkungen in meiner Stimmung und meiner Produktivität am Tag spürte. Ich fing an, Regeln dafür aufzustellen, was ich besprechen wollte und was nicht, und schaltete den Fernseher aus, damit ich nicht den ständigen Informationen auf allen Nachrichtensendern ausgesetzt war. Ich erinnere mich, wie ich die Treppe hinunterkam und Kevin da war, der sich eine unschuldige Tasse Kaffee machte. Ich kam ins Zimmer und ohne auch nur ein "Hallo Schatz" zu sagen, fing ich an, mich über den Lärm zu beschweren und schaltete den Fernseher und Alexa aus, die Musik dröhnte. Es lag nicht nur an der Lautstärke, sondern auch daran, dass gerade ein Todesfall oder eine tragische Nachricht verkündet wurde und ich mit all den Emotionen konfrontiert wurde, die solche Geschichten hervorrufen, bevor ich überhaupt einen Schluck Kaffee getrunken hatte. Mir ist nie klar geworden, dass er einfach nur sein Leben lebte, mit all dem Lärm. Das war zu viel für mich. Ich schaltete die Gespräche ab, während wir aßen und sie die Nachrichten des Tages aufwärmten. Dann wurde mir klar, dass es wie eine Diktatur ist, alles um mich herum zu kontrollieren. Auch wenn es mir keinen Spaß macht, kann ich nicht von allen anderen verlangen, so zu leben wie ich. Ich werde sagen, dass Kevin jetzt Meditationsmusik spielt und nicht mehr die Nachrichten. Ich habe gelernt, meine Ohrstöpsel nicht mehr in die Ohren zu stecken und sie auszuschalten, sondern die Zeit, in der sie über Dinge sprechen, die mir nicht gefallen, als Einladung zum Tagträumen zu nutzen.

Jetzt kann ich sehen, dass ich mich einfach nicht einmischen kann. Wenn ich mich in einer Situation ausgelöst fühle, ist es komplizierter. Ich habe gelernt, dass Auslöser wie kleine Scheinwerfer sind, um etwas Ungelöstes in mir zu entdecken. Ist dir schon mal aufgefallen, dass du in einer Situation, in der es einen Konflikt gibt, die Worte, die du sagen wolltest, nicht mehr loswirst? Unter der Abwehrhaltung, der Verletzlichkeit und der Verurteilung liegt meist die Botschaft, die du entdecken sollst. Ich würde lügen, wenn ich dir sagen würde, dass ich es immer herausfinde und das ganze Gespräch dekonstruiere, um zu dem Teil zu kommen, der mich ausgelöst hat, und dann die Stelle zu erkennen, an der der Kern der Lektion liegt. Ich versuche es und schaffe es manchmal auch alleine, aber ich habe auch meine Geistführer um Hilfe gebeten und das hat mir immer die Bestätigung gegeben, die ich brauchte, um weiterzukommen. Ich frage auch einen Coach, mit dem ich zusammenarbeite, oder einen meiner vertrauten Freunde. Dieses Unternehmen des persönlichen Wachstums sollte man nicht auf die leichte Schulter nehmen. Wenn du einmal angefangen hast und den Bagger rausholst, ist das ein langer Weg. Es ermöglicht dir, dein großer Verbündeter zu werden. Für dich selbst einstehen, um liebevolle Grenzen zu schaffen. Mit Menschen zusammen zu sein, mit denen ich zusammen sein will. Gespräche mit Menschen zu führen, die mich erhellen. Ich setze Grenzen und teile mit, wenn ich nicht mehr darüber reden will. Ich war nervös, Grenzen zu setzen, aber ich merke, dass ich mich immer wohler fühle, je öfter ich das tue.

Ich konzentriere mich darauf, meine Aufmerksamkeit auf Dinge zu lenken, die meinen Tag verbessern werden. Es ist eine Entscheidung. Ich kann sagen, dass ich mich dafür entscheide, zuzuhören und Gespräche mit Menschen zu führen, auf die ich mich einlassen möchte. Wir haben den freien Willen zu wählen, was zu uns passt. Verstehe, dass das Universum für alle von uns da ist. Es zeigt keine Bevorzugung.

WERTVOLLE LEARNINGS

Wenn wir uns wie eine Banane vorstellen, werden wir verstehen, dass unsere äußere Schale in diesem Fall dafür sorgt, dass wir sicher sind. Sie hindert uns auch daran, Schmerz zu empfinden und in ihm zu leben. Wenn wir einen Schutzschild haben, bildet er eine Barriere zwischen dem Guten und dem Schlechten. Um unsere Schichten abzuschälen, müssen wir unseren Wert und unsere Bedeutung erkennen. So können wir einen Ort schaffen, an dem wir leben und sein können, wer wir wirklich sind. Ich sage "erinnern", weil unser höheres Selbst unseren Wert und unsere Würde kennt. Wir haben es vergessen, weil wir die Informationen anderer zugelassen haben und glauben, dass das, was sie sagen, wahr ist.

Hier sind fünf Schritte, die du für dein Erwachen nutzen kannst:

Schritt 1. Erlaube uns, so zu sein, wie wir sind.

Schritt 2. Vertrauen in uns selbst und unser inneres Wissen.

Schritt 3. Informationen erhalten, die uns helfen zu wachsen. In einem Raum zu sein, in dem du die Unterstützung von Menschen annehmen und sehen kannst, wo du Fülle in Liebe und Freundschaft anziehst.

Schritt 4. Wir lassen das Urteil unseres Egos und die Stimmen vergangener Wunden los.

Schritt 5. Erlaube und verbinde dich wieder mit dir selbst.

Dies sind die Schritte, die ich verwendet habe und mit meinen Kunden anwende, um inneres Wachstum und die Entdeckung unseres inneren Selbst zu ermöglichen.

CHANNEL

Haltet an dem Glauben fest,
dass jeder von uns das Recht hat,
sein wahres Selbst zu entdecken,
das wir uns nicht wie einen Schatzstein geben können.
Viele von uns haben das Gefühl,
dass wir über unsere Gaben stolpern
und uns nicht erinnern können,
wann genau wir unsere Gabe entdeckt haben.
Sie ist sanft in unsere Seele gelegt
und kommt zum Vorschein,
wenn wir bereit sind, sie zu sehen.
Jeder von uns entdeckt,
dass er seine Gaben
als die wahren Schätze begehrt,
die sie sind

AFFIRMATION

Ich wähle Positivität

INSPIRATION

Das Positive anziehen

11

HÖRE AUF DEINE INTUITION. WENN SICH ETWAS NICHT RICHTIG ANFÜHLT, DANN IST ES EINFACH NICHT RICHTIG.

Ignoriere diesen ersten Instinkt nicht. Deine Intuition geht an deinem Ego vorbei und erkennt, was du brauchst. Positiv zu sein ist eine Handlung, für die du dich jeden Tag entscheidest. Es ist eine Entscheidung, zu erkennen, dass du dort bist, wo du sein sollst und wie du dich in jedem Moment fühlen willst.

Ich sage den Leuten, die mich fragen, immer, dass das Studium kein Zuckerschlecken ist. Es gibt keine leichten und einfachen Kurse. Ich hatte das Gefühl, dass jeder Moment zählte, und ich musste alles im Kopf behalten. Wir alle wussten, wie schwer es war, einen Platz im Programm zu bekommen, und um zu bleiben, mussten wir gut sein. Ich befand mich in einem ständigen Zustand der Sorge. Die Last der Abschlussprüfung war in jedem Atemzug zu spüren, den ich tat. Ich hatte das Gefühl, dass keine Zeit mehr ausreichen würde, um mich vorzubereiten. Eines Tages, als ich aus der Klinik kam, sah ich eine Freundin, die furchtbar aussah. Ich bat sie, mit mir einen Kaffee zu trinken. Also gingen wir zusammen über den Campus, um einen Kaffee zu trinken, in der Hoffnung, dass mir das nicht nur unbändige Energie geben würde, sondern auch, dass ich mich konzentrieren könnte.

Wir stapften schweigend über den Campus und schließlich sagte sie: "Ich kriege das Zeug nicht. Ich werde durchfallen. Wie soll ich meinen Abschluss machen und rechtzeitig heiraten?"

Während sie weiter über das Feld im Schnee stapfte, sah ich sie an und begann nervös zu lachen, dann murmelte ich: "Okay, du hast recht! Ich stimme dir zu; lass uns einfach alles aufgeben!" Dann gestand ich: "Ich hänge auch an einem seidenen Faden."

Ihre Augen weiteten sich ungläubig und ich erzählte ihr, wie schwer es war, zu meinem Praktikum zu pendeln und dass es nicht einfach war, zu Hause zu wohnen. Ich gestand ihr, dass ich mir Sorgen machte, nicht klug genug zu sein, um mir all diese Informationen zu merken. Ich war mir einfach nicht sicher, wie ich das alles hinbekommen sollte. Dann starrte sie mich wieder an. Ich glaube, ich habe sie verwirrt; sie dachte, ich würde sie aufmuntern wollen.

Dann sagte ich: "Was ist, wenn wir nicht alles wissen sollen? Vielleicht sind wir dazu bestimmt, es herauszufinden." Ich gestand, dass ich versuchte, mich daran zu erinnern, warum ich mir das antue, so hart zu arbeiten. Dann sagte ich: "Wenn ich daran denke, es aufzugeben, bin ich traurig, weil ich wirklich glaube, dass ich den Menschen helfen kann." Ich erzählte, dass mein Vater dachte, ich sei idealistisch. Ich blinzelte die Tränen weg und sagte, dass ich glaube, dass jeder gehört werden muss. Sie sah mich an und blinzelte ebenfalls die Tränen weg. Wir bewegten uns beide weiter vorsichtig durch den Schnee. Wir bekamen unseren Kaffee und gönnten uns einen Keks. Wir staubten den Schnee von einer Bank ab und setzten uns an einem kalten Nachmittag hin und betrachteten den Rauch, der in der Luft wirbelte, während um uns herum Schneegestöber wehte. Wir sprachen darüber, was wir nach dem Studium machen wollten. Wir erinnerten uns daran, warum wir uns überhaupt für diesen ganzen Wahnsinn angemeldet hatten. Wir gingen mit einem viel besseren Gefühl ins Finale. In diesem Moment trafen wir die Entscheidung, uns an unseren

Traum zu erinnern und ihn über unsere Angst zu stellen. Wir haben nie über diesen Tag gesprochen, aber ich sah sie im Januar, als der Unterricht begann, und wir wussten beide, dass wir bestanden hatten. Ich habe an diesem Tag etwas gelernt. Ich musste auf dem Kurs bleiben, den ich eingeschlagen hatte, denn ich hatte einen größeren Traum als nur einen Abschluss zu machen. Ich wollte Kindern beim Sprechen helfen. Mit dieser Energie überwand ich die Angst, eine Abschlussarbeit zu schreiben oder einen Praktikumsplatz zu bekommen. Ich wusste aus dem Bauch heraus, dass noch größere Dinge auf mich zukommen würden, und ich konnte diese Energie der Angst nutzen, um mich zu lenken, oder ich konnte mich entscheiden, in dem Moment zu bleiben, in dem ich mich befand, und mich nicht um neue Dinge zu kümmern. Ich konnte nicht alles kontrollieren.

Der Gedanke, dass ich die Kontrolle darüber habe, wie die Dinge laufen, ließ mich nicht mehr los. Die Vorstellung, dass ich allein das Ergebnis ändern könnte, verwirrte meine Gedanken. Es geht nicht nur darum, dass die Tasse halb voll oder halb leer ist. Es geht darum, dem Universum die Führung zu überlassen und zu erkennen, dass du in jedem Moment genau da bist, wo du sein sollst. Glaube und vertraue darauf, dass es tatsächlich so ist, wie es sein soll. Ich werde mich nicht mit irgendwelchen spirituellen Praktiken beschäftigen, denn alles, was wir tun, um Frieden zu finden und uns mit unserem authentischen Selbst in Einklang zu bringen, ist meiner Meinung nach perfekt.

Die Idee, sich dafür zu entscheiden, im Moment zu leben. Entscheide dich dafür, dass du die Momente deines Tages selbst gestalten kannst und nimm die Informationen, die vor dir liegen, als Zeichen für deinen Weg oder für die Entscheidungen, die du zu treffen hast. Wenn du im Stau stehst, kannst du dich entscheiden, frustriert zu sein, oder du kannst dich entscheiden, im Moment zu leben und das Beste daraus zu machen. Welchen Sinn willst du aus den Situationen, die vor dir liegen, machen?

CHANNEL

Lächle vielen zu und sieh, wie die Welt in „NETT" antwortet.
Wenn du die Menschen im Vorbeigehen
mit einem Lächeln ansiehst, v
ermittelst du Licht und Positivität.

AFFIRMATION

Ich entscheide mich, positiv zu sein

INSPIRATION

Verbindungen sind einen Atemzug entfernt

12

WENN DU DAS GEFÜHL HAST DICH ZU WIEDERHOLEN, LIEGT ES AN DIR.

Wir erleben die gleichen Lektionen, bis wir Weisheit daraus ziehen. Das ist der Karmakreislauf 101.

Ich nenne dieses Phänomen eine "Wiederholung" und habe das Gefühl, dass ich in meinem Leben so lange in einem Wiederholungsmuster feststeckte.

Ich ertappte mich zu oft dabei, dass ich mit Freunden zu gutmütig war. Ich war die Person, die mit dem Strom schwimmt. In Wahrheit war es mir oft egal, aber meistens wollte ich nicht in eine Verhandlungssituation geraten. Später stellte ich fest, dass diese Freundschaften oft nur oberflächlich waren. Ich wollte meine Bedürfnisse und Vorlieben nicht teilen und indem ich sie zurückhielt, kannten sie mich nicht wirklich. Im Gegenzug baute ich eine Mauer auf und ließ nicht zu, dass man mich kennenlernte. Ich habe mich selbst verurteilt und wollte um jeden Preis Teil der Gruppe sein, anstatt allein zu sein. Es war keine Überraschung, dass diese Freundschaften im Sande verliefen.

Wie können wir uns also darauf vorbereiten, die "Wiederholung" zu beenden?

Um die Informationen aufnehmen zu können, zeigt uns das Universum, dass wir in der Lage sein müssen, die Informationen als Lehrer zu sehen. In meinem Leben gab es schon viele Situationen, in denen ich dachte, wenn ich ruhig bleibe und "mit dem Strom schwimme", würde alles einfacher werden. Ich hatte Angst, für meine Meinung verurteilt zu werden. Ich war es

gewohnt, meine Stimme zu unterdrücken, um eine harmonische Situation
zu schaffen. *Ich* hatte zu vielen Dingen eine Meinung. Ich hatte mich so
sehr daran gewöhnt, die Meinung anderer für besser oder beliebter zu
halten, dass ich aufhörte, auf meine eigene zu hören. Ich stand mit meiner
Stiefmutter in der Küche, während wir vom Abendessen aufräumten, und
versuchte, mich mit ihr auszutauschen, aber ich hatte solche Angst, dass
sie meine Ideen und Träume niedermachen würde. Ich war sehr vorsichtig
damit, meine Gedanken mitzuteilen, denn meistens wurde mir gesagt,
dass diese Ideen idealistisch seien, nicht gut durchdacht oder dass ich nicht
das Zeug dazu hätte, sie zu verwirklichen. Mein Zuhause war ziemlich
traditionell, und am Freitagabend aßen wir im Esszimmer zu Abend. Der
Tisch war mit dem guten Geschirr gedeckt und meine Mutter brachte mir
bei, wie man die Servietten faltet, damit der Tisch festlich aussieht. Wir
benutzten die guten Gläser aus dem Porzellanschrank. Die Schabbatkerzen
wurden angezündet. Es gab immer eine Vorspeise oder eine Suppe und
ein Hauptgericht, das nach Familienart mit einer Stärke und Gemüse
serviert wurde. Meine Mutter war eine gelernte Bäckerin und Köchin,
also gab es immer etwas Besonderes. Mein Bruder servierte immer die
Getränke, und meine Mutter und ich räumten ab und brachten das neue
Essen heraus. Nach dem Essen gingen mein Vater und mein Bruder in die
Höhle. Ich räumte die Reste weg und blieb in der Küche, während meine
Mutter das Geschirr abwusch, das nicht in die Spülmaschine durfte. Eines
Tages hatte ich die Idee, eine Nachhilfeklasse zu unterrichten, die von der
Jugendherberge gesponsert wurde, in der ich im Sommer arbeitete. Ich
kannte den Direktor und er hatte mich im Sommer angesprochen, ob
ich nicht auch während des Jahres unterrichten wollte. Ich war mir nicht
sicher, aber dann dachte ich, dass es Spaß machen würde, das mit meiner
Freundin zu machen und dabei auch noch etwas Geld zu verdienen. Ich
hatte eine Idee für einen Kunstkurs für Grundschulkinder. Ich erinnere
mich, dass ich meiner Mutter erzählte, dass es die Idee meines Freundes
war, diese Kunstprojekte nach der Schule zu unterrichten. Meine Freundin
meinte, es wäre toll, wenn sie jede Woche eine Sache machen würden. Ich
erzählte ihr, dass ich diese Idee auch gut fand. Ich hoffte, dass sie das im

Herbst machen könnte. Meine Mutter fand die Idee gut und meinte, dass es Spaß machen würde, wenn die Projekte einfach gehalten würden. Ich war so froh, dass sie diese Idee mochte, aber ich hatte nicht den Mut zu sagen, dass es meine Idee war, weil ich Angst hatte. Ich war immer noch auf der Suche nach einer Bestätigung, dass ich eine gute Idee hatte. Das war meine Art zu teilen, indem ich verbarg, was ich dachte und träumte. Ich wusste nicht, wie ich einfach ein Gespräch führen sollte. Alles fühlte sich immer wie ein Test an.

Als ich zwölf war, begann mein Vater mit einer Routine. Freitags aßen wir gemeinsam zum Schabbat, und er dachte, das wäre ein guter Zeitpunkt, um mir etwas über die Welt beizubringen. Er gab mir am Dienstag einen Artikel, mit dem ich mich vertraut machen sollte, und wir diskutierten ihn beim Abendessen. Ich bekam Bauchschmerzen, denn es war wie in der Schule. Mein Vater hatte gute Absichten. Er war sehr intelligent, aber ich fühlte mich bei diesen Gesprächen so unzulänglich. Ich verstand nichts von Weltpolitik oder Investitionen. Ich hörte ihm zu und versuchte, alles aufzunehmen, was er sagte, aber es war auf keinen Fall ein Gespräch. Ich konnte nicht sagen, wie schwierig das für mich war. Ich konnte meine wirkliche Meinung nicht teilen, wenn sie von seiner abwich. Das habe ich geglaubt. Als ich älter wurde und auf das College ging, begann ich, mehr von meiner Meinung zu erzählen, aber auch hier wurde ich nicht freundlich empfangen und ich lernte zu schweigen. Ich hatte das Gefühl, dass *er* mich *nicht verstand*. Das gab mir das Gefühl, nicht dazuzugehören und nicht verstanden oder akzeptiert zu werden. Es dauerte lange, bis ich erkannte, dass ich nicht darauf angewiesen war, dass er all meine Handlungen guthieß. Es tat immer noch weh, wenn er die Dinge nicht guthieß, die ich tat und die wertvoll waren. Das führte zu unzähligen Auseinandersetzungen mit meinem Mann. Es war stressig, zu meinem Vater nach Hause zu fahren, und ich hatte das Gefühl, dass ich den Atem anhielt, bis es zu einem Konflikt kam. Mein Vater war mit seinen fünfundneunzig Jahren immer noch begeistert von Politik, Investitionen, Religion und Spiritualität. Oft schaute er zu Kevin, um mit ihm über die Weltpolitik oder aktuelle Themen zu diskutieren.

Oft hatte ich das Gefühl, mein Vater und ich stünden kurz vor einem großen Konflikt. Solange ich mich erinnern kann, habe ich diese Szenen eher gemieden, weil ich Angst vor der Konfrontation hatte.

Als mein Vater Kevin kennenlernte, war er kein großer Fan von ihm, aber er hat nie etwas Negatives über ihn als Person gesagt. Ihm gefiel nur nicht, wie er sich kleidete oder dass er ihn nicht förmlich mit einem Händedruck begrüßte. Ich weiß noch, wie ich Kevin bat, eine bessere Hose zu tragen, um ihm die Hand zu geben. Kevin war, wer er war, und er hatte nicht vor, das zu ändern. Dafür habe ich ihn sogar respektiert. Jahre später fand ich heraus, dass mein Vater das auch tat. Mittendrin wollte ich ihn einfach nur ändern. Ich war so daran gewöhnt, mich für meinen Vater zu ändern oder einfach nicht authentisch zu sein, wenn es um meinen Vater ging.

Wir waren seit drei Jahren zusammen und als wir uns verlobten, war mein Vater immer noch nicht damit einverstanden. Das tat mir weh, denn ich wusste, wer der Mann war, den ich heiratete, und ich liebte ihn. Ich wollte, dass mein Vater das auch sieht. Mein Vater fragte mich, warum Kevin sich an den Wochenenden nicht rasiert. Ich sagte, dass er das jeden Tag für die Arbeit macht. Er meinte, es sei ein Mangel an Respekt, sich nicht zu rasieren, wenn er ins Haus käme und ihn sehen würde. Bei jeder Erklärung spürte ich, wie mein Temperament aufflammte. Ich wusste nicht, wie ich es erklären sollte. Mir wurde klar, dass ich durch meine Abwehrhaltung zu verstehen gab, dass es etwas zu verteidigen gab. Also hörte ich auf, darauf zu reagieren. Mein Vater machte eine Bemerkung und ich antwortete nicht. Das wurde immer einfacher. Er hörte nicht auf und ich antwortete weiterhin nicht.

An meinem Hochzeitstag, während des Vater-Tochter-Tanzes, sagte mein Vater: "Ich will alles für dich. Ich hoffe, ich habe dir alles gegeben, was du brauchst. Ich habe so schnell geheiratet, um dir eine Mutter und ein komplettes Leben zu geben. Ich möchte, dass du glücklich bist." Er küsste mich. Als die Tränen über mein Gesicht liefen, sah ich ihn an. Ich verstand, dass er nur das Beste für mich wollte. Er wusste nur nicht, wie er es in einer hübschen Schleife verpacken sollte. Ich begann zu erkennen, dass da noch mehr war.

Dreißig Jahre später lag mein Vater im Krankenhaus und mein Mann kam, um mich dort abzuholen. Mein Vater sagte Kevin, dass er ihn nicht zu besuchen brauchte. Kevin sagte: "Ich bin gekommen, um Robin zu treffen." Mein Vater blinzelte. Mein Mann hielt mir den Rücken frei. Mein Vater rief mich am nächsten Tag an und sagte: "Ich bin froh, dass du Kevin geheiratet hast; er war eine gute Wahl." Ich lachte und sagte: "Ja, Dad, das wusste ich schon immer." Als ich den Hörer auflegte, lachte ich vor mich hin und dachte: *"Gut, dass ich nicht auf seine Zustimmung gewartet habe.* Tief in meinem Bauch wusste ich, dass Kevin und ich zueinander passen. Wir lernen ständig dazu, aber was wir zu sehen und zu hören bereit sind, ändert sich, wenn wir uns verändern.

CHANNEL, DEN ICH
NACH DEM TOD MEINES VATERS ERHIELT

Im Funken eines Flüsterns kann ich den Atem derer hören,
die in meiner Nähe sind.
Die Energie, die sie mir übermitteln,
scheint in meine Knochen zu sickern, in meinen Verstand,
in das Wesen, das ich bin, und bringt mir ein Gefühl der Verbindung und
Verbundenheit mit der Zeit und dem Raum,
in dem ich mich befinde, im Hier und Jetzt,
wie sich diese Energie in verschiedene
Zeitlinien überträgt und mich dennoch mit der Liebe verbindet,
Sie verschwindet nicht,
sie wird auch nicht gelöscht,
sie geht in andere hinein,
in den Äther deines Geistes und erlaubt dir dann,
sie in den Tiefen deiner Seele zu spüren,
jede Emotion, die du fühlst,
jeden Atemzug, den du nimmst,
sie lädt uns ein,
uns selbst neu zu beleben, all die Schritte,
über die wir nachdenken, hören auf zu denken,
erlaube dir, in diesem Raum zu sein,

erlaube ihr, neue Bedeutung zu bringen,
ohne sie zu finden,
erlaube ihr, deinem Herzen Trost zu spenden,
ohne sie zu hinterfragen
erlaube ihr, deinem Herzen Trost zu spenden,
ohne es in Frage zu stellen
erlaube ihr, deiner Seele Bedeutung zu geben,
ohne dich zu fragen, wer sie dir bringt o Sei an einem Ort,
an dem du alles empfängst,
was zu dir kommt, und wisse, dass deine Seelenfamilie aufgestiegen ist,
um dir Trost zu spenden aus den vielen Zeitlinien, die du in deinem Leben
durchlaufen hast, und den Zeitlinien,
in denen du gelebt hast Im Hier und Jetzt,
Ich muss es nur akzeptieren und mich dem hingeben,
was auf mich zukommt, und wissen, dass es mir zusteht, diese Liebe und
dieses Licht zu empfangen und in mein Herz zu tragen,
während ich durch den Tag schlendere,
mit dem Funken eines Flüsterns kann ich den Atem derer hören,
die in der Nähe sind.
Die Energie, die sie übermitteln,
scheint in meine Knochen zu sickern, in meinen Geist, in das Wesen, das
ich bin, und sie bringt mir ein Gefühl der Verbindung und Verbundenheit
mit der Zeit und dem Raum, in dem ich mich im Hier und Jetzt befinde,
in einer Stunde, in der ich Licht suche,
Ich empfange all die Energie,
die sich in verschiedene Zeitlinien transponiert,
und doch verbindet sich alles mit mir zurück
Liebe verschwindet nicht und wird auch nicht ausgelöscht
sie geht in jeden deiner Gedanken und erlaubt dir,
sie in den Tiefen deiner Seele zu spüren und jede Bewegung,
die du machst,
jeden Atemzug,
den du nimmst

EINE NACHRICHT FÜR DICH

Wiederholungen passieren, wenn wir die Lektion, die wir aus einer Situation lernen müssen, nicht verinnerlichen. Lektionen wiederholen sich, wenn wir an dem festhalten, worauf unser Ego reagiert, anstatt das zu verinnerlichen, was uns die Situation gelehrt hat. Dinge passieren immer wieder, weil das Universum uns immer wieder dieselben Umstände präsentiert, in der Hoffnung, dass wir sie erkennen und uns ändern werden. Wie oft fährst du eine Straße entlang und bemerkst ein bestimmtes Schild oder einen Baum nicht? Wir sehen es erst, wenn wir bereit sind, die Informationen aufzunehmen.

Wenn dich also ein Auslöser trifft und du schreien willst: "Nicht schon wieder!", frag dich das nächste Mal, was die Botschaft für dich ist. Auslöser und Wiederholungen sind das Licht des Universums, das auf uns gerichtet ist. Wachstum findet statt, wenn wir aufhören, uns gegen die Informationen zu wehren. Unser Ego will uns ein Urteil aufzwingen, aber dann können wir weder sehen noch hören. Wir müssen die Informationen annehmen und unsere Intuition Detektiv spielen lassen, um herauszufinden, was die Botschaft ist. Fehler sind nur dann Fehler, wenn wir uns selbst nicht verzeihen können.

AFFIRMATION

Auslöser, die in meinem Leben passieren, sind Lehrer

INSPIRATION

Ändere deine Schwingung

13

MEIN KÖRPER IST EIN SPIEGELBILD MEINES GEISTES.

Es braucht nur eine Person, um dein Leben zu verändern - dich.

Das Zerstörerischste, was man tun kann, ist, sich selbst niederzureißen. Doch das scheint etwas zu sein, in dem ich zugegebenermaßen sehr gut war. Ich ertappe mich immer noch ab und zu dabei, wie ich in meiner alten Geschichte sitze, und das war die Geschichtenschleife, die ich gespielt habe. Ich hoffe, ich kann ____. Das Wort *Hoffnung* bedeutet eigentlich, dass die Möglichkeit besteht, dass das, was du dir wünschst, nicht eintritt! Ich höre das immer wieder von meinen Kunden. Für mich war es sehr anstrengend, mir einzugestehen, dass ich, wenn ich sage "Ich hoffe", irgendwo in meinem Kopf daran festhalte, dass ich nicht an meine Behauptung oder meinen Traum glaube. In einer verkehrten Welt stellte ich mir vor, dass das Wort "*Hoffnung*" so etwas wie eine "Gefängnisfrei"-Karte bei Monopoly ist. Meine Geschichte ging so: Wenn ich das Wort "Hoffnung" benutze, denke ich an das, was ich mir wünsche, aber in Wahrheit erlaubt mir die *Hoffnung* auch, mich nicht voll und ganz auf das einzulassen, was ich mir vorgenommen habe. Sie lässt Raum für Misserfolge. Ich weiß, das mag pingelig klingen, aber in einem Meisterschaftsspiel sagen die Spieler nicht: "Ich *hoffe,* wir gewinnen". "Ich hoffe, dass ich gewinne", hat noch kein Olympiasportler gesagt. Sie verkünden, dass sie die Sieger sein werden. Ich habe es gemerkt, als ich das Gespräch von "Ich hoffe, ich schreibe ein Buch" zu "Ich schreibe ein Buch" geändert habe. Ich fing an, mich zu zeigen, um es geschehen zu lassen. Ich umgab mich mit Gleichgesinnten und schloss mich einem

Stamm inspirierender Frauen an, die sich alle gegenseitig unterstützen wollten. Ich war aufgeregt und nahm an allen Treffen teil, aber ich hatte immer noch Zweifel, die auftauchten, mir auf die Schulter klopften und mich nachts weckten. Diese Zweifel waren tief in den Ecken und Winkeln meines Unterbewusstseins vergraben, und obwohl ich bereit war, daran zu arbeiten, wusste ich nicht, wie ich den Ort erreichen konnte, an dem sie zu Hause waren, und wie ich sie loslassen konnte. Es war wichtig, sie loszulassen, denn ich musste eine neue Geschichte erfinden und die Vorstellung überwinden, dass ich nicht das Zeug zur Schriftstellerin hatte und dass meine Geschichte es nicht wert war, erzählt zu werden. Dann hörte ich dies:

CHANNEL

Sieh dein Licht durch das Licht eines anderen
Lass dich von ihrem Licht leiten
Lass es ein Spiegel dessen sein, was du sein willst
Erlaube ihm, dein zerfleddertes Ego zu nähren
Bringe dir Licht, damit du die Botschaften hören kannst,
die für dich bestimmt sind
Sei ein Gefäß
Teile das Licht Für die Augen eines anderen
Um den Zeugen in ihm zu sehen

Ich fühlte, dass ich anfing zu sehen. Mir wurde klar, dass der Kampf, um zu sehen, wer ich bin, darin bestand, dass ich mich diesem Kampf hingab. Die Kämpfe, mit denen wir in unserem Leben konfrontiert werden, werden nie gewählt. Sie scheinen einfach aufzutauchen. Es liegt an uns, Krieger zu sein und die mentalen Blockaden, die wir aufgebaut haben, aufzulösen. So können wir zu dem werden, was wir sein sollen. Es spielte keine Rolle, wie viele Coaching-Sitzungen ich hatte. Ich musste meinen Glauben an das, was ich tatsächlich kann, umschreiben, meinen Wert und meine Bedeutung entdecken und dann meine Weisheit mit dir teilen. Ich hielt an dieser Mission fest, weil ich wollte, dass die Menschen ihre unendliche Weisheit wiederentdecken. Ich saß fest. Ich wusste, dass es eine große Veränderung für mich war, dies zu tun, und der einzige Weg war der Durchgang. Ich musste es loslassen. Ich tat viele Dinge, die mir halfen, dem Problem näher zu kommen, aber als ich begann, Atemarbeit zu machen, konnte ich eine neue Ebene der Befreiung erreichen.

Ein Freund von mir sprach immer wieder von Atemarbeit. Ich dachte: "*Okay, das muss ich ausprobieren*. Also meldete ich mich an. Ich lag auf dem Boden und hörte dem Ausbilder zu, der mich durch die Atemtechnik führte. Er forderte uns auf, loszulassen und unseren Eltern zu verzeihen, dass sie nicht genug für uns waren. Sie taten ihr Bestes. Ich begann zu weinen. Mir wurde klar, wie viel Urteilsvermögen ich in meinem Körper hatte. Nachdem ich so erschöpft war, stellte ich fest, wie viel leichter ich mich fühlte. Ich tauchte immer wieder auf. Jede Woche leitete er uns durch eine weitere Sitzung, in der er alte, stagnierende Informationen losließ, die ich vergraben hatte. Ich entdeckte, dass ich mich leichter mit meinen Führern verbinden konnte. Ich konnte in aller Ruhe an meiner Beziehung zu meinem Vater arbeiten. Ich konnte die vergrabenen Emotionen loslassen, die ich in meinem Körper versteckt hatte. Ich spürte ein Gefühl der Einheit. Ich fühlte mich leichter und war in der Lage, eine höhere Frequenz zu halten. Ich war kreativer und konnte das Urteil loslassen, dass ich nicht genug war. Ich erkannte, dass mein Wert davon abhing, wie ich mich selbst sah, und nicht davon, was andere über mich dachten. Ich begann zu verstehen, dass, wenn ich einer anderen Person erlaube, mir meine Kraft, Schönheit und Weisheit zu nehmen, sie es auch kann. Ich kann mich in jedem Moment dafür entscheiden, es zu hören und die Kommentare nicht anzunehmen. Als ich jünger war, habe ich oft gesagt, dass ich mir wünschte, die negativen Kommentare könnten von mir abfallen. Nun, wenn ich in der richtigen Stimmung bin und Liebe und Mitgefühl für mich selbst empfinde, dann bin ich Teflon. Die Weisheit, die ich in mir trage, gehört mir und die Menschen, die ich anziehe, um sie mit ihnen zu teilen, entscheiden sich dafür, meine Gedanken zu berücksichtigen. Du suchst nach Magie? Sie ist in dir. Es gibt niemanden, der magischer ist als du! Wir haben die

Macht in uns. Jeder von uns kann sich für seine Weisheit entscheiden und an sie glauben. Wir können magisch sein.

CHANNEL

Lass los Lass los von den Ideen,
die sich in deinem Kopf festgesetzt haben,
die ich dir erlaubt habe, eine Geschichte darüber zu erschaffen,
wer du eigentlich bist Kommen sie aus der Perspektive eines anderen,
eines anderen Blickwinkels, einer anderen Sichtweise, einer anderen
Geschichte, wenn du sie loslassen würdest, wer wärst du, könntest du eine
neue Geschichte erschaffen, wer du bist wir Mit den Augen eines anderen,
der auf dich schaut, könntest du alles sein Lass es in deinem Geist Gestalt
annehmen
Du kannst sein, wovon du träumst
Könntest du deinem Geist erlauben, sich in
all die Dinge hineinzuversetzen, die du sein könntest,
all die Dinge, die du nicht einmal klar sehen kannst Dinge,
die du nur spüren kannst
Lass die Urteile los
Sie halten uns davon ab, unseren Geist zu erweitern
und all das zu betrachten, was wir sein können.
Diese Urteile sollten uns nicht zurückhalten, sie sollten uns leiten
und uns zeigen, wo wir uns erweitern müssen.
Als wir jung waren, sollten sie uns beschützen.
Unser junger Verstand hat sie falsch verstanden.
Die Menschen, die auf uns blickten, gaben uns Regeln, wie sie glaubten,
dass wir unser Leben leben sollten
Was, wenn sie nur Vorschläge waren,
um uns in diesem Moment zu beschützen
Wir sind nicht mehr die Kleinen, wir sind an einem
neuen Ort auf einer neuen Zeitlinie
Wir können die Geschichten erschaffen, die wir träumen wollen
Wir wollen unseren Tagtraum leben

AFFIRMATION

Ich bin magisch, ich habe Weisheit, ich habe Wert

INSPIRATION

Alles beginnt damit, dir Liebe zu schicken

14

WIR GEWINNEN WEISHEIT UND SINN IN DEN SCHWIERIGSTEN ZEITEN.

Seit ich klein war, weiß ich, dass der Tod ein Teil des Lebens ist. Ich weiß noch, dass ich dachte, man kann das eine nicht ohne das andere haben. Meine Mutter starb, als ich drei Jahre alt war, und wir sprachen nur selten über ihr Leben. Es schien, als ginge es in den Gesprächen immer darum, wie sie gestorben ist. Ich verstand nicht, warum jeder versuchte zu verstehen, wie es dazu kam - warum jetzt -, während sie eigentlich wissen wollten, warum ich sie verlieren musste. Ihr Schmerz war persönlich, und der Schmerz war zu groß, um ihn in eine Geschichte zu packen. Sie halten diesen Schmerz als ihre bleibende Verbindung zu der Person, die sie verloren haben, fest. Mein Vater verbarg seinen Schmerz tief in seinem Herzen und erzählte nie etwas darüber, wer meine Mutter war, als sie noch lebte. Er teilte keine Bilder, obwohl er viele hatte. Er erzählte nur sehr selten Geschichten aus ihrem gemeinsamen Leben. In den letzten Monaten, die er noch lebte, ging ich zu ihm nach Hause. Ich setzte mich neben ihn an den Esszimmertisch und hielt seine Hand ganz sanft. Seine Finger waren durch die Arthritis geschwollen und steif. Zu diesem Zeitpunkt machte er sich Sorgen um seinen Tod; er spürte, dass er kurz davor war. Mein Bruder und meine Schwester versicherten ihm, dass es uns gut gehen würde. An diesem einen Tag sagte er: "Später werde ich nicht mehr in deinen Gedanken sein." Ich sagte: "Es ist alles in den Erinnerungen und Geschichten, Dad." Da wurde mir klar, wie sehr er sich Sorgen machte, dass er vergessen werden könnte. Also sagte ich ihm, dass seine Energie mit meiner verwoben war und dass ich ihn nicht vergessen konnte, ohne zu vergessen, wer ich war. Seine Kinder waren sein Vermächtnis.

Ich räume sein Haus aus. Ich habe alle seine wertvollen Erinnerungen in Kisten gefunden. Erinnerungsstücke aus seinem Leben. Ich wünschte, er hätte seine Geschichten dazu erzählen können. Meine Schwiegermutter sagte mir vor langer Zeit, dass er an seinen Erinnerungen festhalten müsse; das sei alles, was ihm geblieben sei. Ich begann zu verstehen.

Ich habe mich immer gefragt, ob es nach dem Tod nichts anderes mehr gibt, worüber man reden kann. Wir besuchten das Grab meiner Mutter zwei Mal im Jahr und kümmerten uns um den Baum auf dem Grundstück vor ihrem Grabstein. Es waren nur wir drei. Wir brachen sehr früh auf und fuhren etwa neunzig Minuten. Wir drei wechselten uns ab, um die Hecken zu schneiden und das Unkraut zu entfernen. Mein Vater wurde so still und fast ehrfürchtig in seinen eigenen Erinnerungen. Nachdem wir alles weggeräumt hatten, war es an der Zeit, einen Stein für ihr Grab zu finden. Ich ging zwischen den anderen Grabsteinen hindurch, um den perfekten Stein zu finden. Ich grub meine Nägel in die Erde, um den Stein herauszuholen, den ich entdeckt hatte. Es war mir egal, dass meine Nägel von der Erde des Friedhofs umhüllt sein würden. Ich versuchte, nicht an die Erde zu denken, die dort lag und woraus sie gemacht war. Das machte mir irgendwie Angst. In der jüdischen Religion legen wir einen Stein auf einen Grabstein, um die verstorbene Person zu ehren und ihr zu sagen, dass wir uns an sie erinnern. Ich sagte eine besondere Botschaft zu ihr, als ich den Stein auf ihren Stein legte. Jedes Mal, wenn ich das tat, fühlte ich mich hin- und hergerissen. Ich hatte immer das Gefühl, dass ihre Essenz nicht anwesend war.

Ich hatte eine schwache Erinnerung aus der Zeit, als ich drei Jahre alt war. Ich wusste, wann sie starb, bevor mein Vater mich bat, sie zum Abschied zu küssen. Ich erinnere mich an nicht viel, außer dass er mich mit meinen roten Schuhen auf ihr Bett gehen ließ. Ich sah, wie sich die Szene in meinem Kopf abspielte, wie ich mich langsam bewegte und neben ihr auf dem großen Bett krabbelte. Ich liebte es, ihre Hand zu halten und wie sie meine immer locker hielt, mir vertrauend, dass ich gehen würde und wusste, dass ich immer zurückkommen würde. Jetzt war ihre Hand schlaff und kringelte sich nicht mehr um meine Finger. Es fühlte sich so seltsam an, als hätte ich die Verbindung zu ihr verloren. Sie war nicht mehr da. Ich konnte nicht verstehen, was ich da sah, ihr Haar war ganz verfilzt, aber ihr Gesicht war ruhig. Und doch hatte ich das Gefühl, dass sie nicht mehr da war. Sie war in ihrem Schlafzimmer, direkt neben meinem. All ihre Sachen waren um sie herum. Ihr Körper war da. Aber sie war nicht da. Ich war so verwirrt und wusste nicht, warum mein Vater so traurig aussah. Ich wusste, dass ich ihn wieder zum Lächeln bringen musste. Auch meine Schwester verhielt sich seltsam. Ich verstand es nicht.

Für mich war meine Mutter jemand, mit dem ich in Geisterform sprach. Ich sprach mit ihr, wann immer ich wollte, während ich zur Schule ging oder mit meinen Puppen spielte. Während dieser Zeiten fühlte sich die Verbindung zu ihr real an. Das Gefühl an ihrem Grab war Leere. Ich dachte, das läge daran, dass ich noch so klein war, als sie starb. Mir wurde klar, dass ich das Wesentliche von ihr suchte. Ich hatte keine Erinnerungen, die mir das Gefühl gaben, ihr näher zu sein. Ich versuchte, meine Schwester und meinen Vater um Informationen zu bitten. Ich empfand diese Gespräche als unangenehm und schmerzhaft. Also begann ich, meine geistigen Führer, mit denen ich in Verbindung stehe und die mir Weisheit geben, zu bitten, mir zu helfen, Beweise für mich selbst zu finden. Mein Vater und mein Bruder gaben mir Bilder von mir und meiner Mutter. Ich setzte mich zu ihnen und verband mich mit mir als kleines Mädchen und sah die Liebe und das Vertrauen, das ich mit meiner Mutter hatte. Ich nahm alle Nuancen auf den Bildern wahr und erkannte, wie sehr sie mich schätzte. Das half mir, mich mit ihr zu verbinden. Ich muss gestehen, dass die Verbindung zu ihr immer noch nicht stark ist, wenn ich an ihrem Grab stehe. Von Zeit zu Zeit werde ich mit der Essenz ihrer Energie beschenkt. Meistens spüre ich sie wie eine sanfte Brise auf meiner Haut.

Die Angst vor dem Tod besteht nicht so sehr darin, dass wir sterben werden, sondern darin, was unser Vermächtnis sein wird. Wie werden uns die Menschen, die uns am meisten bedeutet haben, in Erinnerung behalten? Für die Hinterbliebenen besteht die Angst darin, wie ich die Erinnerung an die Stimme, die Berührung, den Blick und das Lachen der Person bewahren kann. "In jedem von uns gibt es einen Platz in unserem Herzen, an dem diese Erinnerungen verankert sind, damit wir an der Essenz der Person, die wir verloren haben, festhalten können." Ich habe begriffen, dass es wichtig ist, offen darüber zu sprechen, wie eine Person gelebt hat, welche Eigenheiten sie hatte und wie sie uns fühlen ließ und wie sie uns fühlen ließ. Anstatt Gelegenheiten zu schaffen, um über Menschen zu sprechen, die wir verloren haben, müssen wir diese Geschichten über sie in den Alltag unseres Lebens einweben. Mühelose Aktion.

Als ich meinen Mann kennenlernte, konnte ich sofort die Verbindung zwischen ihm und seiner Mutter spüren. Ich wusste, dass es an mir liegen würde, ihm beizubringen, wie er eine lebendige Erinnerung an sie schaffen kann, wenn die Zeit gekommen ist. Jahre später, als meine Schwiegermutter krank war, fing ich an, Bilder von ihr und meinen Kindern in meinem Haus aufzustellen. Diese Bilder waren keine gestellten Porträts, sondern sie waren lustig und zeigten, wie sie in unser Leben verwoben war. Ich fing an, Geschichten darüber zu erzählen, wie sie eine Tasse Kaffee mit ihrem Hamburger und einer Scheibe roher Zwiebel mochte und wie sie beim Versuch, eine Füllung zu machen, scheiterte. Mein Mann und ich sprachen über ihre Macken und kicherten mit unseren Kindern ständig auf diese mühelose Art und Weise, die unseren Kindern zeigte, dass das Gespräch jederzeit möglich war. Ich wollte, dass mein Mann und meine Kinder Erinnerungen haben, die ihnen vertraut sind, damit sie sich an sie erinnern können und immer wissen, wie sehr sie sie geliebt hat. Dieser Ansatz hat uns das Gefühl gegeben, dass wir immer über sie sprechen und sogar lachen können. Wenn wir anfangen, lebendige Beweise zu schaffen, setzen wir die Beziehung zu der

Person fort, die gestorben ist. Wir sind mit ihrem Geist verbunden und diese Verbindung brachte mehr Liebe und Mitgefühl in unsere Herzen. Sie ermöglichte es uns, uns daran zu erinnern, wie besonders sie war, und uns mitzuteilen, wie sich unser Leben durch die Liebe, die sie so großzügig gab, für immer verändert hat. Ihre offene Akzeptanz und ihre nicht wertende Haltung waren befreiend und einladend. Ich habe sie bewundert.

Die Gespräche, die wir über die Menschen führen, die wir lieben, sind es, die eine dauerhafte Verbindung schaffen. Die Freiheit, über verstorbene Menschen zu sprechen, war so wichtig für mich. Die einzigen Gespräche, die wir führten, handelten davon, wie meine Mutter krank wurde und wie sie litt, als sie starb. Meine Mutter war die Liebe seines Lebens, und er wollte sie durch das Festhalten an ihr ganz nah bei sich haben. Ihm war nicht klar, dass er seine Erinnerungen an sie nicht mit mir teilte und mir damit die Möglichkeit nahm, meine eigene Verbindung in einer lebendigen Erinnerung aufzubauen.

Die Grundlage für diese Gespräche in deiner Familie zu schaffen, ist das, was die Menschen, die wir lieben, relevant hält und ihre Erinnerungen weiter aufblühen lässt.

CHANNEL

Es sind nicht die kleinen Dinge,
an [denen wir festhalten oder] die wir in den Schmuckstücken sehen,
die wir uns anschaffen
Sie enthalten (nicht) die Essenz oder den Geist der Menschen,
die wir verloren haben
Aber wir halten diese Dinge in der Nähe
Da (wir) unsere Verbindung wiederentdecken, schätzen wir sie
Wir klammern uns an die Erinnerungen,
die wir in einer Zeit geschaffen haben,
in der die Dinge neu und frisch waren
Wir halten an den Schätzen fest, als wären sie eine Schnur,

die uns verbindet
Die größte Angst ist der Verlust der Verbindung, immer wissend,
dass wir an der Schnur festhalten,
die uns mit denen verbindet, die nicht mehr im Körper hier sind

AFFIRMATION

Ich bin ein Channel, um ein lebendiges Vermächtnis
derer zu schaffen, die ich liebe

INSPIRATION

Du bist ein Geschenk

15

JEDE PHASE DES LEBENS BRINGT WEISHEIT, SOGAR DER TOD.

Es war Herbst und meine Schwester und ich wollten eine Radtour machen. Wir waren in der Einfahrt und wollten gerade losfahren. Als das Auto meiner Eltern vorfuhr, hatte meine Mutter einen Welpen dabei. Ich ließ alles stehen und liegen. Ich hatte mir schon ewig ein Haustier gewünscht. Ich war verliebt. Ich rannte die Treppe hoch, um ihr eine meiner Puppen zu geben. Wir nannten sie Rhoda, nach der lustigen Freundin von Mary Tyler Moore. Sie sollte meine Freundin werden und ich liebte sie. Ich schlich mich mit ihr in mein Bett, wenn niemand da war. Nachts kratzte ich ihre Nägel an der Tür meiner Eltern, wenn sie sich ausgesperrt hatten, damit sie sie hereinlassen konnten. Ich liebte es, sie um mich zu haben. Wir waren so verbunden. Ich fühlte mich so glücklich, sie in meinem Leben zu haben.

Als meine Familie in ein Haus zog, wusste ich, dass wir irgendwann einen Hund bekommen würden. Meine Katzen waren älter geworden. Ich adoptierte Dezi als Vatertagsgeschenk für Kevin, nachdem wir geheiratet hatten. Er war mehr wie ein Hund als eine Katze. Er kam, wenn ich rief, sprach mit mir und fragte nach Truthahn. Er liebte meine Kinder und holte mich, wenn sie aufwachten, als sie noch ganz klein waren. Wir alle liebten ihn. Meine Tochter war allergisch, also wussten wir, dass wir keine weitere Katze bekommen konnten, als er starb. Einige Jahre später waren wir bereit, uns einen Hund anzuschaffen. Da meine Tochter allergisch war, achteten wir darauf, einen Hund mit Haaren zu bekommen, und wir gingen zu mehreren Züchtern, um den Hund an ihr lecken zu lassen, um zu sehen, ob sie einen Nesselausschlag bekommen würde. Schließlich entschieden wir uns für einen English Springer Spaniel. Wir nannten ihn Jerry. Als Hommage an seinen Namensvetter Jerry Springer. Dies war unser erster Hund. Es war einfach, mit ihm spazieren zu gehen und zu spielen, bis er anfing, aggressiv zu werden und wir ihn nach drei Jahren zu unserem Züchter zurückbringen mussten. Er fühlte sich so schlecht, dass er uns einen älteren, sehr süßen Hund gab. Wir nahmen sie mit nach Hause und verliebten uns sofort in sie. Wir haben sie Maggie genannt. Sie ist so süß und verschmust. Man konnte mit ihr auf der Couch kuscheln, und sie war lustig, weil sie nicht mit Spielzeug spielte, sondern es liebte, mit Aufmerksamkeit überschüttet zu werden. Im folgenden Jahr kam Chelsea hinzu, ein Golden Retriever. Sie war bezaubernd und Maggie adoptierte sie. Es hat uns allen viel Spaß gemacht, zu beobachten, wie sie sich gemeinsam entwickelten. Sie schliefen zusammen und liebten sich wirklich. Meine Kinder liebten sie und kümmerten sich um sie. Später kam Jade in unsere Familie, und obwohl Maggie sie nie ganz akzeptiert hat, liebte Chelsea sie.

Es schien ganz plötzlich zu passieren, als wir mit Maggie Moo, unserem English Springer Spaniel, auf dem Weg zum Tierarzt waren. Sie war zwölf Jahre alt und bekam Medikamente gegen kongestive Herzinsuffizienz. Der Tierarzt sagte uns, dass sie taub sei und fragte uns, was wir tun wollten. Ich weiß noch, dass ich dachte, *sie ist noch jung*. Er erinnerte uns daran, dass sie zwölf war. Wir nahmen sie mit nach Hause und konnten nicht glauben, dass sie alt geworden war; wann war das passiert? Bei Jade, unserem Labrador, war gerade Diabetes diagnostiziert worden und sie war jetzt blind. Was war geschehen? Ich kam mir vor, als würde ich ein Tierkrankenhaus leiten. Die Einzige, der es gut zu gehen schien, war Chelsea, unser Golden Retriever. Ich hatte Jade beigebracht, sich mit Sprachbefehlen in unserem Haus zurechtzufinden, und wenn man es nicht wüsste, würde man nicht merken, dass sie blind war. Im Laufe der Wochen wurde Maggie immer blinder und es wurde immer deutlicher, dass sie verwirrt war, Anzeichen von Demenz zeigte und Angst hatte.

Während dieser Zeit war ich so sehr damit beschäftigt, ihr Leben zu verlängern und ihr Leiden zu lindern, dass ich vergaß, wie besonders ihr Leben für mich war. Sie in unserer Familie zu haben, war ein Geschenk. Also teilte ich diesen Gedanken mit meinen Kindern und erinnerte mich selbst daran, meinen Hunden zu danken und ihnen zu sagen, wie besonders sie sind. Selbst jetzt, wo ich dies schreibe, kommen mir die Tränen in die Augen. Ich trauere immer noch um den Verlust ihrer Liebe und um die Schönheit, die sie waren. Sie waren ein Teil meiner Familie. Wir sprechen immer über sie und ich fühle mich mit ihrem Geist verbunden. Ich hatte das Glück, sie in meinem Leben zu haben. Jedes Mal, wenn ich mich an sie erinnere, werde ich in Liebe gebadet, die sie so mühelos gegeben haben. Lange Zeit konnte ich nicht einmal daran denken, mir einen anderen Hund anzuschaffen. Jetzt bin ich bereit und offen dafür, einen pelzigen Freund in mein Zuhause einzuladen. Bevor meine Hunde starben, habe ich nie verstanden, warum Menschen das Gefühl hatten, sie könnten den Verlust eines weiteren Haustiers nicht verkraften. Jetzt sehe ich, was für ein hartes Urteil das war. Die Wahrheit ist, dass jeder Verlust in unserer Familie, in der Liebe und Verbundenheit kultiviert wurden, in das Gewebe unserer Persönlichkeit eingewoben ist. Wenn der Verlust eintritt, ist der Schmerz so tiefgreifend. Wer will das schon noch einmal erleben? Wenn wir uns jedoch vor diesem Schmerz schützen, verzichten wir auch auf die Möglichkeit, uns zu verbinden und zu lieben. Ich wähle die Liebe. Es kann nie genug Liebe zum Teilen geben.

Eine Nachricht für dich

Es scheint, dass es Zeiten in unserem Leben gibt, in denen das Feuer brennt. Es fühlt sich an, als würde alles, was uns lieb und teuer ist, zerstört werden. Unser Fundament gerät aus dem Gleichgewicht. Wir stellen das in Frage, was wir als wahr empfinden. Wenn du dich in einem Zustand der Dringlichkeit befindest, nimm dir einen Moment nach dem anderen. Denke nicht in die Zukunft. Sei im Moment, sieh Freunde, empfange. Nimm alles wahr, was dich umgibt. So können dich die Informationen berühren und du fühlst dich geerdet. Denke daran: *Sei in einer Position des Empfangens.* Lass andere an dir teilhaben, um dir zu helfen. Es mag dir seltsam vorkommen, wenn andere dich in deinem Schmerz sehen, aber wenn du an einem Ort der Heilung bist und anderen erlaubst, dir Mitgefühl zu schenken, kannst du einfach nur sein. Viele Menschen denken, dass es egoistisch ist, Hilfe von anderen anzunehmen, weil Trauer nicht ordentlich ist und nicht fünf Tage anhält. Das ist dein logischer Verstand, der da spricht. Wahre Freunde und Familienangehörige werden dem Mitgefühl keine zeitliche Grenze setzen.

CHANNEL

Ach Kleines, scheue dich nicht vor den Erinnerungen,
die dir Liebe und Fülle zeigen werden.
Erschaffe neue Erinnerungen neben den alten,
die du mit denen geschaffen hast, die du verloren hast.
Erinnerungen ermöglichen es dir, deine Erlebnisse, in denen Liebe
ausgetauscht wurde, noch einmal zu erleben
Bring diese Erinnerungen klar in deinen Geist
Sie ermöglichen es dir, mit all dem in Resonanz zu treten,
was dir in einer anderen Zeitlinie, in einem anderen Raum gegeben wurde
Diese Geschenke gehören dir, wenn du zurückdenkst und die Momente
noch einmal erlebst
Diese Momente der Klarheit und Weisheit
Bring sie in den Jetzt-Moment, [der] es dir ermöglicht,
sie so zu empfangen, als wären sie neu
Die Klarheit, die du beim Rückblick auf
diese Momente [gewonnen] hast, ermöglicht es dir,
sie auf eine andere Art zu empfangen und
bringt deinem Herzen Trost

AFFIRMATION

Erinnerungen erlauben es mir, die Weisheit derer, die
nicht mehr hier sind, zu bewahren; ihre Worte
erinnern mich daran

INSPIRATION

Vertraue zuerst dir selbst

16

WENN WIR AN VERRAT, WUT UND OPFERROLLE
FESTHALTEN, BLOCKIEREN WIR UNSERE FÄHIGKEIT,
ZU EMPFANGEN.

Ich hatte das Gefühl, dass ich in einer Situation steckte, über die ich keine Kontrolle hatte. Im Gegenzug war ich defensiv, wütend und fühlte mich ständig überfordert. Ich merkte, dass ich von überall in meinem Leben verurteilt wurde. Es war ein Raum, der mir vertraut war. Ich fühlte mich so wohl in diesem Raum, dem einschränkenden Glaubenssatz, der die Hauptrolle in meinem eigenen Humor spielte. Die Vorstellung, dass ich die Ursache dafür war, verwirrte mich. Wie kann es so einfach sein, dass nur ich die Kette unterbreche? Ich sage dir: Es ist nicht so einfach. Es ist einfacher, jeden anzuschauen und sich einen Makel herauszupicken, um ihn dann nach innen zu wenden und auf mir herumzuhacken. Als ich aufgehört habe, bei anderen danach zu suchen, habe ich aufgehört, sie anzuziehen.

Ich hatte diese Vision von dem, was ich wollte. Ich wusste, was ich schaffen wollte. Ich konnte die Schritte sehen, die ich machen wollte, um es zu schaffen. Ich dachte immer, wenn ich mein Leben mit jemandem beginne, den ich liebe, kann ich ein Zuhause mit Liebe, Respekt, Individualität, Verbindung und Kommunikation schaffen. Ich glaubte, wenn ich das in meinem Partner finden würde, dann wären wir am richtigen Ort, um das Leben zu schaffen, von dem ich in jungen Jahren geträumt hatte.

Als ich Teenager war und mich machtlos fühlte, Dinge in meinem Leben zu ändern, dachte ich, ich wüsste eines ganz sicher: Ich würde es anders machen als mein Vater und meine Stiefmutter Gerda. Ich wollte eine Beziehung zu meiner Familie aufbauen, die auf Vertrauen und Ehrlichkeit beruht. Ich stellte mir mein Zuhause als einen Ort vor, an dem wir teilen konnten, ohne verurteilt zu werden. Ich wollte Essen nicht als Belohnung einsetzen. Was ich nicht bedacht hatte, war, wie viel Energie ich bereit war, dafür aufzuwenden. Mir war nicht klar, wie sehr ich mich von der täglichen Routine gefangen nehmen ließ. Kevin und ich würden ein Team sein, um die Geschichte, die ich kannte, zu ändern und eine neue zu schaffen.

Wir wohnten in Forest Hills. Der Park um die Ecke war der Treffpunkt, an dem sich alle unsere Freunde trafen. Die Kinder spielten, die Mütter unterhielten sich und die Väter konnten sich entspannen und spielen. Wir kamen alle gerade an und Kevin und ich brachen im Wohnzimmer zusammen. Jason und Julie waren bereit für das nächste Abenteuer, also holte ich Malbücher, Buntstifte und Marker heraus und schaltete ein Video ein, das sie mochten. Ich sah ihnen zu, wie sie auf dem Boden ausstreckten und in diesen übergroßen Malbüchern malten. Jason malte fleißig und ich bemerkte, dass Julie so frustriert war, dass sie nicht in den Linien bleiben konnte. Wir sagten ihr, dass das nicht wichtig sei, aber für sie war es wichtig. In der nächsten Woche ging ich los und kaufte Zeitungsdruckpapier. Keine Linien mehr! Ich beobachtete sie dabei, wie sie Muster ausmalten und Designs entwarfen, die sie sich ausgedacht hatten. Keine Linien, keine Fehler. Ich wusste, dass sie beide kreativ waren. Ich hatte das Gefühl, dass es befreiend sein würde, die Linien loszulassen, aber ich konnte zu diesem Zeitpunkt nicht erkennen, wie viele Linien ich loslassen musste, bevor ich meine Authentizität finden und meinem Bauchgefühl bei anderen Dingen in meinem Leben vertrauen konnte.

Ich wusste, dass sie eine Künstlerin ist, aber sie dachte immer, er sei der Künstler - aber sie sind beide. Ich wollte Zeuge der Individualität meiner Kinder sein; sie sollten sich in das hineinfühlen, was für sie funktioniert, und ich sollte den Raum für Kreativität bieten, als ich schnell merkte, dass Kevin ein Workaholic war/ist. Ich sage das mit Liebe, denn ich bewundere ihn dafür, dass er sich für das, was er tut, einsetzt und dass er seine Arbeit liebt. In den letzten vierzig Jahren habe ich aber auch gelernt, dass ich es hasse, wenn er seine Zeit damit verbringt. Ich hingegen habe mich einfach mehr reingehängt. Ich engagierte mich für unsere Familie und meine Karriere, so sehr ich sie auch liebte und sie mich erfüllte, aber sie trat in den Hintergrund. Ich kann sagen, dass ich froh bin, dass ich jeden Abend mit meinen Kindern gegessen habe und als sie älter wurden, habe ich sie immer noch gebeten, gemeinsam zu essen. Wenn ich zurückblicke, bin ich froh, dass wir uns die Zeit genommen haben, uns um den Tisch zu versammeln. Ich habe diese aufwendigen Mahlzeiten zubereitet und mich dabei in einen Rausch versetzt. Nur um dann zu hören: "Es gibt wieder Hühnchen" oder "Du könntest mehr Salz dazugeben, es schmeckt nicht." Diese Kommentare machten mich manchmal fertig und ich fühlte mich niedergeschlagen. Es ging so weit, dass ich das Kochen fürchtete. Ich fühlte mich schon besiegt, bevor ich anfing. Kevin sah und hörte, wie verzweifelt ich war, und so begannen wir auszugehen. Wir entdeckten, dass wir so Zeit hatten, uns zu entspannen und zu unterhalten. Ich sprach mit Kevin darüber, warum ich nicht immer an die Mahlzeiten denken wollte und daran, was ich essen sollte. Vor allem, wenn sie kritisiert wurden. Ich musste es eigentlich nicht tun. Ich liebte es zu kochen, aber ich brauchte nicht jedes Mal eine Essenskritik, wenn ich etwas zubereitete. Es war einfach, für Kevin zu kochen. Er war einfach froh, dass er nicht darüber nachdenken musste. Ich höre meine Kinder sagen, dass wir uns zanken, aber die Wahrheit ist, dass es einfach ist, wenn wir allein sind.

Ich war wirklich jung, als ich geheiratet habe. Die Wahrheit ist, dass wir jung geheiratet haben, weil ich meinem Vater nicht sagen konnte, dass ich nach unserer Verlobung mit Kevin zusammenleben wollte. Ich wollte mit Kevin zusammenleben und zusammen sein. Ich wusste, dass er sich aufregen würde, wenn wir zusammenleben würden. Ich sagte, lass uns einfach ein Jahr lang heiraten, ob wir mehr oder weniger warten, spielte keine Rolle. Wir wollten beide von zu Hause ausziehen. Meine Freunde dachten, ich sei verrückt. Ich wusste, dass es richtig war. Ich war nicht nervös, weil ich mit Kevin zusammen war. Ich erinnere mich daran, wie ich den Gang zu ihm hinunterging und seine Augen auf mich gerichtet sah, als ich näher kam. Ich wusste, wer er war. Es fühlte sich an, als würde ich meine Lieblingspantoffeln anziehen, bequem, sicher, verlässlich und liebevoll. Meine Kinder wussten nicht, was zwischen uns war. Wenn wir zusammen waren, gab es keine PDA, vielleicht ein bisschen Händchenhalten. Sie hörten, wie wir uns mit dem Stress des Familienalltags auseinandersetzten. Was ich weiß, ist, dass wir ein lautes Zuhause hatten und dass wir alle eine Meinung hatten und uns nicht scheuten, sie zu teilen. Wir haben uns weiterentwickelt, während unsere Kinder wuchsen, und dabei kann es schon mal chaotisch, unvollkommen und sogar laut werden. Familien dehnen sich aus, wenn sie auf der Suche nach ihrer Identität sind und dann die Verbindung zueinander suchen. Es ist ein Prozess.

Als wir während der Quarantäne zu Hause waren, bekam er sie jedes Mal, wenn ich mich umdrehte, wenn ich eine Mahlzeit zubereitete oder abräumte. Zwischendurch habe ich gearbeitet. Ich teilte ihm mit, dass diese Verantwortung zu viel für mich war. Wir waren alle erwachsen, und jeder musste mitmachen. Also haben wir die Dinge geändert. Ich werde immer noch gefragt, was im Kühlschrank ist, wenn ich gar nicht zu Hause bin. Es braucht Zeit, um die Dinge zu ändern. Ich vergaß es und ertappte mich dabei, wie ich Kevin samstags erzählte, was es zum Mittagessen gibt, wenn ich für eine Weile wegging.

Vor dieser Erkenntnis dachte ich irgendwie, es sei meine Aufgabe, für gekochte Mahlzeiten zu sorgen, auch wenn ich verreisen würde. Ich habe wie eine Verrückte gekocht, bevor ich wegging. Im Nachhinein erscheint es mir so albern, aber es ging nicht um das Essen. Ich wusste, dass sie es herausfinden würden. Ich glaube, irgendwo habe ich die Person geschützt, als die mich mein Vater und meine Mutter sahen. Ich habe diese Rolle übernommen und einen Teil meiner Geschichte um sie herum aufgebaut. Ich verknüpfte meinen Wert in meinem Leben damit, dass ich die Person war, die die Mahlzeiten zubereitete, und das war meine Art, mich um sie zu kümmern. Während ich diese Worte schreibe, denke ich, dass ich einige Jahrzehnte zurückgereist bin und irgendwie in die 1960er Jahre geraten bin. Ich weiß, was wirklich passiert ist: Ich habe meinen Wert und meine Würde vernachlässigt. Anstatt einfach nur zu wissen, wer ich war, habe ich mich ständig überschätzt. Ich war ständig dabei, es zu übertreiben und mein Territorium zu beanspruchen. Ich war gestresst, weil ich all die Aufgaben erfüllen musste, von denen ich dachte, dass ich sie erfüllen müsste. Ich fühlte mich unterbewertet und unterschätzt. Erst als ich mit einem Coach arbeitete und begann, meine eigenen intuitiven Gaben zu verstehen, wurde mir klar, dass ich meinen Wert falsch eingeschätzt hatte.

Die nächsten Schritte waren knifflig, aber dank der Taxidienste und Essenslieferungen änderte sich das.

Ich arbeitete mit meinem Coach daran, neue Strategien zu entwickeln, damit ich meine Energie dort einsetzen konnte, wo ich wollte, anstatt in der Schlange bei Whole Foods zu stehen. Ich lernte, wie ich meine Einkäufe online bestelle. Ich fing an, in die Stadt zu gehen und Kevin für das Abendessen bestellen zu lassen. Ich nahm an Exerzitien teil. Ich begann, Dinge zu tun, ohne zu fragen, sondern teilte stattdessen mit, was ich brauchte oder tun wollte. Es gab einige Rückschläge, weil ich alles anders machte. Auch mein Bedürfnis zu fragen. Ich hatte das Gefühl, dass ich mich bei jeder Gelegenheit bei Kevin melden musste. Das führte zu vielen Auseinandersetzungen zwischen uns. Schließlich merkte ich eines Tages, dass ich Entscheidungen treffen konnte, ohne nachzufragen. Ich habe das immer gemacht, wenn es darum ging, etwas zu kaufen; ich hatte immer das Gefühl, dass ich nachfragen musste. Das tue ich jetzt nicht mehr.

Ich fing an, mehr und mehr auf meine Bedürfnisse zu hören. Ich verbrachte mehr Zeit damit, Dinge zu tun, die mich interessierten. Ich fand einen Weg, meine Tage so zu gestalten, dass sie mich ausfüllten,

und wenn ich kein Abendessen kochen wollte, dann eben nicht. Und das
Beste daran ist: Es hat niemanden interessiert! Ich hatte die Vorstellung,
dass ich die Situation ändern könnte, und langsam merkte ich, dass ich an
einer Illusion festhielt. Die Magie bestand darin, das loszulassen, woran
ich festhielt, und mich auf das einzulassen, was ich tun wollte, und nicht
auf das, wozu ich mich verpflichtet fühlte. Ich öffnete meinen Geist für
die Möglichkeit, dass die Dinge anders sein könnten. Das ist nur ein
Beispiel für einen bedeutenden Teil meines Lebens, den ich verändert
habe, aber es gab noch viele mehr.

Als Jason jünger war, liebte er es, mit seinen großen Rädern
zu fahren. Er fuhr die Basketballrampe hinauf, hob die Füße hoch
und flog die Rampe hinunter, um in ein Gebäude zu krachen. Seine
Freunde und er konnten das stundenlang tun. Die Blicke, die ich von
anderen Eltern erntete, waren voller Vorurteile, aber ich wusste, dass
er wusste, was er tat. Ich vertraute auf seine Instinkte. Eines Tages,
als Jason vier Jahre alt war, fuhr er mit seinem kleinen Zweirad und
die Stützräder gingen kaputt. Der Mann im Fahrradladen riet uns,
ihm das Radfahren ohne Stützräder beizubringen. Also gingen wir
in den Park und mein Mann lief neben ihm her, um ihm das Fahren
beizubringen. Ich war nervös. Kevin sagte: "Geh mit Julie hoch, wir
kommen gleich nach." Etwa eine Stunde später kam mein Mann nach
Hause und erzählte mir, dass Jason es geschafft hatte. Er erzählte mir,
dass Jason ihm gesagt hatte, er solle sich hinsetzen und es ihn machen
lassen. Kevin setzte sich also hin und sah schmerzhaft zu, wie Jason
fiel und wieder aufstand. Schließlich fand er es heraus. Jason hatte
dieses Bauchgefühl, dass er es schaffen würde. Vertrauen in sich selbst
kann man nicht lernen, aber die Situation nicht zu kontrollieren
und ihm zu erlauben, auf sein Bauchgefühl zu hören, ist etwas, auf
das wir als Eltern achten müssen. Es ist schwieriger, einen Schritt
zurückzutreten und jemanden seinen eigenen Weg finden zu lassen,
als ihm den Weg zu ebnen. Er war so stolz auf sich selbst. Dieses
Gefühl gibt den Ton an, auf sein Bauchgefühl zu vertrauen.

WERTVOLLE LEARNINGS

Um ein Abenteuer der Selbstentdeckung zu beginnen, musst du bereit sein, das zu tun, was widersprüchlich erscheint. Nämlich herauszufinden, wie wir uns selbst gegenüber mitfühlender sein können. Um die Dinge in unserem Leben zu beseitigen, die nicht mehr funktionieren, müssen wir lernen, Liebe von uns selbst zu empfangen. Dies zeigt sich in der Art und Weise, wie wir mit uns selbst sprechen und wie wir uns die kostbare Zeit schenken, die wir brauchen, um uns dem zu widmen, was wir uns wünschen. Wir müssen unseren Wert entdecken oder wiederentdecken und uns daran erinnern, dass unser Wert einfach darin besteht, wir selbst zu sein. Das mag wie eine blumige Phrase klingen. Wir alle vergessen, auf das zu schauen, was richtig ist. Was uns Freude macht. Wie wir auf unsere eigene Stimme hören.

Die Wahrheit ist, dass wir alle Dinosaurier-Eier versteckt haben, gefüllt mit Urteilen über uns selbst und Geschichten darüber, wie wir uns wünschen, dass die Dinge anders gelaufen wären. Wenn wir den Mut haben, diese Eier zu knacken, müssen wir uns selbst gegenüber mitfühlend sein und die Fähigkeit haben, Weisheit zu empfangen. Es gibt nichts, was in unserem Leben passiert, das uns nicht helfen könnte, eine neue Perspektive und Weisheit zu erlangen. Der Trick besteht darin, genug Zeit und Geduld zu haben, um diese Eier langsam zu knacken und abzuschlagen.

CHANNEL

Ist es möglich, so weit in sich selbst zu gehen,
dass die Zeit zu verdampfen scheint
und du dich im Moment wiederfindest.
Die Reinheit des Augenblicks fühlt sich wie ein Zuhause an.
Es heißt dich willkommen und lädt dich ein, eine Weile zu bleiben.
Deinen eigenen Gedanken und Ideen
zu lauschen oder einfach nur zu atmen.
Diese Praxis ist verjüngend, aber wir zögern sie hinaus.

Unsere Fähigkeit, innezuhalten, anzuhalten und zu atmen,
wird mit dem verglichen, was die Welt tut.
Das Tun ist das, was uns unserer Meinung nach stärkt.
Was wäre, wenn es das Verderben wäre,
wenn wir uns in einem Moment der Zeit einfach nur
selbst annehmen würden?

AFFIRMATION

Ich habe empfinde Selbstmitgefühl und -Liebe

INSPIRATION

Erlaube dir Selbstmitgefühl

17

DIE EHE VERLÄUFT IN ZYKLEN, MANCHMAL SIND WIR IM EINKLANG, MANCHMAL NICHT.

Die Menschen sind so frustriert, wenn die Dinge aus dem Ruder laufen, dass das Denken kaputt ist. Die Wahrheit ist, dass eine Person keine Bewegung in eine Ehe bringen kann; es braucht zwei Menschen, die den Wunsch haben, Bewegung zu schaffen. Die Vorstellung, dass man so viele Jahre mit einer Person zusammen sein kann und immer im Einklang ist, ist absurd. Der romantische Teil meines Gehirns glaubte, dass ich mit meinem Mann zusammenwachsen würde, dass wir Dinge gemeinsam teilen und uns gleichzeitig bewegen und erweitern würden. Die Wahrheit ist, dass wir beide im Laufe der Jahre in verschiedenen Bereichen die Möglichkeit hatten, zu wachsen und uns zu entwickeln. Manchmal wuchs einer von uns emotional, während der andere geschäftlich wuchs. Wir sind beide gleichzeitig gewachsen, nur auf unterschiedliche Weise. Ich fühlte mich einsam und hatte Angst, dass ich den Funken verloren hatte, der mich anfangs in unserer Beziehung zu ihm angezogen hatte. Es gab eine Zeit, in der ich mich ungesehen fühlte und das Gefühl hatte, nicht wichtig zu sein. Wenn ich jetzt zurückblicke, weiß ich, dass es mehr damit zu tun hatte, wie ich mich selbst fühlte. Ich behaupte, dass es in einer Beziehung eine Person geben muss, die den Ton angibt, wenn es zu stressig wird. Urlaube und Essen gehen sind schön, aber ehrlich gesagt sind es die tägliche Kommunikation und der Austausch, die eine Beziehung zusammenhalten.

Ich kann es wirklich nicht leiden, wenn Leute sagen, dass man sich in der unreifen Phase der Beziehung befindet, wenn die Beziehung neu ist, und in der reifen Phase, wenn man schon lange zusammen ist, als wäre die Glut erloschen. Ich bin schon eine Weile verheiratet und eines kann ich mit Sicherheit sagen: Man muss bereit sein, mehr zu wollen. Ich bin nie in dem Zustand, dass wir eine tolle Beziehung "hatten". Ich lebe in der Gegenwart und bin daher immer auf der Suche nach Zeit, um eine Beziehung zu führen und mehr zu haben.

Trotz der Quarantäne und der Tatsache, dass alle von zu Hause aus arbeiten, müssen wir uns anstrengen, um rauszukommen, Auto zu fahren, gemeinsam Musik zu hören und zu lachen. Wenn man so lange zusammenlebt, vergisst man die Dinge, die früher so besonders waren. Früher war der Körperkontakt so mühelos. Beim Essen die Knie aneinander zu reiben. Händchen halten und fernsehen. Jetzt scheint es, als müssten wir uns daran erinnern, wie diese Verbindungen uns das Gefühl geben, ein Paar zu sein. Wir müssen uns die Zeit nehmen, uns daran zu erinnern, wie wir uns fühlen und wie wir uns gegenseitig schätzen. Es ist zu erwarten, dass dein Leben mal mehr und mal weniger synchron verläuft. Wenn Liebe und Mitgefühl vorhanden sind, könnt ihr gemeinsam daran arbeiten, wieder in den gleichen Rhythmus zu kommen. Es mag schwierig erscheinen, eine neue Gewohnheit zu schaffen, aber wenn du mit deinem Herzen gibst, wirst du noch mehr zurückbekommen.

CHANNEL

Es ist ein Frieden in uns allen,
als etwas Einzigartiges, Besonderes, Schönes, ja sogar Sexy gesehen zu
werden, die Energie zu erleben, wenn zwei Seelen spirituell verbunden sind
und durch die gemeinsame Energie sprechen können.
Es ist ein Ort, an dem es ein Geben und Nehmen gibt.
Niemand ist mehr als der andere,
es gibt ein Gefühl der Vollkommenheit, Harmonie und Zugehörigkeit.

Wenn unser Herz dies erfährt, sehnen wir uns danach, um uns zu erhalten.
Diese Verbindung verstärkt unsere Frequenz und die Euphorie,
die wir empfinden, ist sehr real.
Mit dem Fortschreiten einer Beziehung
lassen die Hochs nach und werden durch den Alltag ersetzt
Der ursprüngliche Funke schwelt weiter und ist tief in uns verankert.
Unsere Herzen sind jetzt verbunden und mit Mitgefühl für
uns selbst können wir den Weg zurückfinden,
um die Flamme zu entfachen
Die ursprüngliche Glut ist da
Sie kann nicht immer heftig brennen
Die Liebe erlaubt es uns, den Spiegel dessen, was wir sind,
in den Menschen zu sehen, die wir lieben
Können wir es mit Mitgefühl sehen
Können wir es sehen und unsere unvollkommenen Teile lieben,
so wie wir die unvollkommenen Teile in den Menschen,
die wir lieben,
akzeptieren und lieben.

ETWAS ZUM NACHDENKEN

Je mehr ich mich selbst verstand, desto leichter fiel es mir, in mich selbst zu schauen. Anstatt all meine Fehler zu sehen, begann ich, meinen Wert zu erkennen. Mit dieser Einstellung konnte ich auch sehen, was direkt vor meiner Nase gut und sogar erstaunlich ist. Die Unterstützung, die ich von meinem Mann erhalte, ist eine Entscheidung, die er jeden Tag trifft. Ich könnte immer nach etwas in einer Schachtel mit einer Schleife suchen oder ich könnte mein Herz öffnen und die Dinge empfangen und schätzen, die keine Schachtel fassen kann. Ich bin seit vierzig Jahren in einer Beziehung, und die vielen Wendungen hätten wir nicht überstehen können, wenn wir nicht beide Respekt, Liebe und Mitgefühl füreinander gehabt hätten. Es ist das, was uns verbindet, selbst wenn wir uns launisch und gereizt fühlen. Die Wahrheit ist, dass wir Mitgefühl für uns selbst haben müssen, wenn wir nicht perfekt sind. Wir müssen erkennen, dass wir mit einem Menschen zusammen sind, der darüber hinwegsehen kann und in der Lage ist, uns auch dann zu lieben, wenn wir uns nicht so gut fühlen. Ich musste lernen, mich selbst dadurch zu lieben und Verbindungen zu finden, die mich dabei unterstützten, herauszufinden, was mich zurückhielt. Ich musste aufhören, von jemand anderem zu erwarten, dass er mich in Ordnung bringt. Es musste aus mir selbst kommen. Als ich anfing, meinen Wert und meine Würde zu schätzen. hatte ich mehr Mitgefühl für mich selbst. Ich konnte mir die Erlaubnis geben, nicht perfekt zu sein, mir Grenzen zu setzen und mir Zeit für mich zu nehmen. Ich begann zu bemerken, was ich die ganze Zeit vor mir hatte. Es läuft nicht immer glatt und oft bin ich immer noch frustriert, weil ich mir wünsche, wir hätten mehr Zeit. Ich denke, das ist nach vierzig Jahren auch gut so. Ich bin immer noch auf der Suche nach Zeit, die wir miteinander verbringen können. Ich habe immer noch den Wunsch, mehr in unserer Beziehung zu entdecken.

CHANNEL

An einem Ort, an dem Akzeptanz gelebt wird,
hast du die Kraft, dein wahres Selbst zu leben,
indem du vergangene Fehler akzeptierst und
vergibst und sie durch Liebe ersetzt Liebe
und ihre wahre Form ist Akzeptanz
Denn eine Liebe erlaubt es dir nicht,
nur die Teile zu sehen, die perfekt sind.
Niemand könnte einfühlsam oder vollständig sein,
wenn er nicht zuerst seine eigenen Unvollkommenheiten kennen würde
Jeder von uns muss unvollkommen sein
Denn die Akzeptanz von uns allen ist die Magie der Liebe
Die Liebe zu uns selbst ermöglicht es,
das zu verwandeln, was wir als unvollkommen ansehen
Wenn Liebe ermächtigend ist,

ermöglicht sie uns einen sicheren Hafen,
um uns zu strecken und zu sehen,
was wir alles sein können,
und schafft eine Dynamik, die uns dazu bringt
Die Angst vor Veränderung besteht darin,
dass wir nicht in der Lage sind,
die Unvollkommenheiten festzuhalten
Die Idee der Veränderung besteht nicht darin,
die Teile loszuwerden, die nicht funktionieren,
sondern die Teile zu verändern,
die uns nicht mehr dienen und uns daran hindern,
zu dem zu werden, was wir sein sollen,
wenn wir die weniger perfekten Teile akzeptieren und wertschätzen.
Wenn wir die Teile, die nicht so perfekt sind,
akzeptieren und wertschätzen,
schaffen wir einen Raum für die Magie,
in den wir eintreten können Erkenne,
wie du dich selbst voll und ganz lieben kannst
Wenn wir eine Beziehung eingehen,
bieten wir uns selbst an, in der Hoffnung,
dass wir im Gegenzug für alles,
was wir sind, akzeptiert werden..

AFFIRMATION

Ich kann Liebe empfangen

INSPIRATION

Manifestiere einen Traum

18

KINDER SIND NICHT DER EIGENTLICHE AUSDRUCK DAFÜR, WIE GUT ODER SCHLECHT WIR ALS ELTERN SIND.

Wir alle haben ein Schicksal, das darauf wartet, aktiviert zu werden.

All die romantischen Vorstellungen vom Elternsein sind schon lange vorbei. Meine Kinder sind jetzt erwachsen. Die lächerliche Vorstellung, dass ich irgendwann mit dem Elternsein fertig sein würde, erwähne ich nicht einmal mehr. Der Grund dafür ist, dass ich erkannt habe, dass es unmöglich ist, meine Mutterkarte abzugeben. Wenn es darum geht, eine Mutter zu sein, gibt es keinen Aus-Schalter. Ich könnte dir sagen, dass ich nicht an den täglichen Entscheidungen meiner Kinder beteiligt bin. Die Wahrheit ist, dass wir oft miteinander reden und dass wir sogar, wie viele Familien, eine gemeinsame Nachricht haben, die wir alle teilen. Ich finde es toll, dass wir uns über alles Mögliche austauschen können, sei es ein Bild von dem, was wir gerade machen oder ein tolles Essen. Wir scherzen hin und her. Das ist nicht mein Verdienst. Meine Tochter hat es eingerichtet und obwohl es Tage gibt, an denen zweiundsechzig Nachrichten eingehen, versuche ich verzweifelt, mein Telefon zum Schweigen zu bringen, damit ich arbeiten kann. Ich bin wirklich begeistert, dass wir uns unterhalten.

Es gab eine Zeit, in der ich glaubte, dass die Handlungen meiner Kinder einen direkten Einfluss darauf hatten, wie gut ich als Elternteil war. Das verursachte eine Menge Stress und Disharmonie mit meinem

Mann. Heute würde ich sagen, dass es eine Energieverschwendung war. Ich war so besorgt darüber, wie die Welt mich sah, dass ich meinen Kindern nicht erlauben konnte, einfach sie selbst zu sein. Es gab viele Momente, in denen ich mich darüber ärgerte, wie sich meine Kinder beim Arzt oder beim Ausgehen verhielten. Im Laufe der Zeit wurde mir klar, dass es nicht darauf ankam, was der Rest der Welt dachte. Diese Weisheit habe ich auf meinem Weg bekommen. Ich kann sagen, dass meinem Mann und mir ziemlich klar war, dass die Richtung, die sie in der Schule und im Leben einschlugen, ihnen gefallen musste. Sie mussten ihn leben. Ich kann sagen, dass uns das sehr wichtig war, denn sowohl mein Mann als auch ich sind sehr leidenschaftlich, wenn es um unsere Überzeugungen und unsere Karrieren geht. Wir wollten also, dass sich unsere Kinder verbunden fühlen. Und wie haben wir das geschafft? Wir haben ihnen viel zugehört und sie entscheiden lassen.

Schon als mein Sohn klein war, war er sportbegeistert. Mein Mann und mein Sohn waren nach dem Abendessen am Strand anzutreffen, wo sie ihre Handschuhe herausholten und einen freien Platz fanden, um einen Ball zu werfen. Wenn mein Mann zurückkam, zeigte er, wie rot seine Handfläche war, weil Jason einen tollen Wurfarm hatte. Ich weiß noch, wie er zum Pitcher für sein Team wurde. Er war so stolz. Ich erinnere mich auch daran, wie er sich am Arm verletzte und wie oft wir zum Physiotherapeuten fuhren, damit die Verletzung ausheilen konnte. In der High School trainierte er sehr hart, um Pitcher zu werden. Er liebte die Herausforderung. Ich erinnere mich auch an den Tag, an dem ihm klar wurde, dass er es nicht in eine College-Mannschaft schaffen würde und dass er weiterhin in seiner Freizeit spielen würde. Es schien, als ob er, als er diesen Traum losließ, keinen anderen hatte, der ihn ersetzen konnte. Er ging aufs College und versuchte, seinen Traum und seine Leidenschaft zu entdecken, wie so viele andere Menschen auch. Er war schon immer ein begabter Schriftsteller, wusste aber nie, was er mit seiner Gabe anfangen sollte. Ein paar Jahre nach dem College probierte er verschiedene Jobs in der Werbung und als Autor aus. Er beschloss, dass er etwas Eigenes machen wollte. Er war ein Querdenker.

Er war wieder begeistert von dem, was er in den sozialen Medien und der Analytik tun konnte. Wir unterhielten uns. Ich sagte ihm, dass es etwa fünf Jahre dauern würde und er Geduld haben müsse. Er wollte anfangen, mit Menschen zu arbeiten. Also fragte ich ihn: "Wer ist dein Traumkunde?", und er sagte mir, wer es war. Ich sagte: "Nimm Kontakt zu deinem Traumkunden auf und zu dreien, die leichter zu erreichen sind." Ich hörte die Füße die Treppe hinunterhüpfen und er schrie: "Er hat ja gesagt!" Sein Traumkunde hat ja gesagt! Er arbeitet immer noch mit diesem Kunden und wird für die Arbeit bezahlt, die ihm am Herzen liegt. Das hätte ich mir niemals für ihn träumen lassen. Er schon!

Meine Tochter war schon immer künstlerisch veranlagt. Das habe ich schon gemerkt, als sie klein war. Das wuchs mit ihr, als sie älter wurde. Sie besuchte einige Nachhilfekurse, aber im Grunde war sie Autodidaktin. In der High School brachte sie sich stundenlang das Programm Adobe Photoshop bei und wurde darin zur Meisterin. Sie hatte eine Leidenschaft dafür. Sie hat nur nie geglaubt, dass sie eine Künstlerin ist. Ich wusste, dass ich ihr das nicht sagen konnte. Ich entdeckte, dass es Portfoliobewertungen gab, für die man sich anmelden konnte. Also meldete ich sie an. Was ich ihr verschwieg, war, dass sie aufgrund ihrer Mappe an der Schule zugelassen werden konnte. Ich wollte ihr nicht so viel Kopfzerbrechen bereiten, denn sie war keine Künstlerin und gehörte nicht an eine Kunstschule. Wir warteten in der Schlange und alle, die vor uns waren, zeigten ihre Mappen. Die Professoren stellten eine Menge Fragen zu den Arbeiten, aber die Professoren waren nicht beeindruckt. Dann war meine Tochter an der Reihe. Ich erinnerte mich, dass ich mit ihr nach vorne gegangen war, weil sie mit ihr sprechen wollten. Also stellte ich mich an die Seite. Ich hörte ehrfürchtig zu, wie sie ihre Arbeit erklärte und die Fragen der Professoren eloquent beantwortete und einige Vorschläge machte. Dann lächelte sie auf und sagte: "Herzlichen Glückwunsch. Meine Tochter blinzelte zu ihr hoch. Sie hatte nicht einmal gedacht, dass dies eine Option war. Diese Zusage war eine große Anerkennung. Ihre Leidenschaft und ihr Talent wurden gesehen. Sie hatte eine klarere Vorstellung davon, was sie tun wollte.

Anerkennung von Menschen zu bekommen, die wir für die Besten ihrer Zunft halten, ist wichtig. Es gibt uns die Möglichkeit, das, was wir in uns selbst sehen, von jemandem, den wir respektieren, zurückgespiegelt zu bekommen. Auch wenn wir uns gerne auf unsere eigene Meinung und unsere Gefühle verlassen würden, zeigt uns die Anerkennung für unsere guten Leistungen, dass wir gesehen werden.

CHANNEL

Haltet an dem Glauben fest,
dass jeder von uns das Recht hat,
sein wahres Selbst zu entdecken, d
as wir uns nicht wie einen Schatzstein geben können.
Viele von uns haben das Gefühl,
dass wir über unsere Gaben stolpern
und uns nicht daran erinnern können,
wann genau wir unsere Gabe entdeckt haben.
Sie ist sanft in unsere Seele gelegt und kommt zum Vorschein,
wenn wir bereit sind, sie zu sehen.
Jeder von uns entdeckt seine Gaben als die wahren Schätze,
die sie sind Es ist der freie Wille,
der uns vorwärts treibt,
um mutig in das zu treten,
was wir sind

AFFIRMATION

Lass es los und vertraue

INSPIRATION

Die Essenz deiner Freude, ist dein Fundament

19

DER SCHLÜSSEL ZUR KOMMUNIKATION IST ZUHÖREN. VERBINDUNG IST KOMMUNIKATION.

Ich schätze, du sagst, ich bin ein professioneller Kommunikator. Die Wahrheit ist, dass ich dachte, dass es bei der Kommunikation um meine Fähigkeit geht, meine Gedanken mitzuteilen. Das war ein großer Irrtum. Kommunikation bedeutet, ein Gefäß zu sein, das das Gehörte aufnehmen und weitergeben kann.

So oft hören wir nur zu, um dann die Sichtweise unseres Egos zu teilen. Es ist, als ob sich das Wesen der Kommunikation verschoben hätte. Hat sich die Definition von Kommunikation geändert und hat jemand vergessen, es mir zu sagen? Ich dachte, bei der Kommunikation geht es darum, Ideen zu einem bestimmten Thema mitzuteilen und auszutauschen. Wenn also Kommunikation zwischen Menschen stattfindet, teilt jemand Informationen mit oder bittet um Informationen und der Zuhörer antwortet darauf. In letzter Zeit habe ich das Gefühl, dass sich die Kunst der Kommunikation verändert hat. Heute kann ich über die sozialen Medien jede Menge Informationen erhalten. Medien sind zwar auch Kommunikation, aber für mich fühlt es sich ganz anders an, als wenn ich mit jemandem telefonieren kann. Meine Kinder halten das für antiquiert. Warum nicht per SMS? Wenn ich die Stimme von jemandem höre, bekomme ich auch einen Eindruck von seiner Energie und kann spüren, wie es ihm geht. Wenn ich mit jemandem am Telefon spreche, kann ich mich voll und ganz auf das Gespräch konzentrieren und es ermöglicht mir, mich mitzuteilen. Ich finde, dass diese Art von Gespräch die Kraft hat, eine Verbindung zu schaffen. Am Telefon können wir uns verletzlich zeigen und Dinge mitteilen, die im persönlichen Gespräch vielleicht schwieriger sind. Es erlaubt uns zu sprechen und gehört zu werden. Wenn ich ein gutes Gespräch führe, fühle ich mich gehört, verstanden, geschätzt und wertgeschätzt. Die meisten denken, dass es bei der Kommunikation um das Reden geht. Für mich geht es um den Austausch.

Als ich begann, mich intuitiv zu verbinden, war eine der wichtigsten Lektionen nicht nur meine Fähigkeit, das, worum ich bat, mitzuteilen, sondern auch zuzulassen, dass die Informationen zu mir kamen. Ich wollte diese Verbindung, die mühelose Verbindung, die ich bei meinem Mentor sehen konnte. Ich wusste nur nicht, wie ich die Grenze, die ich errichtet hatte, überwinden konnte. Ich musste die Vorstellung loslassen, dass ich es nicht tun konnte. Stattdessen musste ich daran glauben, dass es eine Möglichkeit war. Was mir nicht klar war, war, dass ich den Informationen, die ich erhielt, vertrauen musste. Ich würde mich immer wieder fragen, ob es wirklich so war.

Ich begann zu bemerken, dass ich das auch an anderen Stellen in meinem Leben tat. Entscheidungen oder Ideen in Frage zu stellen. Ich ließ zu, dass die Ideen und Wünsche anderer Menschen Vorrang vor meinen eigenen hatten. Ich begann es zu erkennen. Also entschied ich mich bewusst dafür, nicht mehr zu fragen und an meine Entscheidungen zu glauben. Am Anfang war ich sehr verunsichert, aber ich merkte, je mehr Entscheidungen ich über einfache Dinge traf, desto mehr baute ich meine Muskeln auf. Die Zweifel begannen zu schwinden und meine Weisheit und intuitive Stärke wuchsen. Auch heute noch muss ich mich daran erinnern, zuerst zu fragen, bevor ich jemand anderen frage. Das Gespräch mit dir selbst mag einseitig erscheinen und deshalb gar kein Gespräch sein. Das Gespräch, das wir in jedem Moment mit uns selbst führen, prägt die Energie, die wir in uns tragen und wie die Welt uns sieht. Es verändert auch die Energie, die du in deinem Leben anziehst, sowohl persönlich als auch beruflich. Ändere das Gespräch mit dir selbst; höre darauf, was du zu dir selbst sagst und wie es die Art und Weise verändert, wie du dich selbst siehst und was du projizierst.

MACH ES ZU DEINEM EIGENEN

Nimm wahr. Das mag klein (unbedeutend) erscheinen, aber es ist bei weitem eines der größten Dinge, die du tun kannst. Bemerkst du, wie du mit dir selbst sprichst? Wann ziehst du dich zurück oder wirst getriggert? Wie erlaubst du anderen, zu dir zu sprechen? Bist du ein guter Zuhörer oder willst du nur deinen Standpunkt vertreten? Stellst du fest, dass du dich selbst in Frage stellst? Verändere das Gespräch, indem du mit einer Kleinigkeit beginnst und eine Entscheidung triffst, die nur für dich gilt, ohne um Zustimmung zu bitten. Finde heraus, wie es sich anfühlt, wenn du an dich selbst glaubst. Es beginnt mit einer Entscheidung nach der anderen. Hör auf dich selbst.

CHANNEL

In Wahrheit gibt es einen Ort der Freiheit,
an dem wir Zeit und Raum für uns
beanspruchen können Was musst du wissen, Kleines?
Akzeptanz es gibt keinen bestimmten Ort l
wo Magie existiert es
Es ist kein Ort
Es ist das Bewusstsein dessen, was sein kann
Es ist das Potenzial dessen, was möglich ist
Wo der Glaube wohnt
Der Glaube ist die Überzeugung Was ist die Hoffnung
Es ist kein endgültiges Gefühl
Es entsteht aus dem Zweifel
Die Hoffnung ist trügerisch
Sie fühlt sich wie positive Energie an
Bis du bedenkst
Du hältst Energie für das Scheitern
Wenn die Energie
Die Kraft, mehr zu sein als das, was du im Moment siehst
Wir sind aufgefordert, den Traum zu wagen Träume von einer Realität,

die in der Zukunft liegt Möglichkeit ist dort,
wo du deinen Glauben und dein Vertrauen in das setzt,
was du glaubst
Die Energie der Liebe ist Teil dieses Traums
Sie ist eine kraftvolle Energie, die
Es ist eine kraftvolle Energie,
die jenseits von Rationalität und Erklärungen liegt
Es ist der Glaube an einen anderen
Es ist der Glaube an dich selbst
Es ist der Glaube an das, was wir nur fühlen können
Es ist der Glaube an die Ideen und Vorstellungen von dem,
was du dir für die Zukunft wünschst,
ohne dass es dir in die Hand gegeben wird
Es ist der Glaube an einen Ort der Liebe
Wenn du den Raum erschaffst,
in dem das Leben wohnt,
werden die Wünsche, die du dir für dein Leben vorstellst,
auf dich herabregnen, denn die Liebe,
die du für dich selbst empfindest,
das Vertrauen und der Glaube schaffen eine Energie,
die schwingt und den Schwung anzieht,
mit dem du deine Träume in die Realität umsetzen kannst

AFFIRMATION

Ich bin ein guter Empfänger

INSPIRATION

Entscheide täglich

20

VERHALTE DICH BEI JEDER VERANSTALTUNG SO, ALS WÄRE SIE NUR FÜR DICH GEDACHT.

Jedes Ereignis, das geschieht, ist ein Geschenk, das zu dir geschickt wird.

Wer sind wir, wenn wir nicht auf unser eigenes Bewusstsein hören? Wir werden zu den Dingen, die in unseren Köpfen herumreisen, zu all den Richtern und den Stimmen der Menschen, die uns auf unserem Weg begegnet sind. Nur wir wissen wirklich, was unsere größten Gaben sind. Aber der Trick ist, zu glauben, dass sie real sind. Wenn die einzigen Dinge, die real sind, die Dinge wären, die man mit den Fingern anfassen kann, dann gäbe es keine Liebe, keinen Glauben und keine Magie. Ich weiß in meinem Herzen, dass alles, was wertvoll und wichtig ist, Dinge sind, die man nicht in die Hand nehmen kann. Ich verankere mich in dem Gefühl, dass diese Wahrheiten tatsächlich genauso real sind. Ich halte meinen Glauben hoch und lasse die Stimmen der Zweifel verstummen. In meinen stillen Momenten erlaube ich diesen Stimmen, in meinen Verstand zu kommen und die Selbstzweifel durch das zu ersetzen, was ich als wahr empfinde.

Was mache ich also, wenn ich mich in einer Situation befinde, die etwas auslöst? Ich habe gelernt, dass ich mich an Menschen wenden muss, die genauso inspiriert sind wie ich und nach Inspiration suchen. Sie erinnern mich an all die Dinge, die ich tun muss, um mich mit dem zu verbinden, was ich für wahr halte. Ich muss meinen Kopf von all den Stimmen befreien, die sich erheben und Zweifel und Urteile äußern. All die Stimmen, die ich schon so oft gehört habe, die mir sagten, wer ich sein soll und was ich kann und was nicht. Es ist schon komisch: Als ich endlich an einem Punkt in meinem Leben angekommen war, an dem ich selbst entscheiden konnte, schlugen all diese Stimmen bei jeder neuen Aktion in meinem Kopf auf. Ich versuchte, mich vor diesen Stimmen in meinem Kopf, auch bekannt als mein Ego, zu schützen. Ich schenkte meinem verletzlichen Herzen weiterhin Mitgefühl und versicherte ihm, dass die Stimmen falsch waren. In meinem Herzen atmete ich Licht und Liebe ein und sagte: "Du kannst mich nicht sehen; du verstehst nicht, wer ich sein kann." Das sind die Botschaften, die ich in meinem Kopf hörte, während ich duschte, spazieren ging und aß. Diese Stimmen tauchten unerwartet auf und wiederholten oft ihre Botschaften an mich. Ich wusste nie, was ich tat, um die Stimme einzuladen, und ich wusste nicht, wie ich sie abstellen konnte. Ich erinnere mich an ein Date, bei dem wir zu seinem Auto gingen und an einem ruhigen Ort parkten. Der Typ, mit dem ich zusammen war, war so süß. Als er sich über mich beugte, konnte ich die würzigen Buffalo Wings und das Bier riechen, das wir gerade getrunken hatten. Wir knutschten im Auto und die Scheiben beschlugen, als aus dem Nichts eine Stimme in meinem Kopf auftauchte. Sie sprach zu mir, während ich versuchte, mich auf seine Lippen und Hände zu konzentrieren. Ich konnte dem Kerl nicht die volle Aufmerksamkeit schenken und irgendwann dachte er, ich sei nicht interessiert. Ich musste mich bedecken und sagen, dass mir kalt war. Es waren -25 Grad. Ich war abgelenkt und verstand nicht wirklich, was vor sich ging. Das passierte nicht oft, aber wenn es passierte, fühlte ich mich unausgeglichen und verwirrt.

Es scheint, dass diese Stimmen immer wieder auftauchen, wenn ich eine neue Aufgabe angehen oder ein Risiko eingehen will, das mir am Herzen liegt. Ich habe gelernt, dass ich die Angst mit anderen Augen sehen muss. Ich begann zu vermuten, dass diese Ängste meine Lehrmeister sind. Sie zeigen mir, wo ich innehalten muss, um zu sehen, was ich fühle und eine Chance zu ergreifen, trotz der Angst, die ich spüre und an mich selbst glaube. Das mulmige Gefühl in meinem Bauch bedeutet, dass diese Handlung ein Sprung ins Wachstum ist. Der Schlüssel für mich war, dass ich Unterstützung von gleichgesinnten Freunden und meinem eigenen Coach hatte. Diese Schritte gehen langsam vonstatten, und die kontinuierliche Unterstützung ermöglicht es dir, kleine Schritte vorwärts zu machen. Das ist der Teil, der sehr langsam passiert.

Es gibt keine Möglichkeit, vorwärts zu kommen, ohne die alten Wahrnehmungen loszulassen und sie als eine Tür zu sehen, durch die man gehen kann, um neue Weisheit zu erlangen.

Wenn ich früher eine Idee hatte, habe ich sie getestet, indem ich sie mit anderen geteilt habe, um zu sehen, wie sie ankommt. Oft habe ich nicht einmal gesagt, dass es meine Idee war, weil ich dachte, dass ich mich so vor einer Blamage schütze. Wenn die Idee, die ich hatte, gut ankam, konnte ich leider auch keine Anerkennung für die neue Idee bekommen. Ich habe immer wieder neue Ideen. Ich habe gelernt, dass die Idee erst bei mir ankommen muss. Ich weigere mich, es allen zu erzählen, weil ich erst an die Idee glauben muss. In der Vergangenheit habe ich zu viel Zeit damit verbracht, nach Anerkennung außerhalb meiner selbst zu suchen. Ich brauche die Bestätigung von innen heraus. Wenn sie dann mit mir übereinstimmt, kann ich andere um Weisheit bitten. Ich bin ein persönlicher Wachstumsjunkie und werde immer auf der Suche nach ein wenig mehr Ausdehnung, ein wenig mehr Einsicht sein. Das ist es, wofür ich lebe.

MACH ES ZU DEINEM EIGENEN

Wie können wir vorankommen, wenn wir Angst haben, zu versagen? Wie können wir neue Dinge ausprobieren, wenn wir Zweifel haben? Können wir Klarheit gewinnen, wenn wir emotional erschöpft sind? Wie können wir unsere Wahrnehmung verändern und eine Herausforderung als etwas Positives sehen?

Wir müssen die Entscheidung treffen, jeden Moment zu wählen. Dieser Prozess des Wachsens und der Veränderung kann das Gefühl hervorrufen, dass wir fliehen wollen. Das ist normal. Unser Ego sucht nach Vorhersehbarkeit, damit der Status quo erhalten bleibt. Das ist der Moment, in dem wir die Enge in unserem Bauch spüren und uns unsicher fühlen. Das ist der Moment, in dem du einen Vertrauensvorschuss brauchst und etwas wagen musst. Große Schritte müssen mit Angst verbunden sein; das ist dein Zeichen, dass es eine Herausforderung ist. Viele Coaches, mit denen ich zusammengearbeitet habe, haben mir gesagt: "Wenn du Angst spürst, höre auf dein Bauchgefühl, um herauszufinden, wo du den Druck spürst." Suche dir Unterstützung, um zu sehen, ob du diese Idee in kleine Stücke schneiden kannst. Mache sie erreichbar. Überlege dir, wer dich unterstützen kann. Ich habe die Erfahrung gemacht, dass ein Kollege oder eine Kollegin, der/die dein Verantwortungspartner ist, wunderbar ist. Lass das Urteil los, das du über dich selbst fällst, weil du eine holprige Fahrt hast. Wo es Unebenheiten gibt, gibt es auch Weisheit.

Nimm dir Zeit für dich selbst, damit du dich nähren kannst. Selbstfürsorge ist nicht egoistisch. Ich weiß, dass du das schon einmal erlebt hast. Schenke dir selbst Mitgefühl, weil du dich so liebst, wie du bist. Halte an dem Gedanken fest, dass alles für dich geschieht und nicht für dich. Mitgefühl beginnt damit, wie du dich selbst siehst. Wenn du diese Beziehung zu dir selbst aufbaust, kannst du Liebe empfangen. Halte dich immer im Gleichgewicht mit Körper, Geist und Seele.

CHANNEL

Es ist ein Ort für Akzeptanz lebt die Kraft,
dein wahres Selbst zu sein und
zu leben vergib vorübergehende Fehler
und ersetze sie durch Liebe Liebe in ihrer
wirklichen Form ist Akzeptanz
Denn Liebe hat keine Grenzen
(Es) erlaubt dir, alle Teile deiner Person zu schätzen
nicht die Teile, die leicht sind Liebe
(Es) ist das Schätzen der Teile, die schwer sind

Die Teile, auf die du nicht stolz bist
ohne diese Teile könnte niemand empathisch sein
oder sich gegenseitig als vollkommenes Wesen
vervollständigen Perfekt zu sein bringt uns dazu,
mehr zu lernen und uns zu verändern
Die Angst vor Veränderung ist, dass wir nicht in der Lage sind,
an unserer Unvollkommenheit festzuhalten
Die Idee der Veränderung ist nicht, all die Teile loszuwerden,
die nicht funktionieren, oder die Teile zu behalten,
die ihren Dienst tun, sondern die Teile zu verändern,
die uns nicht mehr dienen und uns festhalten
Sie schützen uns vor Schmerz
Der Schritt zu dem, der du sein sollst, bedeutet,
dass du die Teile, die nicht perfekt sind,
akzeptierst und wertschätzt

AFFIRMATION

Ich bin in der Lage, mich mit Menschen zu umgeben,
dic mich untcrstützcn

INSPIRATION

Verankere dich in deinem Wert

21

KEINER KENNT MICH SO GUT WIE ICH SELBST.
ICH HABE AUCH ERKANNT,
DASS ICH ES FÜR MICH SELBST TUN MUSS.

Die Freunde, die mich im Laufe der Jahre kennengelernt haben, haben mein Leben so sehr bereichert. Ich liebe sie wirklich, als ob sie meine Familie wären. Ich fühle mich wirklich wohl, weil ich weiß, dass sie da sind und auf die unverwechselbare Verbindung vertrauen kann, die wir alle über die Jahre hinweg hatten. Als ich anfing, meine übersinnlichen Fähigkeiten zu erkennen und anzunehmen, hatte ich große Angst, dass ich abgelehnt werden würde. Ich dachte, meine Freunde bräuchten Zeit, um sich an meine neue Version von mir zu gewöhnen. Die Wahrheit ist, dass ich es war, der sich ein Urteil gebildet hat. Ich konnte meine Gaben nicht teilen, weil ich nicht an mich glaubte. (Ich habe mir eingeredet, dass sie die alte Version von mir besser fanden. Ich glaubte an die alte Geschichte, dass ich zurückbleiben, ausgegrenzt werden und nicht zur Gruppe gehören würde.)

Als ich mir meinen Widerstand ansah, wurde mir klar, dass ich in meinem Herzen Raum schaffen musste, um meiner Weisheit zu vertrauen. Ich musste aufhören, von anderen die Bestätigung dafür zu suchen, wer ich war. Die Person, die in ihrem Herzen Platz für meine Gaben schaffen musste, war ich selbst. Es ist schön zu hören, dass meine Kunden mir sagen, wie gut ich es getroffen habe, aber ich musste trotzdem auf meinen Wert vertrauen. Ich musste erkennen, wer ich war, und mir eingestehen, dass ich einen Wert hatte und dass all das ein Teil von mir war. Eines Tages arbeitete ich mit meinem Coach und sie fragte mich, wer ich sein müsste, um das Gefühl zu haben, genug zu sein. Was müsste ich erleben, um an mich zu glauben? Mir wurde klar, dass ich zwar einige meiner einschränkenden Überzeugungen abgelegt hatte, mich aber immer noch darauf konzentrierte, mir selbst zu beweisen, wer ich war. Es war so interessant, wie schnell ich meine Perspektive änderte und begann, all die Dinge zu sehen, die ich bereits war. Meine Kunden veränderten sich und ich begann zu verstehen, wie wichtig es ist, nicht nur auf sich selbst zu vertrauen, sondern auch daran zu glauben, dass ich einen Wert habe und etwas wert bin. Das war eine große Veränderung für mich. Ich begann, meine Gespräche mit meinen Kunden neu auszurichten, denn ich begann zu verstehen, dass jeder Mensch eine Beziehung zu dem braucht, was er ist. Ich musste mich darauf verlassen, dass meine Meinungen und Ansichten einen Wert haben. Es war für mich in Ordnung, nein zu sagen; es war in Ordnung, wenn andere Leute anderer Meinung waren. Es war in Ordnung, wenn eine Person nicht auf das hören wollte, was ich sagte. Je mutiger ich war, desto mehr entdeckte ich, wer sich dafür interessierte.

Ich hatte den Wunsch, mich selbst zu akzeptieren und meinen Wert zu erkennen. Ich wollte jeden akzeptieren, der sich selbst als intuitiv bezeichnete. Ich sprach mit Coaches, Mentoren und Coaching-Freunden darüber, meine Gaben zu erklären. Ich fühlte mich so seltsam, diesen Teil von mir zu erklären. Es war, als würde ich meine Selbstdefinition ändern. Ich beanspruchte wirklich das Eigentum an allen Teilen meiner selbst. Die Wahrheit war, dass ich für alle meine Teile gesehen werden wollte, nicht nur für die intuitiven Teile Die Augen, die mich anerkennen und schätzen sollten, waren tatsächlich ich.

Die Leute mit den Leuchtreklamen, die Menschen, die Dienstleistungen mit einer 800er-Nummer anbieten. Ich hatte das Gefühl, dass viele von ihnen den Ruf hatten, unauthentisch zu sein. Ich wollte nicht, dass die Leute das von mir denken.

Ich habe gemerkt, dass jeder mit dem in Verbindung steht, was er braucht. Manche Menschen müssen zu Hellsehern auf einer Messe gehen, andere brauchen einen professionellen Rahmen. Keiner ist wegen seiner Wahl besser oder schlechter. Jeder Mensch zieht die Informationen an, die er braucht, und die Person, der er vertrauen kann. Ich nahm meine Gaben an und begann, die Einzigartigkeit zu spüren. Meine unmittelbare Familie war nicht begeistert von der Idee, dass ich Hellseherin sein könnte. Sie waren generell skeptisch, wenn Menschen erzählten, dass sie diese Fähigkeit haben.

Es schien, als ob ich immer gegen die Tatsache ankämpfte, dass ich erst von ihnen anerkannt werden musste, bevor ich sie für mich beanspruchen konnte. Es war, als ob ich lernte, meine intuitiven Fähigkeiten für mich zu beanspruchen, und die nächste Hürde war, von den Menschen, die mich kannten, akzeptiert und anerkannt zu werden. Ich habe mehrmals versucht, meiner Familie mitzuteilen, was ich fühlte und dachte, als ich es erlebte, aber sie waren sehr skeptisch und es fühlte sich an wie ein Mangel an Vertrauen in mich. Die Ironie dabei war, dass sie der Spiegel dessen waren, was ich für mich selbst tun musste. Nach weiterem Nachdenken wurde mir klar, dass sie nicht dabei waren, das Unsichtbare zu erforschen. Sie waren nicht damit vertraut, dem zu vertrauen, was nicht greifbar ist. Dennoch versuchte ich immer wieder, sie dazu zu bringen, die Fähigkeiten, die ich besaß, anzuerkennen. Das Interessante war, dass meine unmittelbare Familie, mein Bruder, mein Vater und meine Schwester dies bereitwillig akzeptierten, als ob sie es bereits wüssten. Ich begann, es meinem Vater, meiner Schwester und meinem Bruder zu erzählen. Sie lächelten nur und fragten, wie lange ich es schon wüsste. Mein Bruder stellte mir Fragen und fand das alles faszinierend. Ich erzählte ihm, dass Federn Botschaften von Engeln und Geistern sind. Ich erzählte ihm, dass verschiedenfarbige Federn unterschiedliche Bedeutungen haben. Kaum hatte ich ihm das erzählt, sah er überall Federn. Er empfing immer wieder Botschaften. Meine Schwester akzeptierte es einfach und glaubte daran. Ich hatte ihr im Laufe der Jahre einige der Dinge erzählt, die passiert waren.

Ich habe es meinem Vater gegenüber nie erwähnt. Eines Tages erzählte mein Bruder meinem Vater, dass ich intuitiv bin. Mein Vater überraschte mich und wollte wissen, wie das alles funktioniert. Er war so begierig darauf, so viele Informationen wie möglich von mir zu bekommen. Er wollte wissen, wie ich die Informationen erhalte. Wie es sich anfühlt. Er bat mich, Informationen weiterzugeben, sobald ich etwas erhielt. Das Interessante war, dass ich mit meinem Vater mehr über Spiritualität gesprochen habe als mit jedem anderen in meiner Familie. Ich teilte Informationen über seine Großmutter und seine Schwestern. Diese Gespräche führten dazu, dass er von seiner Mutter und seiner Großmutter erzählte. Ich habe so viel gelernt. Wir schufen diese Brücke, damit wir mehr übereinander erfahren konnten. Ich war so durstig nach Informationen über seine Großmutter und seine Mutter. Sie hatten schon seit Jahren mit mir gesprochen. Ich wusste so wenig über sie. Er war sehr erfreut, dass sie sich mit mir in Verbindung setzten. Er war so glücklich zu wissen, dass das alles möglich war. Ich würde Informationen über meine Stiefmutter weitergeben, wenn ich sie bekäme. Der Glaube meines Vaters an mich war das größte Geschenk. Ich hätte nie erwartet, dass er mir einfach so vertrauen würde, was ich sagte. Wenn ich jetzt zurückdenke, ist er am 19. Juli 2021 verstorben. Ich habe ihn immer für einen Mann gehalten, der sich in seinem Leben so sehr an den Fakten orientiert hat. Eines Tages besuchte ich ihn. Es war dunkel im Haus und still. Er saß im Esszimmer auf einem Stuhl mit einem Kissen, das seinen Rücken stützte, und seine Füße waren auf einen sehr alten Hocker gestützt, den mein Bruder vor Jahren aus einem alten Teppich und etwas Holz gebaut hatte. Ich setzte mich neben ihn, beugte mich vor und küsste ihn auf die Wange. Er war immer rasiert, trug ein Button-Down-Hemd und einen Pullover und roch leicht nach Parfüm. Er erkundigte sich nach Kevin und fragte, wie es ihm geht. Dann, wie immer, fragte er nach Jason und Julie. Das tat er jedes Mal, wenn ich kam. Er war traurig, weil ein alter Freund sehr krank war. Wir fingen an, über den Glauben zu sprechen, und ich erinnerte ihn an etwas, das er mir gesagt hatte, als ich klein war. Er sagte: "Wenn du Glauben hast, kannst du nicht fragen, wie, du glaubst einfach, dass es Glaube ist." Ich erinnerte ihn daran, wann er mir das gesagt hatte und er nickte mit dem Kopf und sagte: "Ja, ja", und ich hielt seine Hand. In diesem Moment wurde mir klar, dass auch er eine Intuition hatte.

Schließlich stellte ich ihm die Frage, an die ich schon so lange dachte. "Woher wusstest du, dass ich nach dem Tod meiner Mutter im Jahr 1963 eine Anzeige für ein Kindermädchen in der Österreichischen Zeitung aufgeben musste?"

Er sagte: "Wenn es keinen Weg mehr gibt, muss man sich einen neuen ausdenken, um zu überleben." Ich bemerkte, dass er ein Querdenker war. Er sagte: "Ich habe gelernt, Kästchen ohne Bleistift oder Stift zu zeichnen; in Shanghai ist das Überleben."

Ich sagte: "Papa, du wusstest, dass du so oft in deinem Leben auf dich selbst vertraut hast. Du hast es nicht einmal gemerkt."

Er sagte: "Ich musste daran glauben, dass es eine Antwort geben würde, und so habe ich eine andere Frage gefunden, um eine andere Lösung zu finden."

Ich wusste immer, dass mein Vater sehr klug war, und ich war so oft in meinem Leben geneigt, mit ihm zu sprechen. Ich bin sehr dankbar, dass ich diese Zeit hatte, mit ihm zu sprechen. Es gab viele Jahre, in denen ich nicht mit ihm reden konnte, ohne dass meine Gefühle verletzt wurden. Ich habe daran gearbeitet, das zu lösen. Unsere Besuche begannen immer damit, dass ich in meinem Auto saß und mir vornahm, dass wir einen guten Besuch haben würden. Sie waren nicht immer so, wie ich es beschrieben habe. Es gab viele Zeiten, in denen er unruhig war oder in denen ich vorbeikam, weil er zu müde war. Oft bin ich frustriert und traurig gegangen, aber ich bin immer wieder gekommen. Es war zu wichtig.

Er war derjenige, der mir in unseren Gesprächen erzählte, was ihn zum Nachdenken brachte.

Letztendlich erlaubte ihm sein Vertrauen in mich, sich selbst zu vertrauen. Er wusste, dass das, was er tun musste, das Richtige für ihn war. Am letzten Tag sprachen wir miteinander. Er saß in seinem Rollstuhl, wie immer rasiert und mit einem Button-Down-Hemd bekleidet, und aß Wassermelone. Er liebte Obst. Er hörte nicht, wie ich hereinkam.

Er war zu diesem Zeitpunkt schon sehr schwerhörig und fast blind. Ich schlüpfte in einen Stuhl neben ihm und berührte seine Hand. Ich sagte ihm, dass ich es bin, Robin. Er war glücklich, drehte sein Gesicht zu mir, gab mir einen Kuss auf die Wange und tätschelte seine Hand. Er war froh, dass ich da war. Ich sah ihn an, diesen starken Mann, und wie er jetzt über den Tisch sank, und ich hielt einfach seine Hand, so froh, dass meine Anwesenheit ihm Trost spendete. Auch für mich bedeutete es so viel Heilung. Er sagte mir, er wolle nach Hause gehen. Wie soll ich das machen, sagte er. Er weinte. Er hatte genug. Es war alles zu viel.

Also holte ich tief Luft und sagte: "Erinnere dich an die Liebe, Papa. Erinnere dich an den Tag, an dem du meine Mutter getroffen hast. Wie es sich angefühlt hat, als du ihre Hand gehalten hast. Erinnere dich an Gerda, meine Stiefmutter, und wie gerne ihr zusammen spazieren gegangen seid und wie sehr ihr das Reisen geliebt habt." Ich erinnerte ihn an unseren Hund, Rhoda. Ich ermutigte ihn, sich an alle seine Freunde zu erinnern, da so viele von ihnen verstorben waren. Ich erinnerte ihn an die Partys, die er feierte und wie sie zusammen lachten. "Erinnere dich daran, Dad, an das Leben, das du dir aufgebaut hast. Die Liebe steckte in all den Freundschaften und sogar in den Streitereien. Erinnere dich an deine Schwestern, deine Eltern und deine Großeltern. Wenn du das tust, lebt ihre Energie und ihr Geist in deiner Erinnerung weiter." Ich legte meine Hand neben seine, um ihn meine Energie spüren zu lassen. Ich sagte: "Fühle meine Energie, ich fühle deine. Sie ist in meinem Herzen eingeprägt. Ich werde dich immer wiedererkennen. Ich bin für immer mit dir verbunden." Wir weinten. Ich umarmte ihn. Ich sagte ihm, dass sein Geist und meiner für immer verbunden sein werden. "Ich vertraue dir, Papa; du bist geliebt und perfekt." Er entschied, wie er leben und wie er sterben wollte. Es ist schwer, mit anzusehen, wie jemand seine Würde und Kontrolle verliert. Ich habe erfahren, dass er in diesen letzten Tagen tatsächlich mehr Glauben und Vertrauen in sich selbst gewonnen hat. Ich bin so froh, dass er das tat.

Meine Freunde, die ich schon fast mein ganzes Leben lang kenne, hatten keine Ahnung, dass das etwas mit mir zu tun hatte, und ich beschloss, dass es an der Zeit war, diesen anderen Teil von mir mit ihnen zu teilen, damit ich das Gefühl hatte, dass sie wirklich wussten, wer ich war.

CHANNEL

Der Prozess, in dem du die Wahrheit erkennst, verändert sich
Dein Bewusstsein geht nach innen
Du hast ein feines Gespür dafür,
wann der Geist sich einmischt
Du hast das Gefühl, die Kontrolle zu verlieren
Du liegst falsch
Die Kontrolle gehört dir
Du erkennst deine wahrste Version
Auch wenn sie dir wie eine fremde Sprache vorkommt
Sie ist deine Muttersprache
Vertraut und gehört dir
Sie ist nicht etwas, das du lernen musst;
sie ist etwas, das du kennst
Mach dich wieder mit der Gabe vertraut,
die du bereits hast.

AFFIRMATION

Ich feiere, wer ich bin. Ich sehe meine Gaben

INSPIRATION

Den Träumer nähren

22

EINFACH NUR WIR SELBST ZU SEIN, REICHT AUS.

Können wir erreichen, was wir uns wünschen, wenn unsere täglichen Gedanken uns glauben lassen, dass wir weniger verdient haben?

Als meine Kinder jünger waren, beschloss ich, eine Zeit lang zu Hause zu bleiben. Ich wollte diejenige sein, die da ist. Ich liebte diese Momente, so hektisch sie auch waren. Obwohl sie aufwuchsen, blieb ich irgendwie in dieser Zeitschleife stecken, in der ich für das Abendessen, die Wäsche und das Sauberhalten des Hauses zuständig war. Mein Mann war nie ein Fan davon, die Kinder zur Hausarbeit aufzufordern; stattdessen haben er und ich sie erledigt. Ich habe nie darüber nachgedacht, bis mir klar wurde, dass ich ständig im Stress lebte. Ich regte mich auf, wenn jemand mein Essen nicht mochte oder sich beschwerte, dass er seine Hose nicht finden konnte. Jede Beschwerde war wie eine Beleidigung für mein persönliches Wesen. Wer war ich? Ich konnte nicht erkennen, dass ich eine Wahl hatte. Ich musste nicht jeden Tag die gleichen Entscheidungen treffen. Ich konnte mich dafür entscheiden, die Dinge auf eine neue Art und Weise zu tun, aber es fiel mir schwer. Ich legte meinen Wert auf alle Dinge, die ich tat. Mein Wert als Mensch - meine Bedeutung in meiner Familie - hatte nichts damit zu tun, was ich kochte oder ob ich meine Tochter vom Bahnhof abholte oder nicht. Aber ich konnte es nicht sehen. Ich war frustriert und glaubte, dass ich keinen Wert hatte und unterschätzt wurde. Diese Überzeugungen brachten so viele Gefühle der Unzulänglichkeit hervor.

Da war diese innere Stimme, die ich lange Zeit ignoriert hatte. Ich habe sie unterdrückt. Ich wollte sie nicht an die Oberfläche kommen lassen. Mit Unterstützung erkannte ich, dass ich meine Urteile über meine übersinnlichen Fähigkeiten loslassen musste. Ich entdeckte meine inneren Stärken und Gaben, die ich mein ganzes Leben lang verdrängt hatte. Ich begann, diese Urteile langsam loszulassen und schuf Raum, um zu entdecken, was meine übersinnlichen Gaben sein könnten. Ich entschied mich jeden Tag dafür, offen für die Möglichkeiten zu sein, die ich entdeckte. Ich hatte kein bestimmtes Endziel, was ich erreichen wollte. Ich wachte jeden Tag auf und war bereit zu erkunden, was das Universum mir bot. Die größte Hürde war, mich selbst zu akzeptieren und meine Gaben anzunehmen. Als ich anfing, mich mitzuteilen, begann ich zu erkennen, was meine Intuition zu meinem Leben beitragen konnte. Je mehr ich mir erlaubte, neue Dinge auszuprobieren, Tarot zu lesen, zu channeln, die Energie anderer zu lesen und mit Menschen zu arbeiten, um Energieblockaden zu lösen, desto mehr konnte ich glauben und anerkennen, wer ich war. Je mehr ich mich traute, mich mitzuteilen, desto mehr zog ich authentische Beziehungen in allen Bereichen meines Lebens an. Endlich erkannte ich, dass ich intuitiv bin, und ich war stolz darauf, diese Gabe für mich in Anspruch zu nehmen. Ich erkannte, dass meine natürliche Neigung, Dinge mit Hilfe von Analogien zu erklären, und die Leichtigkeit, mit der ich mit Menschen sprechen konnte, meine angeborenen Gaben waren und dass ich dazu bestimmt war, sie zu nutzen, um Menschen dabei zu helfen, ihre angeborene Gabe der Intuition zu entdecken und Vertrauen und Glauben in sich selbst zu entwickeln.

ETWAS ZUM NACHDENKEN

Unsere Gedanken beeinflussen unser tägliches Leben. Was wir in jedem Moment wählen, formt die Geschichte des Lebens, das wir leben wollen.

Wenn wir glauben, dass alle unsere Handlungen unseren Wert steigern, werden wir zu denjenigen, die immer "*machen*".

Wenn wir glauben, dass unser Wert von der Validierung abhängt, dann ist das, was wir *tun,* ohne Validierung wertlos.

Wir sind eine Zusammenfassung der Urteile, die wir abgeben, und der Akzeptanz von allem, was wir sind. In jedem Moment unseres Lebens messen wir unsere Handlungen an der Reaktion der Menschen, mit denen wir zusammen sind. Unser Ego will Anerkennung, Akzeptanz und Liebe. Also wird unsere Reaktion verändert oder sogar unterdrückt, um das zu bekommen, was wir alle wollen: Liebe, Sicherheit und Zugehörigkeit. Zu erkennen, wer wir authentisch sind, ist keine eitle Anstrengung, sondern eine wichtige Erkenntnis. Wenn wir sehen können, wer wir sind, und wissen, welche Gaben wir haben, können wir sie einfach zugeben, ohne uns zu entschuldigen. Wir können sagen: So bin ich. Unser Ego mischt sich ein und sagt uns, dass wir das nicht tun sollen, weil uns beigebracht wurde, nicht eitel oder prahlerisch zu sein. Jeder, der in dem, was er tut, erfolgreich ist, sagt einfach: "Das bin ich". Warum ist das also so schwer? Weil die Angst uns festhält, obwohl unser Kopf es weiß. *Ich muss die Angst erkennen und es trotzdem tun. Ich muss eine neue Art und Weise finden, über mich zu sprechen und eine neue Geschichte zu erzählen, wer ich war.*

Wenn wir nicht bezeugen, wer wir sind, werden wir immer versuchen, uns von anderen Menschen definieren zu lassen, was wir sind. Wenn wir jünger sind, werden wir dazu erzogen, unsere Talente mit den Augen unserer Eltern und Lehrer zu sehen. Später beginnen wir, sie selbst zu sehen.

CHANNEL

Die Faszination dessen, was darunter liegt, ist die Wahrheit
Du suchst den Schlüssel, um herauszufinden, wie das Glück aussieht
Was wäre, wenn du bereits dort wärst
Was wäre, wenn du es lebst
Würdest du es erkennen
Was wäre, wenn du es bereits besitzt
Das ist alles in dir

Was wäre, wenn es nichts mehr zu tun gäbe
Wenn wir Fragmente von Möglichkeiten sind, dann ist es möglich, dass wir
bereits das haben, wonach wir suchen
Doch wir haben es nur noch nicht entdeckt
Wenn du nach dem greifst, was du dir wünschst
Öffne dein Herz was du weißt, steigt in dir auf
Bleib ruhig in dem
Wissen, dass du weißt, was du weißt, es ist genug
Es ist perfekt Nutze das, um Menschen anzuziehen
Sprich in das, was du weißt Alle
Sie da draußen im Universum wollen hören
Sprich mehr von dem, was du zu erforschen wünschst
Konzentriere dich auf das, was dir Freude bereitet, nicht auf das, was sie
herausfinden wollen
Indem du dich selbst liebst, kannst du in all dem sein
Es gibt nicht mehr zu lernen, nur dich selbst zu entdecken
Wenn sich Ideen verbreiten
Wenn Menschen Ideen verbreiten, neigen sie dazu, das zu hören, was ihr
Ego begreifen muss
Schließe deinen Verstand
Mach die Dinge nicht so kompliziert, wenn du daran arbeitest, zu
verstehen, anstatt das Verständnis aufblühen zu lassen
Du verwendest deine Energie,
um herauszufinden, was jemand anderes denkt
Übernimm nicht die Gefühle anderer Menschen
Denke mehr an deine eigene Energie
Was ist die Energie, die du willst
Was brauchst du, um zu kommunizieren
Was du sagen willst, im Gegensatz zu dem, was du sagen musst
Die Botschaft ändert sich die Essenz dessen,
was du glaubst die Essenz dessen,
was du glaubst, dass es wahr ist

was die Menschen hören müssen die Essenz dessen,
was dich motiviert kannst du deinen
Wert durch all das sehen kannst du deinen
Wert und deine Bedeutung durch
die Botschaft erkennen ist in dir gefangen,
wenn du sie mit dem filterst,
was andere Menschen hören müssen
stattdessen zapfe immer zuerst
deine Weisheit an teile zuerst das,
was du weißt was dein Herz bewegt
wenn du das tust, erkennst du deinen Wert an,
Wenn du das tust, erkennst du deinen Wert an, all das,
was du für das Universum bist
Dann tanzt das Universum,
wenn du dich mit dem Wert, den du besitzt, wieder vereinst
Du besitzt ihn in jedem Moment und schreitest voran

AFFIRMATION

Ich bin wertvoll, weil ich ich bin

INSPIRATION

Eine Regenbogen-Inspiration

23

Du weisst es nicht, bis du es weisst.

Würdest du von anderen erwarten, dass sie wissen, wie man etwas macht, bevor sie es überhaupt versucht haben?

Sicherlich hast du schon oft gehört, dass du einen Fehler nie wieder machen wirst, wenn du ihn einmal gemacht hast. Was sie sagen sollten, ist, dass du, wenn du ihn einmal gemacht hast, die Fallstricke kennst und weißt, worauf du beim nächsten Mal achten musst, wenn du das Gleiche versuchst. Wie kannst du wissen, wo die Fallstricke liegen, bevor du es nicht selbst erlebt hast? Wir alle urteilen ständig über uns selbst, weil wir denken, dass wir alle Antworten auf alles haben sollten, und verurteilen uns dann, wenn wir es nicht haben. Aber woher sollen wir das wissen?

Unsere Egos sind zerbrechlich und manchmal verletzlich, und wenn die Haie kommen und uns sagen, dass wir es besser hätten wissen müssen, glauben wir ihnen. Wie können wir aufhören? Zuerst müssen wir wissen, dass es in Ordnung ist, nicht zu wissen. Das Nichtwissen ist sogar gewollt. Wenn wir es zulassen, können die Informationen zu uns kommen, wenn wir die Vorstellung aufgeben, dass wir alles wissen müssen. Wir sind nicht weniger oder "dumm". Wir müssen ein bisschen mehr Mitgefühl für uns selbst haben. Wenn wir es nicht wissen, wissen wir es nicht. Noch nicht.

Ich habe etwa fünf Jahre lang an Online-Coaching-Kursen teilgenommen und in dieser Zeit habe ich mich von einer

Technologie-Phobikerin zu einer Person entwickelt, die erkennen kann, dass ich plötzlich einen Zoom-Anruf machen kann, wenn ich mir die Zeit nehme, um nach Demonstrationen zu fragen. Mein Freund und ich wurden jedes Mal hektisch, wenn es etwas Neues auf dem Computer zu navigieren gab. Wer weiß schon, wie man einen Link erstellt, ein Video einstellt oder einen Kurs online erstellt? Ich nicht. Aber *wenn der Wunsch auf Offenheit trifft, kann man etwas lernen.* Ich würde immer noch nicht sagen, dass ich ein Experte bin. Aber was ich weiß, ist, dass ich herausfinden kann, wie. Das macht alles möglich!

CHANNEL

Vergebung

Du hast gesagt, dass du verzeihst
Du hast gesagt, dass du verstehst
Du hast viele Dinge gesagt Aber hast du dir selbst verziehen
Hast du all die Gefühle von Schuld
Scham Misstrauen Wertverlust losgelassen
Hast du das losgelassen
Wo musst du in dir hingehen, um loszulassen
Vielleicht ist die Antwort
Die Liebe dich selbst Akzeptiere, dass die
Erfahrungen dich genau hierher geführt haben
Es ist dein Licht, das du sehen kannst
Nutze es als Leuchtfeuer für deine Seele Finde die Verbindung zu dir
Liebe alle Teile Besonders die Teile,
die du als nicht perfekt empfindest
Sie sind alle in dir Sie sind alle du
Schließe sie nicht aus
Schalte deine Fähigkeit nicht aus

AFFIRMATION

Ich bin in der Lage herauszufinden, wie

INSPIRATION

Tritt in deinen Traum

24

Das Universum sendet Botschaften. Hör zu.

Es war ein typischer Samstagmorgen. Meine Tochter und ich waren auf dem Weg zum Fitnessstudio. Wir gingen lässig und jonglierten mit unseren Mänteln und Wasserflaschen. Wir gingen in die Umkleidekabine, um unsere Sachen zu verstauen. Ich kramte in meiner Tasche herum, um meinen Ausweis zu verstauen, als ich bemerkte, dass es Verkäufer gab. Normalerweise ging ich einfach vorbei, aber einer stach mir ins Auge. Sie verkauften Kristalle, Armbänder und Kleidung. Ich sah mir die Armbänder an und die Frau erzählte, dass sie sie selbst hergestellt hatte. Wir unterhielten uns über die verschiedenen Kristalle und die Energie in ihnen. Ich war fasziniert von ihr und empfing eine sehr beruhigende Energie von ihr. Ich erzählte ein wenig über mich. Sie war genauso interessiert an mir. Es war mühelos, dass sie auch daran interessiert war, zu erfahren, was ich tat. Ich erzählte ihr zaghaft, dass ich Coach bin und dass ich manchmal mit Geistern in Verbindung treten kann. (Ich flippte aus, als ich das an einem öffentlichen Ort erzählte, während meine Tochter dabei war - was war da los?) Sie hörte zu und schien sich zu freuen, dass ich diese Gabe entdeckte. Sie erzählte mir, dass sie einen Laden in der Nähe hat, und so vereinbarten wir ein Treffen in ihrem Laden. Ich war überglücklich. Ich war auf der Suche nach einem Ort, an dem ich darüber sprechen konnte, wie Achtsamkeit zu Verbundenheit führt. Ich ging in ihren Laden, der so gemütlich und einladend war. Ich erklärte ihr, wie

ich über Intuition und Verbindung denke, und fragte sie, ob ich ihren
Laden mieten könnte, um dort einen Vortrag zu halten. Sie schlug mir
vor, zu ihrer Veranstaltung zu kommen, um zu sehen, ob ich mit ihrer
Arbeit übereinstimme. Ich war so begeistert, dass ich sie fand und kaufte
mir sofort ein Ticket. Ich war begeistert von dieser Gelegenheit, mich mit
Menschen zu treffen, die sich für Intuition, Coaching und Achtsamkeit
interessieren. Je näher die Veranstaltung rückte, desto mehr litt ich unter
Hitzewallungen, Schlaflosigkeit, Unruhe, Ohrensausen und Botschaften,
die in einzelnen Worten oder Sätzen kamen. Ich war ein Wrack. Kurz
bevor ich zu der Veranstaltung aufbrach, erhielt ich eine Botschaft in
Form einer Stimme, die in meinen Geist drang und sagte: "Du wirst eine
weißhaarige Frau mit Glitzer treffen. Sie wird deine Führerin sein." Ich
erinnere mich, dass ich kicherte und dachte: "Das *werden wir ja sehen!*
Dann schloss ich die Augen und dachte, wie lächerlich das war. Mein
Körper war so elektrisierend vor Energie. Ich kam zu spät und als ich
eintrat, saßen alle im Kreis und das Licht war gedimmt. Ich nahm schnell
einen beliebigen Platz ein. Die Energie in diesem Raum war greifbar.
So etwas hatte ich noch nie erlebt. In dem Raum war eine Person, die
channelte. So etwas hatte ich noch nie gesehen; es war fesselnd. Ich
konnte die Energie in der Luft spüren und wusste, dass dieses Ereignis
etwas sein würde, das ich nie vergessen würde.

Als das Licht wieder anging, kam eine attraktive Frau mit blondem
Haar und schöner, leuchtender Haut auf mich zu. Sie strahlte eine
friedliche Energie aus, ihr Lächeln war einladend und sie sagte: "Hinter
dir steht ein Geist, der seine Finger über die Lippen legt. Willst du
wissen, was sie sagt?" Sie stellte mir diese Frage so, wie jemand beim
Abendessen sagen würde: "Kannst du mir das Brot reichen?". Sie war
weder aufgeregt noch überrascht. Ich drehte mich um und sah ihr in
die Augen. Ich nickte und sagte ja. Ich wusste einfach, dass es meine
Stiefmutter war. Die Frau, die mich ansprach, fragte mich, ob ich die
Nachricht haben wollte, die sie für mich hatte. Ich nickte mit dem
Kopf. Meine Stiefmutter war drei Wochen zuvor an der Parkinson-
Krankheit gestorben. Ich wusste, dass diese Nachricht für meinen

Vater und meinen Bruder bestimmt war. Das war das erste Mal, dass ich mit Maria sprach. Sie sagte, meine Stiefmutter wollte, dass ich meinem Vater und meinem Bruder sage, dass es ihr gut geht und sie in Sicherheit ist. Dass sie keine Schmerzen mehr hatte. Sie hoffte, dass diese Nachricht es ihnen ermöglichen würde, sich keine Sorgen mehr um sie zu machen. Nachdem ich mich bei ihr bedankt hatte, erzählte sie mir, dass sie Lesungen anbietet, falls ich mich dafür anmelden wollte. Ich rannte förmlich los, um eine fünfzehnminütige Sitzung mit dieser Frau zu buchen. Ich wusste, dass sie voller intuitiver Weisheit war und ich mit ihr sprechen musste. Als die Veranstaltung zu Ende war, wartete ich mit klopfendem Herzen und zehntausend Fragen in meinem Kopf. Ich war so gespannt auf meine Chance, mit ihr zu sprechen. Ich war schon früher zu Medien gegangen, aber ich spürte, dass sie ganz anders war. Als ich an der Reihe war, versuchte ich, meine Schritte zu verlangsamen, denn ich wollte mir alles einprägen. Ich weiß noch, wie ich meinen Mantel auf den Boden legte und mehrere Schlucke Wasser nahm. Ich sprang vor Aufregung aus meiner Haut. Ich setzte mich an ihren Tisch mit dem Samtbrett und den Karten, die ordentlich in der Ecke lagen. Dann schaute ich zu ihrem Gesicht auf und sah, wie ihre Augen vor Freude tanzten, große, wunderschöne blaue Augen. Ich schaute an ihr herunter und bemerkte, dass ihre Brust voller Glitzer war und sie weiße Haare hatte. Ich bekam eine Gänsehaut und ein heißer Schauer lief mir über den Rücken. Das war die Frau, von der mir die Stimmen gesagt hatten, dass ich sie treffen würde. Ich spürte einen Schauer in meinem Körper und wusste, dass sie und ich füreinander bestimmt waren. Ich spürte, dass die nächsten Momente meinen Lebensweg verändern würden. Ich wusste nur nicht, wie sehr. Ich hatte schon so lange davon geträumt, jemanden zu treffen, der mir die Dinge erklären konnte. Die mir erlaubt zu verstehen, was passiert und mir die Gebrauchsanweisung für mein Seelenschicksal gibt. Ich wusste, dass sie hier war, um mir Antworten zu geben und mir den Weg zu zeigen. Mein Körper vibrierte, als ich ihr gegenüber saß, mein Herz raste und ich konnte den Wirbel in und um meinen Geist spüren.

Ich konnte sehen, dass sie ein Leuchten um sich hatte. Ich konnte das Licht über ihr sehen und die lila, rosa und blaue Beleuchtung um sie herum. Ich wusste, dass sie die Fragen beantworten konnte, von denen ich noch gar nicht wusste, dass ich sie hatte. Das war der Tag, an dem ich meine Freundin und Mentorin Maria kennenlernte.

Sie lächelte und sagte: "Sie schreien mich an, so viele Botschaften auf einmal." Sie legte ihre Tarotkarten weg, sah zu mir auf und sagte die nächsten Worte, die so viel erklärten. Sie sagte: "Du bist eine Empathin; du hast viele Gaben; hör auf, sie wegzuschieben." Sie gab mir ein paar praktische Tipps, wie ich die Stimmen in meinem Kopf stoppen konnte. An diesem Tag hörten sie einfach auf. Sie erklärte mir, warum ich nicht schlief und warum mir immer heiß war. Es machte alles so viel Sinn für mich. Die Informationen waren wie das fehlende Puzzleteil, das im Kissen der Couch versteckt war. Die Antworten lagen so nah beieinander, dass ich nur nicht wusste, wie ich die Punkte verbinden sollte. In so kurzer Zeit fühlte ich mich bestätigt und anerkannt und es überkam mich ein überwältigendes Gefühl der Ruhe. Ich wusste, dass ich kurz davor war, mehr zu entdecken, und ich beschloss in diesem Moment, dass ich offen für alles war, was ich entdecken konnte. Ich hatte keine bestimmte Absicht. Mein Wunsch war es, mein Herz zu öffnen und alles zu entdecken, was ich entdecken konnte. Ich begann, sie ein paar Monate lang wöchentlich zu treffen. Eines Tages sagte sie zu mir: "Wann hörst du auf zu verleugnen, wer du bist?" Ich war in einem solchen Konflikt; es war mein großes Geheimnis. Meine Familie und Freunde wussten es nicht. Trotzdem meldete ich mich jeden Tag, sogar mehrmals am Tag. Ich erzählte nur wenigen Menschen davon.

Es war ein typischer Tag, an dem ich von einem Gesprächskunden zum nächsten rannte. Ich hatte mich angemeldet, um Teil der Coaching-Community zu werden. Jede Woche hatten wir die Möglichkeit, an einer Telefonkonferenz mit Hunderten von Coaches aus aller Welt teilzunehmen und zu hören, wie unsere Mentoren coachen. Wir hörten uns an, was andere Coaches erlebten, in der Hoffnung, eine innere Weisheit zu entdecken und den Anruf mit einem Gefühl der Verbundenheit und Inspiration zu verlassen. Diese Woche hob ich also meine Hand, um in einem Call gecoacht zu werden. Ich war so hin- und hergerissen, wie ich der Welt mitteilen sollte, wer ich war. Ich war Logopädin. Würden die Leute, die mich kannten, denken, ich sei unprofessionell? Was würden die Leute sagen? Wie komme ich als Coach und angesehene Therapeutin weiter? Ich kann mein Geheimnis teilen. Ich hielt auf einem Parkplatz an, um mein Mittagessen zu essen, während ich mir jede Woche den Anruf anhörte. Man wusste nie, ob man ausgewählt wurde. Ich aß gerade mein Mittagessen, als mein Name aufgerufen wurde. Ich wusste, dass ich von der Situation erzählen musste, die mich daran hinderte, die Authentizität zu erreichen, nach der ich mich sehnte. Maria hatte mir gesagt, ich müsse die Anerkennung in mir selbst finden. Es fühlte sich so seltsam an, dies als Geschenk anzunehmen. Mir wurde immer klarer, dass ich genau das tun musste. Ich hatte solche Angst davor, zu verlieren, wer ich war. Jetzt war es an der Zeit zu erkennen, dass ich in die Rolle schlüpfen wollte, für die ich bestimmt war. Ich habe alles geteilt! Sie halfen mir, meinen Kampf durchzustehen, und am Ende wurde mir klar, dass ich mich selbst verleugnet hatte, wer ich war. Ich schloss die Stimmen in meinem Kopf aus. Ich erlaubte meiner Stimme nicht zu sagen, wer ich war. Ich hatte so viele Konflikte in meinem Kopf und gleichzeitig eine unglaubliche Menge an Freude. Ich musste dieser Freude erlauben, in mein Leben einzudringen. Ich musste diese Gedanken einfordern und ihnen Zeit und Präsenz geben, um gehört zu werden. Ich musste lernen, diese Gedanken für mich zu beanspruchen. Ich werde dir sagen, dass ich lange gebraucht habe, um zu verstehen, dass diese Gabe kein Kreuz ist, das ich tragen muss, genauso wenig wie ich rote Haare habe; sie ist einfach ich. Ich dachte, ich würde verurteilt und nicht akzeptiert werden. Die Menschen würden mich nicht mögen. Ich habe das Gegenteil erfahren. Ich habe gelernt, dass ich mich umso mehr entfalte, je authentischer ich bin, und dass ich Menschen anziehe, mit denen ich arbeiten kann. Ich habe mich mit so vielen Menschen weltweit verbunden. Die auf der Suche nach ihrer Verbindung sind? Die Gaben, die sie haben, zu entdecken. Sie wollten lernen, wie sie anfangen können, zuzuhören. Sie wollen ihrer inneren Stimme vertrauen und lernen, alle ihre Anteile zu akzeptieren. Um den magischen Faden zu entdecken, der die Berufung und die Bestimmung ihrer Seele ist. Zu entdecken, was ihnen innere Freude, Fülle und Liebe bringt Ich weiß, dass diese Reise kein Ende hat. Wir haben die Wahl, uns auf die Arbeit der Selbstfindung einzulassen.

Einige Zeit später erzählte ich meinen Freunden von meinen neu entdeckten Fähigkeiten. Ich wollte mich mit ihnen auf einer Geburtstagsparty treffen und packte deshalb meine Tarotkarten in meine Kühlbox direkt neben die Guacamole. Der Morgen begann mit viel Trubel. In Gedanken dachte ich, ich würde ihnen die Information mitteilen, als ob ich ihnen mitteilen würde, dass ich mir ein neues Paar Schuhe kaufe. Ich wollte es ausspucken und hoffte, dass nicht zu viele Fragen auftauchen würden. Es waren so viele Leute da und wir aßen und tranken Cocktails, wie wir es immer tun. Ich wusste, dass ich das Pflaster abreißen musste. Ich ließ es in meinem Kopf hin- und hergehen. Es war eine Menge los. Überall gab es Essen, Hunde liefen im Haus ein und aus. Ich hatte solche Angst, dass sie mich mit diesem peinlichen Blick ansehen würden, der große Verwirrung ausdrückt. Ich fing an, mir Gründe auszudenken, warum es nichts ausmachen würde, wenn ich nichts sagen würde. Was machte es schon? Ich wusste, dass ich es mitteilen musste. Ich konnte nicht einfach dasitzen und essen. Die Leute wuselten herum, hielten Bier und Cocktails in der Hand und jeder beugte sich vor, um dir einen kurzen Kuss auf die Wange zu geben, während er gleichzeitig Guacamole und gefüllte Eier auf seinen Teller lud. Wir waren alle dabei, uns zu unterhalten. Wir standen in der Küche, während alle den Ketchup und den Senf verteilten und ihre Hotdogs und Burger zubereiteten. Ich spuckte es einfach aus und wartete. Zu meinem Erstaunen sagte niemand "Buh". Eine Minute lang dachte ich, sie hätten mich nicht gehört. Dann schaute einer meiner Freunde auf und sagte: "Tarot? Ich möchte, dass du eine Karte ziehst, und das war's." Sie wussten es. Seufz.

Ich war so sehr in meiner Angst erstarrt, dass ich nicht darüber hinwegsehen konnte, um zu erkennen, dass ich mich selbst nicht akzeptieren konnte, wie sollte das jemand anderes können? Ich schuf den Spiegel der Ablehnung, um mich nicht akzeptiert zu fühlen, bis ich erkannte, dass dies eine alte Geschichte war und ich ein neues Spiegelbild vorhalten konnte, um akzeptiert und zugehörig zu werden. Dann wurde mir klar, wie sehr ich den Raum, in dem ich mich aufhielt, kontrollierte. Ich wusste, dass meine Ansichten und mein innerer Dialog sehr viel Macht hatten.

ETWAS ZUM NACHDENKEN

Ich wusste, dass sie von irgendwoher kam, aber ich hatte keine Ahnung, mit wem sie sprach und war mir auch nicht sicher, wie ich sie einschalten konnte. Oft wiederholte die Stimme die gleiche Nachricht immer und immer wieder. Ich wusste nicht, wie ich sie abstellen konnte. Das machte mir Angst und faszinierte mich. Ich glaubte nicht, dass ich übersinnlich war, weil ich dachte, das hieße, ich sei ein Medium. Ich wusste, dass ich nicht mit Menschen sprechen konnte, die bereits verstorben waren. Ich dachte, wenn ich diese Gabe hätte, würde ich mit den Verstorbenen sprechen, mit denen ich ein Gespräch führen wollte. Die Wahrheit war, dass ich mir selbst nicht vertraute. Ich glaubte nicht, dass ich diese Gabe haben könnte oder dass ich die Person sein könnte, die mit den Menschen, die mir wichtig waren und die verstorben sind, in Kontakt tritt. Viele Jahre lang war ich von der Idee fasziniert, dass Menschen so etwas tun können, aber ich habe nie auf diese Gabe vertraut; ich musste sehen, was ich tun konnte. Die Stimmen, die in meinem Kopf auftauchten, kamen immer häufiger vor und ich begann, meine Erfahrungen mit meiner Familie zu teilen, weil ich Informationen von meiner Schwiegermutter und sogar meiner Großmutter erhielt. Mein Mann fand es interessant, dass ich diese Informationen erhielt und wusste nicht, was er davon halten sollte, aber er selbst glaubt nicht daran und war deshalb skeptisch. Ich war nicht davon überzeugt, dass ich die Fähigkeit hatte, sie einzuschalten, wenn ich es wollte, und so dachte ich, es sei nur eine dieser Sachen. Ich fühlte mich unzureichend und wünschte mir, dass ich mit Menschen in Kontakt treten könnte, die bereits die Fähigkeit besitzen, mich zu fragen, ob ich begabt bin. Was ich seitdem gelernt habe, ist, dass man zwar begabt sein kann, aber wenn man nicht wirklich an sich selbst und seine Intuition glaubt und es nicht genug Menschen auf der Welt gibt, die einen davon überzeugen können. Ich habe gelernt, dass der Glaube zuerst zu mir kommen muss. Ich musste lernen, meinen Gaben und mir selbst zu vertrauen. Daran habe ich lange gearbeitet und mit jeder Tarot-Lesung und jeder intuitiven Lesung, die ich gemacht habe, habe ich mir mehr und mehr vertraut. Ich fing an, mich als die Person zu sehen, die es kann, als die Person, die es tut, und ich brauchte keine Bestätigung mehr, dass ich die bin, für die ich mich hielt. Ich musste mich selbst akzeptieren und dann wurden die Stimmen der Skeptiker weniger laut.

Kürzlich saß ich in einem Restaurant, in das wir oft gehen, und ich fragte unseren Kellner, wie es ihm geht. Er erzählte eine Geschichte, die ihn aufgewühlt hatte. Mein Mann und meine Tochter hörten mir zu, während ich mit ihm sprach. Er erzählte, dass er zu einem Medium gegangen ist und was es gesagt hat. Ich fragte ihn, ob es in Ordnung sei, zu erzählen, was ich wusste. Ich fügte weitere Informationen hinzu und er blinzelte mich an und fragte: ”Woher weißt du das? Ich sagte nur, dass es das ist, was ich tue. Ich bin intuitiv. Er bat mich um meine Karte. Er bedankte sich, dass wir uns die Zeit genommen hatten, mit ihm zu sprechen. Mein Mann lächelte. Es war ein ganz normales Gespräch. Mein Mann fühlte sich nicht unwohl, und meine Tochter erzählte meinem Mann, dass die Leute ständig mit mir sprechen. Mir fiel auf, wie sehr sich die Dinge verändert haben. Ich fühle mich so wohl und akzeptiere mich und meine Familie akzeptiert und unterstützt mich. Ich hätte nie gedacht, dass ich so weit kommen würde.

Wenn du dich also dabei ertappst, wie du über eine Idee nachdenkst oder überlegst, wie die neue Idee aussehen könnte, denke daran:

Ideen sind das Universum, das die Samen der Möglichkeiten pflanzt

Es liegt an uns, die Dinge, die uns begeistern, in die Realität umzusetzen

Wenn sich eine Idee nicht so formuliert, wie wir es uns vorgestellt haben, liegt das nicht daran, dass wir falsch liegen, sondern daran, dass wir noch mehr lernen müssen.

Der Unterschied zwischen Denken und Tun ist das Handeln

Die Beseitigung der Angst, die dich festhält, schafft Schwung

25

VERZEIH MIR, SELBSTZWEIFEL. RUTSCH RÜBER!

Was ist eine Geschichte, die du hörst und hinter der du dich sogar versteckst, wenn du nicht erschaffen kannst, was du dir wünschst?

Sag der Stimme: "Pssst, ich hab's im Griff!"

Ich ziehe diese Geschichten an und trage sie wie ein Lieblingskleidungsstück, das nicht mehr in Mode ist, von dem man sich aber einfach nicht trennen kann, oder wie ein altes Paar Hausschuhe. Diese Geschichten haben sich im Laufe der Jahre angesammelt und sind die Art und Weise, wie ich mich der Welt zeige. Sie fassen meine Gefühle und Erfahrungen zusammen. In diesen Geschichten kann ich nicht erkennen, wie sehr ich gewachsen bin und mich verändert habe. Ich sehe mich in eine Zeit zurückversetzt, in der ich nicht wusste, wer ich war. Es gab ein Porträt von mir, als ich neunzehn war, im Haus meines Vaters. Ich hatte das Gefühl, dass meine Haare zu kurz waren. Ich trug ein Rugby-Shirt, das ich mir übergeworfen hatte. Ich hatte keine Ahnung, dass dieses Porträt so lange dauern würde. Ich musste jedes Mal die gleiche Kopfhaltung und den gleichen Augenaufschlag finden und die Aufregung, dass mein Porträt fertig war, verflog nach der zweiten Sitzung. Während er zeichnete, ließ ich meine Gedanken schweifen. Ich konnte mir nicht vorstellen, dass dieses Bild die nächsten vierzig Jahre in unserem Esszimmer hängen würde. Ich weiß noch, dass ich enttäuscht war, als er es mir zeigte. Ich sah so zerknirscht aus. Ich dachte, dass er mich schön aussehen lassen würde. Ich hatte das Gefühl, dass er mich von meiner schlechtesten Seite eingefangen hatte. Meinem

Vater gefiel es; er sagte: "Es sieht aus wie du mit diesem fernen Blick in deinen Augen, als würdest du davon träumen, wo du gerne sein würdest." Das stimmte wohl auch, ich träumte vom College und davon, von zu Hause wegzukommen. Ich habe es nie geliebt. Ich sah so wütend und frustriert aus. Jetzt wird mir klar, dass ich nach Bestätigung suchte, nach Anerkennung von jemandem, der mir meinen Wert und meine Würde zeigt. Ich habe in allem, was ich tat, danach gesucht. Ich wusste nicht, dass das Geheimnis dafür in mir selbst lag. Ich hatte berufliche Ziele, aber ich wusste nicht, wie ich meinen Wert erkennen sollte und es fiel mir schwer, an mich zu glauben. Ich hatte eine Vorstellung davon, was ich wollte, und begann die Möglichkeit zu sehen, das zu erreichen, was ich wollte, als ich Kevin traf. Es ist erstaunlich, was passiert, wenn man sich verliebt und sich erlaubt, jemandem seine Träume und Pläne anzuvertrauen. Ich erinnere mich, dass ich sie ihm in ruhigen Momenten mitteilte und er mir einfach zuhörte und glaubte, dass ich, sobald ich die Idee geäußert hatte, sie bereits in Bewegung war. Er glaubte daran. Das war Kevin. Er hielt mir den Rücken frei. Ich konnte sehen, dass er seine Ziele auch erreichte. Wir hatten dieses unerschütterliche Vertrauen, dass wir tun können, was wir wollen.

Das war das erste Mal, dass ich es wagte, davon zu träumen, wie meine Zukunft aussehen würde. Ich begann zu erkennen, dass ich die Wahl hatte, wie sie sich entfalten würde. Ich begann, die Geschichten loszulassen, an die ich mich geklammert hatte, als ich jünger war, und schuf eine neue Geschichte, die beschrieb, wer ich war und wohin ich gehen wollte.

Die Geschichte, die wir verwenden, um anderen zu erzählen, wer wir sind, ist wie ein Ausschnitt der wichtigsten Eigenschaften, die wir haben. Wir nutzen sie, damit die Menschen uns kennenlernen können. Das Problem ist, dass diese Geschichten oft nicht das wahre Bild von uns zeichnen. Ich habe meine Geschichte benutzt, um die Auszeichnungen zu beschreiben, die ich erhalten habe, aber sie gab keine Auskunft darüber, wer ich wirklich bin.

Erst Jahre später, als ich Coach wurde, habe ich das herausgefunden. Ich merkte, dass ich mich hinter meiner Geschichte versteckte.

Ich stellte mich vor und sagte: "Mein Name ist Robin. Ich bin seit mehr als dreißig Jahren als Sprachpathologe tätig. Ich bin verheiratet und habe zwei Kinder und einen Hund." Diese Aussage sagte nichts über mich aus. Ich habe mich hinter meinen Leistungen versteckt und nichts über mich erzählt. Ich musste bereit sein, mich mitzuteilen. Das war einer dieser Momente, in denen ich das eigentliche Problem erkennen musste. Für mich ging es darum, mehr Vertrauen in das zu entwickeln, was ich glaubte, und an meinen Wert zu glauben, einfach weil ich ich bin. Ich habe sehr viel Zeit damit verbracht, darüber nachzudenken. Mir wurde klar, dass es mir schwerfiel, meinen Wert und meine Würde zu erkennen. Ich war so daran gewöhnt, darauf zu warten, von anderen etwas zu hören, dass ich nicht wusste, wo ich anfangen sollte, ihn in mir selbst zu entdecken.

Ich musste eine Bestandsaufnahme dessen machen, was ich darüber dachte, wer ich war. Ich musste meine Gaben beanspruchen und stolz auf sie sein. Dann konnte ich anfangen, sie der Welt anzubieten. Ich wusste Folgendes. Ich wusste, dass ich ein guter Redner war und dass es mir leicht fiel, vor Menschen zu sprechen. Ich musste erkennen, dass meine Gabe nicht nur der Wunsch war, Menschen zu helfen. Ich fühlte mich verpflichtet, einen Funken in anderen Menschen zu entzünden, damit sie ihre Gaben erkennen.

Ich wollte meine Mission mit den Menschen teilen. Ich war ratlos, wie ich meine Botschaft vermitteln sollte. Also begann ich, größer zu denken. Doch dann kam die Angst. Je mehr ich darüber nachdachte, wohin meine Ideen führen könnten, desto mehr blieb ich stecken und stellte fest, dass ich mich nicht weiterentwickelte und wuchs. Ich vertiefte mich mit vielen persönlichen Reflexionen und Coachings und erkannte, dass wir alle den freien Willen haben, zu wählen, was wir wollen, und dass ich, wenn ich etwas erreichen wollte, all die Urteile über meinen Wert loslassen musste, die ich mir selbst gegenüber hatte. Ich musste auf das positive Feedback meiner Kunden hören und meiner Intuition vertrauen und sie als meine eigene bezeichnen. Ich entschied mich, meine Gaben als Geburtsrecht zu beanspruchen und dem Universum dafür zu danken, dass es mir zur Seite stand, während ich mich selbst erkannte.

Ich suche nach einem Adjektiv, um meine Fähigkeiten zu beschreiben. Da war diese Stimme, die mich immer wieder dazu drängte, zu behaupten, was ich tat. Also wurde ich neugierig und stellte eine Untersuchung an. Ich wollte wissen, was einen Menschen eigentlich zu einem Experten macht. Nachdem ich mich umgeschaut und die Menschen untersucht hatte, entdeckte ich, dass Menschen, die sich als Experte bezeichnen, einfach ihre Gabe oder ihr Talent für sich beanspruchen. Überall im Internet ist jeder ein Experte, und wenn man dann an der Oberfläche kratzt, stellte ich fest, dass die Leute Experten für so ziemlich alles sind. Die Frage, die sich mir stellte, war: Würde der Titel etwas dazu beitragen, dass meine potenziellen Kunden mich sehen? Würden sie sich dadurch wertvoller fühlen? Ich probierte es eine Weile aus und nannte mich Hellseherin. Ich stellte fest, dass der Titel dazu diente, dass sich andere mit mir identifizieren konnten. Ich würde lieber als Experte bezeichnet werden, als mich selbst so zu nennen. Das Selbstvertrauen, das du hast, wenn du dein Wissen weitergibst, hängt von deiner Bereitschaft ab, es zu teilen. Mein Ego muss sich hier nicht einmischen. Es gab eine Zeit, in der ich ziemlich neidisch wurde, wenn sich jemand als Experte bezeichnete. Ich habe vor langer Zeit eine wertvolle Lektion von einem Mentor gelernt. Wenn ich coache, teile ich meine Intuition und meine Coaching-Fähigkeiten. Es ist, als würde ich Lasagne machen, die alle genießen können.

CHANNEL

Bewusstsein kommt von ihnen aus dem Herzen,
aber es ist das wahre Herz es sucht grenzenlose Liebe,
Glaube, Vertrauen hart arbeiten ist,
wenn wir unsere Masken aufsetzen,

wenn wir unsere Rüstung anziehen,
um uns davor zu verschließen,
verletzt und beschädigt zu werden ist es möglich,
unter allen zu gehen, die dein Herz zu
Offen und wissend, dass der Schmerz,
den du vielleicht brauchst Möglicherweise so,
dass dein Herz noch mehr Informationen
in seine Mauern aufnimmt und die
Kapazität erweitert es tut weh,
noch tiefer zu lieben als zuvor

AFFIRMATION

Ich träume mit Neugierde
Ich akzeptiere meine Gaben als Teil von mir

INSPIRATION

Weisheit aus Schmerz

26

DAS FESTHALTEN AN DER ANGST KANN DICH BLIND FÜR DIE REALITÄT MACHEN.

Solange ich denken kann, weiß ich, dass meine Mutter mit sechsunddreißig Jahren gestorben ist. Ich sah zu, wie meine Schwester sechsunddreißig wurde und wartete darauf, dass sie anrief und mir die Diagnose Brustkrebs mitteilte. Das ist nie passiert. Jedes Mal, wenn ich zur Mammographie gehe, halte ich den Atem an und warte auf die Ergebnisse. Muss ich noch eine Biopsie machen lassen, oder ist alles in Ordnung? Ich gehe nicht ständig hin, weil das viele Probleme verursacht. Wenn ich zurückblicke, wollte ich früher als meine Freundinnen Kinder haben, weil ich die Chance haben wollte, eine Familie zu gründen. Ich glaube, irgendwo in meinem Kopf dachte ich, ich könnte meine Erfahrungen umschreiben und die Beziehung zu meinen Kindern haben, von der ich bei meiner Mutter nur geträumt habe. Ich liebte es, eine Mutter zu sein und eine Familie zu gründen. Es war hektisch und verrückt, ja, das alles, aber es hat mir gleichzeitig so viel Freude bereitet. Ich habe verstanden, dass du in dem Moment, in dem du darüber nachdenkst, Kinder zu bekommen, anfängst zu planen, wie dein Leben in Zukunft aussehen wird. Nichts kann deinen Geist darauf vorbereiten, in die Zukunft zu träumen, sobald das neue Leben da ist. Ich träumte davon, dass mein Sohn Fahrrad fährt, mit mir backt und mit meinem Mann und mir im Meer schwimmt. Als meine Tochter kam, fühlte ich so viel Druck, diese Beziehung aufzubauen, die ich nie mit meiner Mutter hatte, und gleichzeitig hatte ich Angst, dass ich nicht da sein würde, um sie zu teilen. Als meine Tochter drei Jahre alt wurde, war ich ganz wehmütig. Ich sah sie an und freute mich, wenn sie in ihren Tinkerbell-Schuhen spielte, und konnte mir nicht vorstellen, wie herzzerreißend es für meine Mutter war, zu wissen, dass sie sterben und meine Schwester und mich zurücklassen würde. Als ich meine Tochter ansah, wusste ich, dass ich den Grundstein dafür gelegt hatte, wer sie war, auch wenn sie sich an nichts davon erinnern konnte. Ich begann zu erkennen, wie viel von dem, was ich war, auf alles zurückzuführen war, was meine Eltern und meine Schwester mir gegeben hatten. Ich war auf der Suche nach Beweisen für diese Verbindung. Ich fragte meinen Vater erneut, ob er ein paar Fotos von meiner Mutter und mir finden könnte. Er gab mir ein paar neue, als ich zwei Jahre alt war, und ich konnte an der Körpersprache erkennen, wie wohl ich mich fühlte. Ich konnte unsere Körpersprache sehen. Wir posierten in unseren Badeanzügen an der Seite unseres Autos. Sie lehnte sich an das Auto und ich stand zwischen ihren Beinen und berührte mit meiner Hand ihren Oberschenkel, während ich meine Schaufel hielt. Das Bild strahlt ein Gefühl von Leichtigkeit und Akzeptanz aus, so wie ich war. Auf anderen Bildern ist mir aufgefallen, dass ich immer irgendwie ihren Mantel, ihr Bein oder ihre Hand berühre. Die ständige Verbindung, die Kinder zwischen ihren Eltern spüren. Die Art und Weise, wie sie Besitz und Stolz bekunden. Was ich auch sehe, ist ihr Ausdruck, die Leichtigkeit in ihrem Lächeln und die Freude, die sie in diesem Moment ausstrahlt. Es gibt ein Foto, das drei Monate vor ihrem Tod aufgenommen wurde, und sie sieht so glücklich aus. Ich frage mich immer, was sie gedacht und gefühlt hat. Ich weiß, dass ich meinen Kindern all diese Gefühle mitgeben möchte. Die Fähigkeit, Liebe zu empfinden und wirklich zu wissen, dass sie wertgeschätzt werden und sie selbst sein können. Daran dachte ich später, als meine Kinder und ich uns stritten und ich mich bei meinem Mann ausweinte und sagte: "Warum sehen sie nicht, wie viel Glück sie haben? Ich glaube, sie begreifen es nicht. Er sagte, dass sie nie begreifen würden, wie viel Glück sie haben; das ist das, was sie wissen. Wie wahr war diese Aussage? Hielt ich an der Angst fest, vergessen zu werden, dass all die kleinen Dinge, die ich als Elternteil getan hatte, nie in Erinnerung bleiben würden? In diesem

Moment wurde mir klar, dass meine Kinder nicht mein Vermächtnis sind. Ich kann mein Vermächtnis schreiben und sie können das ihre schreiben. In Wahrheit werde ich nie erfahren, was für eine Beziehung ich zu meiner Mutter gehabt hätte. Ich hatte solche Angst, dass ich nicht genug bin. Ich wollte meine Erfahrungen umschreiben und einen bleibenden Eindruck bei meinen Kindern hinterlassen, damit sie sich an mich erinnern. Diese Angst hinderte mich daran, in den Momenten zu leben, die gerade passierten. Zusammen mit meinem Mann legte ich bereits den Grundstein dafür, was aus meinen Kindern werden würde. Ich wusste, dass das nicht aus einem Buch kam, das ich lesen musste. Wieder einmal lernte ich, dass es bereits in mir war. Als ich diese Angst losließ, ließ ich so viel Stress und Druck los, an dem ich festhielt. Ich erkannte, dass es bereits geschehen war.

Okay, jetzt werde ich mal urteilend. Ich habe ein Problem mit Leuten, die in voller Montur an den Strand gehen. Komm schon, du weißt, wen ich meine. Dann kommen sie an die Küste, um die Aussicht zu genießen und ihre Zehen ins Wasser zu stecken. Sie sind in ihrer eigenen Glückseligkeit. Im nächsten Moment hörst du das Lachen und Treiben von Kindern, die planschen, rennen und einfach nur Spaß am Strand haben. Die Frau schimpft über ihre Haare und ihre Wimperntusche und die Kinder sollen aufhören zu rennen. Die Mutter kommt angerannt und entschuldigt sich für ihre Kinder. Ich muss zugeben, dass ich es nicht mag, am Rande des Ozeans durchnässt zu werden, wenn ich nur die Aussicht genießen will, aber wenn ich zum Rand des Ozeans gehe, ist das das Risiko, das ich eingehe. Ich weiß, du denkst, *was hat das mit Selbstfindung zu tun*, oder? Viele von uns, mich eingeschlossen, mögen die Idee, sich persönlich weiterzuentwickeln und etwas über Intuition zu lernen, aber dann beginnen wir die Reise und es wird chaotisch. Ich weiß, dass ich oft ungeduldig und sogar frustriert wurde. Die Kunst des persönlichen Wachstums besteht darin, dass es ein tieferes Verständnis dafür fördert, wer wir sind. In unserem Bemühen, zu akzeptieren, wer wir sind, müssen wir auch die Ideen loslassen, die uns nicht mehr dienen. Wir können nichts davon tun, ohne uns die Füße nass zu machen.

CHANNEL

Erschaffe die Vision, wie deine Liebe die Seelen, die du erreichst, berühren kann Die Energie, um sie zu erreichen,
musst du nicht verwalten oder für dich beanspruchen

Es ist ihre Reise, den Raum zu schaffen,
um ihren Wert zu entdecken
Sie warten auf den Höhepunkt,
an dem sie den Wert dessen, was sie sind,
erkennen können
Die Zeit, die sie beanspruchen,
um zu feiern, wer sie sein wollen.
Du kannst den Raum erschaffen,
in den sie eintreten können
Erschaffe einen Raum für sie,
um ihre Größe zu erleben Entfalte,
was darunter liegt
Lass die Geschichte los
Lass die Angst los Lass das Urteil los
Geh die Schritte, die du gegangen bist,
um ihre angeborene Authentizität zu entdecken

AFFIRMATION

Meine Energie schafft ein Vermächtnis

INSPIRATION

Wie Entkommen wir der Einbahnstraße?

27

DIE WEISHEIT DEINER GESCHICHTE IST ES, DIE DIE MENSCHEN ANZIEHT.

Je mehr wir versuchen, jemand anderes zu sein, desto weniger sind wir wir selbst. Als ich meine Coaching-Reise begann, dachte ich, ich müsste mich darauf einstellen, worüber die Leute in den sozialen Medien diskutieren. Ich glaubte, ich müsste darauf achten, was die Leute beschäftigt. Ich dachte, ich müsste beliebte Themen und Gesprächstrends recherchieren. Ich dachte, wenn ich das wüsste, könnte ich meine Gespräche auf diese Themen ausrichten. Ich glaubte, so würde ich mehr Follower und mehr Kunden gewinnen. Ich dachte, ein Thema sei "trending", weil ich das, worüber ich sprechen wollte, nicht wertschätzte. Ich glaubte, wenn mehr Menschen meine Instagram- oder Facebook-Likes mögen, bin ich auf dem richtigen Weg. Um Kunden und Gespräche anzuziehen. Was ich nicht verstand, war, dass das, was die anderen dachten, weniger wichtig war als das, worüber ich nachdachte. Die Frage, auf die ich mich konzentrieren musste, war die, wofür ich *leidenschaftlich* war. Ich drehte diesen Gedanken in meinem Kopf um. Je mehr ich mich anstrengte, desto verwirrter wurde ich. Bei jedem Schritt, den ich machte, hatte ich Angst, die Menschen zu verlieren, mit denen ich mich verbinden wollte. Ich war so versessen darauf, das große Thema zu finden, das alle miteinander verband. Ich wünschte, die Antwort würde einfach auftauchen. Jeder Mensch hat seine Knackpunkte - das war auch meiner. Ich suchte außerhalb meiner selbst, um herauszufinden, was mich anspornte. Ich fragte alle um mich herum, was sie dachten, und vergaß dabei, nach innen zu schauen und mich selbst zu fragen. Eines Tages empfing ich in der Meditation eine gechannelte Botschaft, die mich daran erinnerte, dass wir alle auf unserem Lebensweg Geschenke bekommen haben. Es gibt keine Zufälle; all die Situationen, die Schmerz verursacht haben, haben auch Weisheit gebracht. Die Situationen, die uns widerfahren, dienen dazu, dass wir Weisheit erlangen, und mit der Zeit können wir den Schmerz loslassen und von der Weisheit profitieren. Diese Idee kam mir eines Tages durch eine gechannelte Botschaft. Je mehr ich darüber nachdachte, desto mehr Sinn ergab sie. Diese Perspektive ist ein Geschenk an sich und muss geteilt werden. Der Gedanke, dass die Weisheit, die wir aus unseren Erfahrungen gewinnen, die Art und Weise ist, wie wir Weisheit anhäufen. Die eigentliche Arbeit besteht darin, die Weisheit zu entdecken, denn sie ist mit dem Schmerz verwoben. Ich wusste, dass es eine große Veränderung für mich war, als ich lernte, loszulassen und den Schmerz einer Situation loszulassen. Ich begann, meine Konversation online zu verändern, indem ich erzählte, wie ich meine Perspektive veränderte. Dadurch zogen die Menschen, die ich mit meiner veränderten Energie ansprach, nach einem Weg, um ebenfalls eine positive Veränderung zu bewirken. Der Gedanke, dass diese Teile unseres Lebens, die unvollkommen waren, dass sie Leid und Schmerz verursacht haben, Schätze sind. Sie liefern uns die Informationen, die wir brauchen, um unsere Emotionen zu verarbeiten und Gefühle loszulassen, die uns in der Angst gefangen halten. Oder Ereignisse, an denen wir festhalten und die uns das Gefühl geben, unwürdig, ungeliebt und ungesehen zu sein. Diese Schmerzpunkte verursachen so viel Herzschmerz. Sie sind da, damit wir unsere Sichtweise darüber, wer wir sind, ändern können und wissen, dass wir in Wirklichkeit wertvoll, geliebt und kostbar sind. Diese Idee kam mir eines Tages, und obwohl ich glaube, dass sie wahr ist, verliere ich mich immer wieder im Unkraut und vergesse diese Lektion. Die Wahrheit ist, dass es schwer ist, mein Denken von unwürdig zu würdig zu ändern.

Die Idee, dass die Nuggets, die ich in meinem Leben gesammelt habe, die Weisheit sind, über die ich sprechen muss, schien zu einfach. Die Menschen, die mir am nächsten standen, sagten mir, das sei alles. Ich hörte auf sie, aber ich war entsetzt. Ich sträubte mich gegen die

Vorstellung, dass ich einfach nur offenlegen musste, was ich wusste. Es ging nur darum, meinen Wert zu erkennen. Ich musste mich wirklich sehen und meinen Wert erkennen. Als ich anfing, mich auf die Idee einzulassen, hörte ich auf, alle zu fragen, was sie denken. Ich merkte, dass ich dies bereits in meiner Coaching-Praxis und in der Beratung von Eltern in der Sprachtherapie tat. Ich begann zu erkennen, wie viel Kreativität und Weisheit in allem, was ich tat, steckte. Ich schwankte zwischen dem Gefühl, nicht genug zu sein, und dem Bedürfnis, mich zu steigern und mich zu fordern. Ich merkte, dass ich aufgeregt war, wenn ich etwas erreicht hatte, und dann Angst hatte.

Ich musste aufhören, mich mit dem Stil, dem Erfolg und den Ansätzen anderer Menschen zu vergleichen. Ich musste aufhören zu denken, dass ich die Dinge auf eine bestimmte Art und Weise tun muss. Ich begann mich wohler zu fühlen, wenn ich in mich selbst investierte und mit Mentoren zusammenarbeitete, die mich ermutigen konnten, an meinem großen Traum festzuhalten. Ich begann zu merken, dass ich in mich gehen musste. Ich musste wirklich auf meine Intuition hören und mich mit meinen Führern verbinden, um die Antworten zu bekommen, die ich brauchte. Ich fand heraus, dass man diesen Prozess nicht an einem Donnerstag zwischen 14:00 und 17:00 Uhr durchführt, sondern dass man sich der Vorstellung hingibt, dass Zeit keine Rolle spielt. Der Trick war, auf die Zeit zu verzichten. Ich musste einfach an einem Ort sein, an dem die Informationen zu mir kommen konnten. Ich war so froh, dass ich mich mit Menschen umgeben hatte, die über den Tellerrand hinausblicken. Frauen, die Führungspersönlichkeiten sind, haben durch ihr Handeln gezeigt, wie man weiter vorankommt, weil sie mit Leidenschaft und Überzeugung gehandelt haben. Ich begann zu erkennen, dass ich eine von ihnen war. Ihr individueller Mut und ihre Einsicht erlaubten es mir, dasselbe in mir selbst zu finden. Ich fing an, über das zu sprechen, was ich wusste, und vertraute darauf, dass andere das auch tun würden, wenn ich es überzeugend fand. Ich wusste einfach, dass es eine Bedeutung für mich haben musste. Ich begann mir selbst zu vertrauen, als ich mich gegen lineare Strategien wehrte und stattdessen auf meinen Wunsch nach Abwechslung und unkonventionellem Denken hörte.

Nachdem ich mich jahrelang als gewöhnlich gefühlt hatte, erkannte ich, dass ich Gaben hatte. Ich erkannte sie nach und nach und war stolz auf mich. Die Einschränkungen, die ich mir selbst auferlegte, waren Geschichten, die ich mir selbst erzählte.

ETWAS ZUM NACHDENKEN

Dass ich jetzt die Möglichkeit habe, meine Reise zu teilen, ist auch ein Geschenk. Meine Geschichte zu teilen, gibt anderen die Erlaubnis, den Sprung in den Glauben an sich selbst zu wagen. Ihren Wert und ihre Bedeutung zu erkennen und anzuerkennen. Was die Menschen dazu bringt, innezuhalten und zuzuhören, sind die Schritte, die du unternommen hast, um dein Leben zu verändern. Deine Magie muss nicht so aussehen wie die eines anderen Menschen.

CHANNEL

Was ist über den Wolken der bewölkte Himmel
Zeigen sie, damit wir sehen können, was wir können
und schaffen trotz der Bewölkung
Ohne das Licht tragen wir das Licht in uns
Das Licht leuchtet hell, wenn wir es scheinen lassen
Wenn wir seine Weisheit suchen,
können auch wir leuchten

AFFIRMATION

Ich bin mit dem Göttlichen verbunden

INSPIRATION

Weniger tun, mehr sein

28

AUTHENTIZITÄT: ES IST IMMER DIE PERFEKTE ZEIT,
DU ZU SEIN.

Die Angst, du selbst zu sein, kann deinen Einfallsreichtum und deine Brillanz unterdrücken. Früher wollte ich all die Leute zum Schweigen bringen, die mich immer wieder darauf hinwiesen, wie schwierig es für mich sein würde, das zu erreichen, was ich wollte. Meine Stiefmutter meinte, ich solle Büroarbeit machen und glaubte nicht, dass ich die Fähigkeit hätte, aufs College zu gehen. Die Professoren an der Uni, die meinten, ich könne nicht mehr als eine Drei erreichen. Diejenigen, die nicht die Zukunft sahen, die ich sah. Diese Stimmen waren so laut, dass es keine Möglichkeit gab, sie zum Schweigen zu bringen. Später begann ich, die Lautstärke dieser Stimmen zu schätzen, denn sie ermöglichte es mir, nicht selbstzufrieden zu werden und weiter an das zu glauben, was ich für wahr hielt. Ich glaube nicht, dass ich ohne die Neinsager die unerschütterliche Entschlossenheit gehabt hätte, die ich hatte. Ich wusste, dass ich ihnen das Gegenteil beweisen musste. Das mag wie eine sehr unreife Herangehensweise an das Leben erscheinen, aber wenn ich es jetzt betrachte, habe ich das Gefühl, dass ich eine Art Klarheit hatte. Ich wusste, dass ich zu mehr bestimmt war, auch wenn meine Familie das nicht verstand. Wenn ich in jeder Situation versuchte, jemandem das Gegenteil zu beweisen, handelte ich im Raum des Mangels. Ich erlaubte meinem Bedürfnis, den Menschen in meinem Leben zu zeigen, wie wertvoll ich war. Das führte auch dazu, dass ich mich durch den Vergleich mit dem

Erfolg anderer Menschen motivierte, was mir letztendlich das Gefühl gab, dass ich immer versuchte, ihren Erfolg einzuholen. Ich arbeitete härter, um einen Punkt zu erreichen, an dem ich mehr verdiente, mehr erreichte und das bedeutete, dass ich wertvoll war. Um das zu erreichen, belegte ich Aufbaustudiengänge, um meine Fähigkeiten als Logopädin zu verbessern. Zusätzlich zu meiner logopädischen Praxis beschloss ich, eine Mentorin zu engagieren und mit ihr zusammenzuarbeiten, um eine Zertifizierung in meinem Fachgebiet zu beantragen. Ich nahm mir Zeit, mich mit ihr zu treffen und eine ausführliche Studie über eine bestimmte Behandlung zu schreiben, die ich ein Jahr lang angewandt habe, um diese Zertifizierung zu erhalten. Ich dachte, diese Zertifizierung würde mich wertvoller machen und mir mehr Vielseitigkeit in meiner Arbeit als Sprachpathologe ermöglichen. Ich würde nicht lügen, wenn ich mir Anerkennung und ein gewisses Maß an Respekt wünschte. Am Ende habe ich die Zertifizierung nicht erhalten. Was dann geschah, überraschte mich mehr. Ich war niedergeschlagen. Dann kam meine Freundin, die Sprachpathologin ist. Sie war meine Anlaufstelle, wenn ich mich mit einem Kunden überfordert fühlte, wenn ich einen Bericht schreiben musste, mein Kumpel, mit dem ich zu Konferenzen ging. Sie sagte: "Es ist egal, ob du weißt, was du weißt, mit oder ohne Zertifizierung." Ich musste sehen, was ich bereits tat, und aufhören, auf die Zertifizierung zu warten, um das Gefühl zu haben, dass ich es geschafft hatte. Eine andere Therapeutin, der ich vertraute, sagte mir, sie sei froh, dass ich das Zertifikat nicht bekommen habe, weil ich bereits eine großartige Therapeutin sei und das Papier nichts daran ändern würde. Diese Erfahrung hat etwas in mir verändert. Ich erkannte, dass der Wunsch, mehr zu sein als das, was ich bereits war, keinen Sinn machte. Ich musste anfangen anzuerkennen, wer ich bereits war.

WERTVOLLE LEARNINGS

Die Dinge lassen sich nicht immer in einer Schachtel mit einer Schleife verpacken. Es ist eine Reise, auf der ich alle meine Teile akzeptieren muss, auch die, die vielleicht nicht so schön sind. Während ich das sage, erkenne ich an, dass diese Reise noch andauert und sich ständig weiterentwickelt. Es ist wichtig, auf Menschen zu hören, die wir respektieren, damit sie uns helfen, Ideen zu integrieren und unsere eigenen Pläne zu entwickeln. Wenn du dir einen Raum gönnst, in dem du deine neuen Ideen in einer sicheren Umgebung mit Menschen ausprobieren kannst, die dich unterstützen, ist das entscheidend für die Entwicklung deines kreativen Denkens.

CHANNEL

Gechannelte Botschaft von Erzengel Uriel
An einem Ort, an dem Akzeptanz lebt, ist die Kraft, dein wahres Selbst zu
sein und zu leben
Vergangene Fehler zu akzeptieren und zu verzeihen
Die Energie durch Liebe zu ersetzen
Liebe in ihrer wahren Form ist
Akzeptanz
Denn Liebe wählt keine Seiten
Sie erlaubt dir, die ganze Person zu schätzen
Nicht die Teile, die
Sie erlaubt dir, die ganze Person zu schätzen,
nicht nur die Teile, die leicht sind
Liebe bedeutet, die Teile zu schätzen,
die schwer sind Liebe zu den Teilen von dir,
auf die du nicht stolz bist
Ohne diese Teile könnte niemand einfühlsam sein
Die Ganzheit eines jeden von uns muss
Unvollkommenheit enthalten, denn es sind diese
Unvollkommenheiten, die es uns ermöglichen,
die Weisheit zu erlangen, zu lernen,
Mitgefühl für uns selbst zu haben

AFFIRMATION

Meine innere Stimme soll sich über die anderen erheben

INSPIRATION

Weisheit wird durch Schmerz gewonnen

29

ENTDECKE, WAS DIR FREUDE
MACHT... UND MACH ES!

Deine Aufgabe ist es, dir die Zeit dafür zu nehmen, so oft du kannst.

Als mein Vater traurig war, habe ich ihm gesagt, er solle fünf Minuten lang etwas finden, das ihm Freude bereitet. Der Grund dafür ist, dass ich weiß, dass du dadurch die Frequenz deines "Glücksquotienten" erhöhst. Wenn du deine Gefühle erhöhst, sehen dein Körper und dein Geist die Dinge aus einer anderen Perspektive. Hast du schon einmal innegehalten und die kleinen Zeichen erkannt, die in deinem Körper passieren, wenn du glücklich bist? Du fühlst dich verbundener, leichter und hast ein gutes Gefühl im Bauch. Dinge, die uns normalerweise stören, fallen von uns ab.

Mein Vater sagt normalerweise, dass ich ein Optimist bin und dass ich ihn nicht verstehe. Dieser Kommentar hat mich frustriert. Dann habe ich nachgedacht und gemerkt, dass ich das nicht verstehen kann. Ich bin nicht sechsundneunzig. Ich habe sein Leben nicht gelebt. Also sage ich jetzt: "Du hast Recht, Papa. Ich kann es nicht verstehen, aber wie wäre es, wenn du vielleicht fünf Minuten lang versuchen würdest, etwas Freude zu finden. Meinen Vater im Glauben daran zu erinnern, dass er es verdient, glücklich zu sein.

Es ist eine lustige Sache, die ich mache, wenn ich mit meinen Kunden arbeite. Ich frage sie, was ihnen Freude bereitet. Es scheint keine schwierige Frage zu sein, aber ich glaube, sie ist eine der schwierigsten zu beantwortenden Fragen.

Ich finde es immer interessant, dass jeder, den ich treffe, erzählen kann, was ihn ärgert oder sogar frustriert. Es scheint, dass die meisten von uns, mich eingeschlossen, nie darüber nachgedacht haben, was uns Freude bereitet. In einem Kurs stellte mir der Lehrer diese Frage, und ich konnte sie nicht beantworten. Also habe ich darüber nachgedacht und festgestellt, dass ich mehrere Dinge habe, die mir Freude bereiten.

Echtes Glück bis in mein Innerstes. Das ist eine so entscheidende Erkenntnis und verändert die Art und Weise, wie du die Dinge betrachtest. Ich liebe es, in Verbindung mit dem Universum zu stehen. Was mir Freude bereitet, ist, wenn ich diese Gabe nutze, um Botschaften zu überbringen, die ein Gefühl der Klarheit vermitteln. Ich liebe es, mit meiner Familie zusammen zu sein und den Tag einfach ausklingen zu lassen. Ich liebe es, das Geplänkel zwischen ihnen zu hören. Ich genieße es, mit Menschen zusammen zu sein, die ich liebe und denen ich alles Gute im Leben wünsche. Kürzlich kam mir der Gedanke, dass alles aus Energie besteht und wir jederzeit die Energie der Freude anzapfen können. Ich glaube, das ist der Grund, warum ich eine Form der Meditation praktiziere. Sie bringt mich in einen Raum der Ruhe und Freude. Eine Zeit lang habe ich es geliebt, aber dann konnte ich mich nicht mehr mit meinem höheren Selbst verbinden, während ich es tat. Ich fühlte mich abgekoppelt. Ich hatte das Gefühl, dass mir etwas fehlte. Mir wurde klar, dass dieses Ritual, dreißig Minuten bis eine Stunde lang zu meditieren, mir einfach nicht diente. Zuerst dachte ich, dass etwas mit mir nicht stimmt. Kein Wunder, dass das Urteil und das Ego für eine Zugabe zurückkommen. Sie tauchten auf, um mich zu lehren, dass ich nicht falsch lag oder unfähig war, sondern dass ich einen anderen Weg finden musste, um Verbindung zu finden. Es scheint, dass ich die Verbindung zu mir selbst finden musste. Seitdem habe ich gelernt, dass sich die Verbindung zu mir selbst verändern kann und nicht verloren ist, sondern dass man nur offen sein muss, um einen neuen Weg der Verbindung zu entdecken. Ich stellte fest, dass ich keine Stimmen mehr hörte, aber ich konnte Energie lesen. Ich konnte die Energie, die andere fühlten, verändern. Ich entdeckte auch, dass ich eine Lichtsprache sprechen konnte, die ich zunächst nicht verstand, aber ich begann, in die Botschaften hineinzufühlen. Ich fühlte diese Veränderungen einfach und akzeptierte sie. Ich war dankbar für sie und habe festgestellt, dass sie weiterhin auftauchen, während ich weiter wachse. Sei also in der Freude über deine Ausdehnung.

WERTVOLLE LEARNINGS

Ich liebe es, Raum zum Nachdenken zu haben, Zeit zum Schaffen zu haben und im Fluss zu sein. Ich liebe es, wenn es im Haus ruhig ist und ich durch das Haus schlendern oder einfach aus dem Fenster schauen kann. Ich war auf diese Zeit angewiesen. Das war meine Zeit, um nachzudenken und kreativ zu sein. Ich habe sie während der Quarantäne so sehr vermisst.

Den Raum, um meinen eigenen Gedanken nachzuhängen. Ich lernte so viel über mich selbst und entdeckte meine Kreativität. Ich begann zu erkennen, wie viel Zeit ich brauchte, um mit Ideen um mich zu werfen und ihnen Raum zu geben, damit sie sich entfalten konnten. Indem ich mir diese Zeit gönnte, konnte ich meine Gedanken verarbeiten und Probleme lösen, anstatt immer außerhalb meiner selbst nach dem Experten zu suchen. Ich entdeckte, dass ich begann, meine intuitiven Gaben zu schätzen. In der Frequenz der Freude zu sein bedeutet, dass du dich mit etwas beschäftigst, das dich in Resonanz mit dem bringt, was Freude für dich bedeutet. Das ist eine persönliche Sache und sieht für jeden von uns anders aus. Doch genau wie bei Eiscreme oder guter Musik wissen wir, was für uns gut ist.

CHANNEL

Alle Schritte, die wir unternehmen,
sind nicht immer gleichbedeutend
mit dem Schmerz, den wir erlebt haben.
Es scheint, als ob sich der Schmerz
jedes Mal neu anfühlt, wenn wir
an den Moment zurückdenken.
Unsere Erinnerungen erlauben es uns,
den Schmerz festzuhalten, wodurch sich
der Schmerz noch viel größer
anfühlt als im eigentlichen Moment.
Anstatt über die Weisheit oder unsere
Stärke in diesen Momenten
nachzudenken und sie festzuhalten,
halten wir den Schmerz fest,
denn mit der Zeit können wir keine
Weisheit oder Größe mehr erkennen.
Wer sagt denn, dass
Weisheit nicht aus Freude entstehen kann?
Wer sagt denn, dass Weisheit
nicht aus Liebe entsteht?
Mit Mitgefühl und Liebe können
wir den Schmerz abtrennen und erhalten die Weisheit
Wie könnte es möglich sein,
dass wir den Schmerz erleben sollten,
gäbe es nicht einen anderen Weg,
diese Weisheit zu lernen
Die Wahrheit eines jeden Ereignisses besteht darin,
dass wir in der Lage sind,
die Ereignisse, die im Laufe der Zeit passiert sind,
abzutrennen und den Schmerz loszulassen
Halten wir das Geschenk unserer

Weisheit, unsere Stärke und
Widerstandsfähigkeit fest und
sehen wir es als unseren Lehrer

AFFIRMATION

Ich entscheide mich, fröhlich zu sein

INSPIRATION

Betrachte die Magie - was ist ihre Energie?

30

GESTALTE DEN RAUM, IN DEM DU LEBEN WILLST;
ER SOLL DICH WIDERSPIEGELN.

Wenn du die Welt erschaffen würdest, die du dir wünschst, wärst du dann gut genug, um in ihr zu leben? Ich beschloss, mich nach Hause zu schleichen und zu sehen, was mit dem Bau meiner neuen Küche geschah. Die Küche, auf die ich mehr als zwanzig Jahre gewartet habe. Jeden Tag sah ich, wie sich der Müllcontainer immer mehr mit all den Dingen füllte, die ich in meinem Haus hatte und loswerden wollte. Als ich die lange Straße hinunterfuhr, sah ich, wie sie abtransportiert wurde! Ich rief und schrie, so froh, all die Dinge loszuwerden, die ich angesammelt hatte und die ich immer wieder loswerden wollte. Ich beschloss, nichts mehr loszuwerden. Alles, was ich von nun an in meinem Haus habe, soll eine Bedeutung haben und mir gefallen. Ich erinnere mich, dass ich vor langer Zeit eine Oprah-Sendung gesehen habe, und ihre Worte haben sich in meinem Kopf festgesetzt. Dein Zuhause sollte sich erheben, um dir zu begegnen.

Lass uns ein wenig zurückgehen. Ich hatte mehr Jahre in einem Haus mit einer kaputten Küche gelebt, als ich zugeben möchte. Der letzte Strohhalm war, als mein Backofen kaputt ging. Ich beschloss, dass ich ihn nicht ersetzen würde, bevor ich nicht das hatte, was ich wollte. Also begann das Wartespiel. Etwa acht Jahre lang kochte ich mit einem Toasterofen. Ich habe jeden Abend gekocht. Ich wollte keine Kompromisse eingehen, wenn ich nicht alles haben konnte; ich lebte mit dem, was wir hatten. Ich schämte mich dafür, dass ich keine Gäste zu mir nach Hause einlud. Ich nahm mir einfach vor, nicht in eine schnelle Lösung zu investieren. Ich wollte die ganze Küche erneuern. Die Schubladen waren kaputt und die Regale waren wackelig. Diese Küche, das Herzstück meines Hauses, war kaputt; sie musste erneuert werden. Ich hatte die Vision, dass die Küche offen und einladend, luftig und einladend sein sollte. Ich versuchte, verschiedene Teile reparieren und streichen zu lassen, aber in Wahrheit war sie völlig abgenutzt. Ich weiß noch, wie ich den Schrank unter der Schublade öffnete und Sägespäne aus der Schublade darüber sah. Ich holte tief Luft und wusste, dass die Lösung kommen würde. Ich musste nur geduldig sein, wenn die Zeit gekommen war. Unsere Kinder mussten durch das College kommen. Es gab immer einen Grund, warum wir nicht in die Reparatur der Küche investieren konnten.

Oft hatte ich das Gefühl, wie kann das sein? Ich hatte das Gefühl, als würde ich eine Lüge leben. Wir waren an einem Punkt, an dem wir unsere Traumküche kreieren konnten. Kevin und ich investierten gemeinsam in dieses Projekt und wir arbeiteten zusammen, um den Traum zu verwirklichen, den ich für unser Zuhause hatte. Es dauerte über ein Jahr, bis wir alles hatten, was wir brauchten. Ich war auf dem Weg zu meiner Küche. Ich wusste, dass ich erst mein Haus entrümpeln musste, bevor ich mit dem Prozess beginnen konnte. Ich begann mit meinen Sachen und ging dann zu allen Schränken über. Dann gingen wir ins Wohnzimmer und entledigten uns kaputter Möbel, alter Erinnerungsstücke und Dinge, die einfach keine Bedeutung für uns hatten. Meine Tochter, mein Mann und ich wechselten uns ab, um unsere Sachen in den Müllcontainer zu werfen. Je größer der Haufen im Müllcontainer wurde, desto mehr freute ich mich auf den Neuanfang und die Gestaltung des Raums. Ich erinnerte mich an einen Tag, an dem ich Oprah ansah und sie sagte: "Dein Zuhause sollte sich erheben, um dir entgegenzukommen." Jahrelang hatte ich das Gefühl, dass es das nicht tut. Ich hatte das Gefühl, dass es kaum atmet. Ich träumte davon, ein Zuhause zu haben, das mich jeden Tag willkommen heißt, wenn ich es betrete.

Erschaffst du die Welt, die du willst, oder die Welt, von der du glaubst, dass du gut genug bist, um darin zu leben?

Ich war der Meinung, dass meine Familie es verdient hatte, in einem Haus zu leben, einen Hund zu bekommen, einen sicheren Spielplatz im Garten zu haben und einen Platz zum Grillen zu besitzen. Ich wusste, dass wir all diese Dinge eines Tages haben würden. Irgendwann war es dann so weit, aber die Umstände, die diese Dinge ermöglichten, waren nicht immer so, wie ich es mir gewünscht hätte. Ich hatte ein Gefühl der Klarheit in meinem Bauch. Ich wusste, dass es passieren würde. Ich dachte oft darüber nach, aber ich glaubte, dass es passieren würde. Mir war nicht klar, dass ich mit dem Abriss der alten Küche theoretisch meine Reise des persönlichen Wachstums und der Expansion begann.

Als ich beschloss, mich meiner Intuition zu öffnen, akzeptierte ich, dass sie tatsächlich existiert.

Also holte ich den Bulldozer raus und begann, mit verschiedenen Trainern zu arbeiten. Ich lernte viele Dinge, aber eine Sache entdeckte ich: Je mehr ich aufdeckte und akzeptierte, desto mehr wuchsen meine Fähigkeiten als Hellseherin. Dieses Phänomen geschah allmählich, und niemand war mehr überrascht als ich. Es ist tägliche Arbeit und Neukalibrierung, wenn ich getriggert werde oder mich schlecht fühle. Ich lerne zu erkennen, ob ein Gefühl meins ist oder das eines anderen und wie ich Dinge loslassen kann, wenn sie meins sind.

Der einzige Weg, sich eine neue Fähigkeit anzueignen, besteht darin, das Durcheinander zu beseitigen. Ich bin sicher, dass ich nicht der erste bin, der dir das sagt. Junge, ich hatte es nötig, mich zu entrümpeln. All der Ballast, den ich aus meiner Jugend mitgenommen hatte. Die ungelösten Gefühle des Verlassenwerdens aus der Zeit, als ich klein war. Ich musste tief graben. Ich hielt meinen Geist und mein Herz offen, um mehr zu empfangen. Ich habe nie darüber nachgedacht, was das Endergebnis sein würde oder wer ich werden würde. Ich befand mich einfach in einem Kreislauf, in dem ich mehr aufdecken und entdecken wollte, was ich lernen konnte. Die Reise, Hellseherin zu werden, war also der Anfang davon, dass ich den Schutzschild ablegte, der mich davor bewahrte, Informationen zu empfangen, und es war auch ein Weg, um zu lernen, wie ich mit den Informationen, die ich erhielt, umgehen und sie entschlüsseln konnte. Ich merkte sehr schnell, dass ich mir selbst vertrauen musste. Ich musste mehr zuhören und meinen Instinkten folgen. Für jemanden, der immer auf alle anderen schaut, um sicherzugehen, dass ich das Richtige tue, um sicherzugehen, dass ich nach den Spielregeln spiele, war das besonders schwer. Ich wollte den Leuten immer noch sagen, dass ich intuitiv bin, aber gleichzeitig machte mir das auch Angst. Was würden die Leute von mir denken, wer würde mir glauben, wie konnte mich jemand ernst nehmen, wenn ich selbst nicht an mich glaubte? Ich entdeckte, dass das Universum mich umso mehr mit Informationen versorgte, je mehr ich an mich selbst glaubte, um mir zu zeigen, dass ich auf dem richtigen Weg war. Je stärker ich wurde, desto mehr glaubte ich daran, dass das, was ich tatsächlich hörte, sah und fühlte, real war. Schließlich begann ich, das, was ich wusste, mit anderen zu teilen und meine Gabe zu akzeptieren. Als ich den Mut hatte, den Leuten zu sagen, dass ich intuitiv bin, waren sie begierig darauf, dass ich ihnen Informationen gebe. Ich war so begeistert davon, Karten zu lesen und ihnen Einsichten zu vermitteln, die sie nicht in Betracht gezogen hatten. Sie gaben mir so viel unterstützendes Feedback und kommentierten, wie mühelos ich das tat. Die ganze Zeit über saß mein Freund neben mir, während ich innerlich zitterte, verängstigt und aufgeregt zugleich. Ich hatte es geschafft! Wenn ich an diese Tage zurückdenke, erinnere ich mich daran, wie ich an mir selbst gezweifelt habe und Angst hatte, mich darauf zu stützen und zu vertrauen.

Ich erinnere mich an eine bestimmte Sitzung mit meiner Mentorin. Sie sagte: "Du hast diese Gabe vom Universum erhalten. Was denkst du, was das Universum davon halten würde, wenn du diese Gaben einfach wegwirfst und sie nicht nutzt?" Das hat mich gewissermaßen aufgehalten. Ich dachte: "*Oh, das wäre nicht gut. Es wäre enttäuschend für das Universum, wenn es mir diese Gaben anvertraut und ich sie einfach verkommen lasse.* Also habe ich geübt. Ich meditierte jeden Abend, bevor er ins Bett ging. Ich habe mich direkt neben meinem Bett geerdet und all die Dinge gesagt, von denen ich dachte, dass ich sie sagen müsste und die ich mit meinem Mentor geprobt hatte, um diese Energie einzuladen und die Schwingung zu erhöhen. Das tat ich jeden Tag. Es war ein Ritual, und ich war mir nicht wirklich sicher, was da passierte. Ich war mir nicht sicher, ob sich etwas ändern würde. Eines Tages telefonierte ich mit einer neuen Kundin, die ich nicht kannte, und hörte ihrer Stimme zu. Ich bekam all diese Informationen und merkte in diesem Moment, dass ich tatsächlich ihre Stimmenenergie lesen und wahrnehmen konnte und anhand der Informationen, die ich von ihrer Stimme erhielt, Aussagen darüber machen konnte, wer sie war und was ihr Leben ausmachte. Es war das erste Mal, dass ich das tat, und ich erinnere mich, dass ich dachte: "*Oh mein Gott, schau, was ich gerade getan habe.* Trotz der kurzen Phasen der Aufregung glaubte ich immer noch nicht, dass ich sie bei Bedarf abrufen könnte. Ich hielt es für eine Laune. Dann, nachdem ich meine Mentorin sechs Monate lang privat getroffen hatte, beschloss ich, an diesem Kurs teilzunehmen, den sie mit anderen intuitiven Menschen veranstaltete. Ich hatte lange Zeit das Gefühl, nicht dazuzugehören, und langsam, ganz langsam, begann ich zu erkennen, dass es ihnen genauso ging wie mir. Ich fing an, an meine Fähigkeiten zu glauben. Ich begann, ihnen zu vertrauen und zu akzeptieren, dass ich mich auf sie verlassen konnte und sie ein Teil von mir waren.

Wertvolle Learnings

Wenn wir uns selbst für wertvoll halten, schaffen wir Räume, die widerspiegeln, wie wir leben wollen. Schaffe dir einen Raum, der dich willkommen heißt; alles, was du tust, spiegelt sich in allem, was du tust. Halte dich für würdig und wertvoll. Glaube an die Gaben, die du hast, und beanspruche sie mit Stolz als die deinen. Akzeptanz beginnt bei uns selbst. Egal, wie viele Menschen dir sagen, was sie in dir sehen, du musst es selbst sehen. Ich habe begonnen, mich mit Menschen zu umgeben, die aufgeschlossen sind.

CHANNEL

Licht von meiner Mutter
Halt dich fest, halt dich fest, bis du fühlst,
dass du loslassen kannst
Ich werde stark sein, ich werde still stehen,
denn ich weiß, dass du weit gehen
wirst Ich kann es in dir sehen,
ich kann das Glühen spüren, das Glühen
deiner Energie ist groß und hell,
das ganze Universum ist da,
damit du es weißt
Halt dich fest, so viel
Ich werde immer aufrecht stehen und
stark für dich sein, bis du weißt,
dass du das Licht in dir siehst,
wohin du gehen musst
Hab keine Angst vor der Richtung,
denk nicht darüber nach, wohin du gehst,
sondern lass dich von deiner Intuition leiten Ich weiß,
dass ich es bereits getan habe
Ich war der Ort,
an dem dein Samen begann
Ich war der Ort,
an dem deine Saat aufgegangen ist der Ort,
an dem ich zu wachsen begonnen habe
In mir hat dein Herzschlag Funken geschlagen,
die dir die Kraft gegeben haben,
deine Flügel auszubreiten, um zu wachsen
Ich habe dich stolpern sehen
Ich habe dich aufsteigen sehen
Ich bin nicht mehr da
Doch ich bin weiterhin ein Licht

in deinem Geist,
deinem Herzen
Ich werde weiterhin
Ich werde weiterhin ein Licht sein,
das in dir leuchtet,
wo das Unendliche wohnt,
wo die Zeitlinien nicht mehr sind
und die Seelen in dem Licht leben,
das ist, das genau weiß,
wohin du gehen musst,
aber ich bleibe zurück und liebe dich
Erlaube dir,
es zu entdecken,
Erlaube dir,
alles zu entdecken, was du kannst,
sei zuerst das Licht für dich selbst,
Meine Liebe, sei das Licht für alles,
was du sein kannst, erschaffe Freude und Glück,
wo immer du hingehst,
denn es war eine Freude für mich,
dich zu kennen, als ich auf der Erde war
Ich beobachte dich aus der Ferne und
meine Energie ist immer um dich herum
Ich bin die Liebe,
die dich immer verankert
Mein Licht scheint durch dich,
um dich herum weißt du, dass ich das für alle Zeiten sein werde,
die zu dir kommen Sei das Licht für die,
die du geboren hast
Sei das Licht und die Liebe für die,
die zu dir kommen,
so wie ich weiß, dass du dazu bestimmt bist,
meine ganze Liebe immer deine Mutter zu sein

AFFIRMATION

Ich beanspruche meine Gaben

INSPIRATION

Wahrlich, du

31

WIR ERSCHAFFEN ORTE UND SITUATIONEN, DIE SICH
SICHER ANFÜHLEN, WEIL SIE UNS VERTRAUT SIND.

Wenn wir nach äußerem Trost suchen, suchen wir nach einer Möglichkeit, mit einer Situation umzugehen, und so stellen wir Situationen und Erfahrungen nach, die uns an eine Zeit erinnern, in der wir genau das hatten.

Mehr Jahre als ich zählen kann, habe ich mir eine Tüte Chips, Brezeln und Popcorn geholt und eine Serie geguckt. So habe ich mein Gehirn in den Urlaub geschickt. So habe ich mich entspannt. Erst vor ein paar Jahren wurde mir klar, dass ich mir diese Gewohnheit und ihre Anfänge genau angesehen habe. Die Welt war einfach. Ich konnte mich einfach in eine Sendung vertiefen und eine Weile nicht nachdenken, während ich etwas Salziges genoss. Dann wurde mir klar, dass ich es vermied, mich mit meinen Gefühlen auseinanderzusetzen. Anstatt darüber nachzudenken, wie ich mich fühlte und alle Emotionen zu spüren. Ich habe diese Gefühle ganz weit unten versteckt und mich an einen Ort geflüchtet, an dem das Denken nicht nötig war. Als ich jung war, fand ich die versteckten Snacks meiner Stiefmutter und brachte sie in mein Zimmer, um sie heimlich zu essen, wenn niemand davon wusste. Ich fühlte mich wie eine Rebellin und hatte das Gefühl, dass ich mir meine Macht zurückholte. Ich fühlte mich immer so glücklich, genau das zu tun, was ich gerade wollte, ohne Urteil und ohne Konsequenzen. Es war ein Muster, um zu vermeiden, dass ich mich mit Dingen beschäftigte, von denen ich dachte, ich hätte keine Macht, sie zu ändern. Anstatt über meine Situation zu weinen, fand ich heraus, dass es mir half, mich von diesen Gefühlen zu lösen, um zu ändern, wie ich mich in diesem Moment fühlte.

Ich merkte, dass ich Trost außerhalb meiner selbst suchte, um meine unruhigen Gefühle zu unterdrücken. Ich merkte, dass dieses Muster ein Upgrade brauchte. Ich musste umdenken und herausfinden, wie ich meinen Gefühlen eine Stimme geben und fühlen konnte, was in mir hochkam, anstatt sie zu verdrängen und nicht auf sie zu hören.

Ich war es gewohnt, die zusätzlichen Aufgaben, die in meiner Familie anfielen, zu übernehmen. Je mehr es zu tun gab, desto mehr schien ich es aufzusaugen. Ich fühlte mich wie ein Jongleur, der ständig alle Bälle fallen lässt. Ich versuchte zu arbeiten, Mutter, Ehefrau, Hundemutter, Tochter, Schwester und Freundin zu sein. Ich hatte das Gefühl, dass mein Wert darin lag, was ich tun konnte, und nicht darin, wer ich war. Ich war unglücklich, wütend, launisch und gestresst. Vergessen wir nicht mein Bedürfnis, alles zu kontrollieren. Ich weiß noch, wie mein Mann den Kopf darüber schüttelte, dass jede meiner Bewegungen einen eigenen emotionalen Ansturm auslöste. Ich war nicht glücklich. Jeden Tag wachte ich auf und bereitete drei bis vier Mahlzeiten vor und packte eine Kühlbox mit Essen ein, damit ich zwischen den Kunden essen konnte. Damals, als ich noch Sprachtherapeutin war, besuchte ich die Kinder zu Hause und in der Praxis. Mein Zeitplan war so eng, dass ich aß, während ich von einem Kunden zum anderen fuhr. Ich war sehr stolz auf das, was ich tat, und liebte meine Arbeit. Meine Arbeit war anstrengend, und ich musste bei jeder Familie, die ich besuchte, präsent sein. Ich fühlte mich in meiner Arbeit unterbewertet, aber ich sah keine andere Möglichkeit zu existieren. Wenn du mich gefragt hast, ob ich glücklich bin, habe ich gekichert und gesagt: "Ich bin müde". Das war ein beliebter Satz, den meine Kollegen sagten. Alle waren sehr beschäftigt und müde. Ich hatte mich damit abgefunden, dass es einen Kompromiss zwischen dem Geldverdienen und einer Tätigkeit geben musste, die von Leidenschaft bestimmt war. Ich war überzeugt, dass ich nur auf diese Weise Geld verdienen konnte. Es wurde mir so oft vorgeschlagen, mir von Kevin helfen zu lassen. Ich habe ihn ab und zu um Hilfe gebeten, und er hatte seine eigene Art, Dinge zu tun. Ich hatte das Gefühl, dass ich mich jedes Mal beschwerte oder wütend wurde, wenn ich darum bat. Ich konnte keinen anderen Weg sehen. Der Gedanke, dass ich ihn bitten könnte, die Wäsche zu waschen oder Lebensmittel einzukaufen, erschien mir viel schlimmer, als wenn ich darüber nachdachte, dass er es ”falsch” machen könnte, als wenn ich es selbst tun würde. Ich verbrachte das Wochenende damit, Besorgungen zu machen, weil ich dachte, dass es meine Chance war, weiterzukommen, damit die Woche reibungsloser verläuft. Wir planten Dinge, die wir unternehmen wollten, aber ich wollte am Sonntag immer früh zu Hause sein, weil ich Angst hatte, am Montagmorgen zu müde zu sein. Ich fühlte mich immer wie eine Spielverderberin, die am Sonntagnachmittag nirgendwo hingehen wollte. Die Zeit rannte mir immer davon. Ich war immer zu spät dran. Ich war berüchtigt dafür, dass ich nicht pünktlich sein konnte. Ich machte mir Sorgen, ob ich am Montag aufwachen würde, weil ich am Sonntagmorgen arbeiten musste. Es fiel mir schwer, den Sonntag zu genießen. Eines Tages merkte ich, dass ich einen ganzen Tag verlor. Nachdem ich mich hingesetzt und nachgedacht hatte, begann ich, Wege zu finden, weniger zu tun. Interessant ist, wie viel Stress es in mir auslöste, weniger zu tun. Ich hatte das Gefühl, dass ich meinen Wert verliere, wenn ich nicht beschäftigt bin. Ich kochte immer noch für meine Familie, wenn ich für den Tag wegging. Ich sagte ihnen, wo die Sachen im Kühlschrank waren, wenn ich das Haus verließ (OK, das mache ich immer noch). Das tat ich auch, wenn ich mit Freunden in den Urlaub fuhr. Ich hatte das Gefühl, dass es meine Aufgabe war, es ihnen leichter zu machen. Das habe ich getan. Ich begann zu erkennen, dass ich ihnen damit beibrachte, sich auf mich zu verlassen, um es zu schaffen. Als ich merkte, was ich tat, wurde mir klar, dass es für mich nicht einfacher war, so weiterzumachen, denn es funktionierte nicht. Durch diese Geschichte fühlte ich mich weder wertgeschätzt noch wertvoll. Ich begann, die Dinge zu ändern und erlaubte meiner Familie, zu reservieren oder Mahlzeiten zu bestellen. Wenn ich nicht kochen wollte, tat ich es nicht. Ich hörte auf zu fragen, ob ich mich mit einem Freund treffen konnte und teilte stattdessen mit, dass ich ausgehen würde. Ich gab mir die Erlaubnis, Dinge zu kaufen, die ich wollte.

Mir wurde auch klar, dass ich den Menschen in meinem Leben Liebe und Mitgefühl zugestehen musste, aber ich brauchte sie nicht zu reparieren. Letztendlich musste ich sie dafür verantwortlich machen, dass sie ihr Leben selbst in Ordnung bringen konnten. Ich musste den Situationen, die auf sie zukamen, erlauben, die Lehrer zu sein, für die sie bestimmt waren. Ich begann, einige Veränderungen in mir selbst zu erkennen. Ich fühlte mich von den Menschen um mich herum unterstützt. Ich konnte ein offenes Ohr haben.

Ich wusste nur, dass ich gestresst war und die Fähigkeit verlor, ein Jongleur zu sein. Ich fühlte mich wohl dabei, mich selbst auf die lange Bank zu schieben. Meine Familie hat sich nie die Zeit genommen, über all unsere Gefühle zu sprechen, sondern sie irgendwie weitergeschoben. Jede Bemerkung, die ich machte, wenn ich etwas tat, das ihnen nicht gefiel, fühlte sich an, als hätte ich versagt. Es war einfacher, die Schuld auf sich zu nehmen, anstatt zu sagen, dass ich nicht dafür verantwortlich gemacht oder beschuldigt werden würde, wenn die Dinge nicht gut liefen. Das war eine alte Geschichte, die für mich nicht funktionierte. Ich merkte, dass sie nicht funktionierte, aber ich wusste nicht, wie ich eine neue Geschichte entwickeln sollte. Ich wusste, dass ich meine Stimme und meine Bedürfnisse zum Schweigen bringen und meine Emotionen abschirmen musste. Es war einfacher, das alles zu tun, bis ich explodierte und mich dann dafür hasste, dass ich es verloren hatte! Die Wahrheit war, dass meine einfache, sichere Art, mit den Dingen umzugehen, nicht funktionierte! Ich musste einen anderen Weg finden.

Mir wurde klar, dass ich mich wegen meiner Angst, meiner verqueren Gefühle, meiner Unruhe und meiner Beklemmung unter Kontrolle halten musste. Ich war zu sehr mit mir selbst beschäftigt und lebte in Angst und mein Ego ließ mich tanzen und kreisen. Es war mir so vertraut wie der Soundtrack eines alten Films. Ich kannte es nur zu gut. Ich hatte unzählige Gespräche mit meinen Freunden, Trainern und natürlich mit mir selbst. Als ich es kommen sah, hatte ich das Gefühl, dass ich weglaufen musste. Das war genau der Ort, wo ich nicht hingehörte. Ich hatte so viel Angst, dass ich auf der Stelle treten würde. Also fürchtete ich mich, wenn ich an diesen Ort kam. Eines Tages sprach ich mit einer Trainerin und sie fragte: "Was glaubst du, was dir dieses Bedürfnis, dich zu überfordern, beibringt?" Mir blieb der Mund offen stehen und ich bat meine Geistführer, mir zu helfen, das herauszufinden. Ziemlich genau zwei Stunden später, um 15:33 Uhr, hörte ich einer Trainerin zu, die ich sehr schätze, und sie sagte, dass man in der Angst, sich vorwärts zu bewegen, zuerst ängstlich wird. Das erinnerte mich an meine Kinder. Immer, wenn sie etwas Neues vorhatten, wurden sie anhänglich oder melancholisch. Dann, nach ein paar Tagen, wuchsen sie. Mir wurde klar, dass immer dann, wenn wir daran arbeiten, uns vorwärts zu bewegen, die alten Geschichten auftauchen, die wir verwerfen müssen, damit wir diese Zeitlinien zerstören und eine neue Perspektive schaffen können. Die alten Geschichten dienen uns nicht mehr und die Auslöser dieser Geschichten dienen als Erinnerung an die Weisheit, die wir gewonnen haben. Wenn wir also ausgelöst werden, müssen wir unser Wachstum anerkennen und die Emotionen, die unser Ego empfindet, loslassen. Erfreue dich an der Weisheit, die wir gewonnen haben.

ETWAS ZUM NACHDENKEN

Wenn du an etwas Neuem arbeitest, fühlt sich das Neue aufregend an, aber dein Ego ist in Alarmbereitschaft, als ob du nicht gefragt hättest, ob es okay ist. Egal, ob du vor einem Publikum sprichst, einen Podcast machst, ein Buch schreibst oder einen alten Freund von früher anrufst, dein Ego drückt den Notfallknopf und erzeugt dieses ganze Szenario, das von Angstgefühlen bis hin zu einer ausgewachsenen Panikattacke alles sein kann.

Der Trick ist, deinem Ego zu sagen, dass es dir gut geht. Du willst es wirklich, und es sollte es aussitzen. Ich weiß, das mag seltsam klingen, aber wir müssen mit uns selbst reden und uns daran erinnern, dass wir es wirklich wollen. Schaffe dir eine neue, sichere Zone, in der du dich aufhalten kannst.

CHANNEL

Licht für die, die Wissen wollen
Zeig ihnen, wie sie rein sein können
Zeig ihnen, wer sie sein sollen
Eine Antwort auf deine Frage
Frag weniger
Hör auf deine Stimme
Weniger Rede
Und sei bereit, dich in das zu lehnen,
was du weißt Stell nicht in Frage,
was du sicher weißt
Erlaube deiner Stimme,
sich zu erheben
Sei wahr Wisse,
dass es das Wissen von vielen ist,
das dich dazu bringt, weniger zu erklären
Sei stolz und wahr Sieh, wer du bist
Und wisse, dass du genug bist
Beanspruche einen Platz des Wissens
Ein Wissender weiß nicht alles,
aber er nimmt das Wissen,
wenn es ihm angeboten wird Nimm,
was dir angeboten wird Leere Seelen
hören nicht Versuche nicht, etwas zu
fangen, das keine Fäden will Arbeite
weniger, sei Freude Umarme,

was du glaubst und weißt,
dass es wahr ist
Die Gegenwart in dir bringt
Frieden für alle, die deinem
Herzen nahe sind
Den Frieden, den du suchst,
gibt es nur im Inneren

AFFIRMATION

Ich bin würdig
Ich kann meine Wünsche manifestieren

INSPIRATION

Meditiere, damit die Möglichkeiten zu dir kommen

32

MENSCHEN SIND WIE ESSEN ZUM MITNEHMEN; AKZEPTIERE DIE MENSCHEN, WIE SIE SIND.

Wir alle bestehen aus einem Haufen von Zutaten. Hast du schon einmal in einem einfachen Imbiss in einem Einkaufszentrum Essen zum Mitnehmen geholt? Das ist nicht die Art von Restaurant mit Kellnern und Tischbedienung. Du wirfst einen Blick in das Fenster und siehst etwas auf der Speisekarte, das dich interessiert. Wenn sie nur ein paar kleine Änderungen vornehmen würden, könntest du deine Bestellung aufgeben. Du gehst also in ein kleines Restaurant, in dem es so gut duftet, dass dein Magen zu knurren beginnt. Die Schlange bewegt sich schnell und du bist aufgeregt, etwas Neues zu probieren. Die Leute sind freundlich. Alle scheinen mit den Besitzern zu plaudern. Du merkst, dass die Kunden das Essen lieben. Du stellst dich an den Anfang der Schlange und sagst: "Hallo, kann ich das Hühnchen-Spezial ohne Zwiebeln und Kohl haben und ist in der Soße MNG enthalten?" Sie schauen dich an, als hättest du zehn Köpfe, lächeln munter und antworten: "Tut uns leid, wir können unsere Speisekarte nicht ändern." Also gehst du einfach, ohne dir etwas vorzuwerfen, und suchst dir ein anderes Lokal, das das hat, was du suchst.

Warum können wir das also nicht mit Menschen tun? Wir treffen ständig Leute in der Öffentlichkeit und sagen im Gespräch, dass wir sie mögen, aber.... Wenn du dich mit jemandem triffst, lautet die Antwort: Er ist toll, aber.... Die Sache ist die, dass die Menschen genau wie die

Imbissbuden sind, die ich gerade beschrieben habe. Sie kommen so, wie sie sind. Ich habe in meinem Leben viel Zeit damit verbracht, zu denken, dass ich Menschen oder mich selbst ändern könnte, um mich ihren Bedürfnissen anzupassen. Beide Szenarien waren nicht gut! Bei dem einen hatte ich das Gefühl, dass ich nie ich selbst sein kann. Das andere ließ mich frustriert und verurteilend zurück. Im Laufe der Zeit kam ich zu dem Schluss, dass Menschen das sind, was sie dir zeigen. Wenn du aufmerksam bist, zuhörst und beobachtest, wirst du entdecken, wer sie sind. Du kannst versuchen, deinen Mann schick zu machen, aber wenn er sich selbst überlassen bleibt, sind die zu großen und alten Jeans und das T-Shirt mit dem Fleck immer noch seine Lieblingssachen. Die Frage ist: Kannst du damit leben? Wenn nicht, bist du es dir selbst schuldig, zu gehen. Er wird sich nicht ändern. Wenn du bei der Arbeit mit einer negativen, giftigen Person konfrontiert wirst, die dich ins Trudeln bringt und dich aus deinem Flow oder Schwung reißt. Vielleicht solltest du weniger Zeit mit ihr verbringen, weil sie so ist, wie sie ist. Ich denke, es ist wichtig, sich daran zu erinnern, weil ich auch so bin, wie ich bin. Ich möchte mit Menschen zusammen sein, die mit mir zusammen sein wollen, und nicht mit ihrem Idealbild von mir, wie ich sein sollte. Um das gut zu machen, müssen wir andere so sein lassen, wie sie sind. Es ist ein ernüchternder Gedanke, wenn ich darüber nachdenke, wie viel Zeit ich mit dem Versuch verschwendet habe, mich an die Sichtweise anderer anzupassen. Das führte nur dazu, dass ich jeden, dem ich begegnete, verurteilte. Nachdem ich jahrelang ungewollt die Zielscheibe des Urteils anderer Menschen war, beschloss ich, diesen Kreislauf zu beenden. Ich wollte nicht diese Person sein. Also trat ich einen Schritt zurück und erkannte, dass ich den Kreislauf des Verurteilens nur durchbrechen konnte, wenn ich aufhörte, andere zu verurteilen. Ich muss zugeben, dass das schwer war. Ich war es so gewohnt, die Kleidung anderer zu kritisieren oder die Art und Weise, wie meine Tochter den Tisch deckte. Ich begann einfach, die Frustration und den Schmerz loszulassen, die sich über die Jahre angesammelt hatten. Ich begann zu bemerken, wenn ich mit einer

Person zusammen war und mich gut fühlte und mich freute, mit ihr zusammen zu sein. Ich bemerkte und begann, die Menschen, bei denen ich das Gefühl hatte, nicht ich selbst sein zu können, auseinanderdriften zu lassen. Ich glaube, wenn wir Menschen nicht so akzeptieren können, wie sie sind, dann sind wir vielleicht nicht dazu bestimmt, Zeit mit ihnen zu verbringen.

CHANNEL

Im Geiste der Freundschaft
Akzeptanz ist kein Ort für Tauschgeschäfte
Kann Selbstakzeptanz eine Ware sein
Kann sie etwas sein,
das man eintauscht
Wie viele Opfer muss man
auf sich nehmen,
bevor man erkennt,
dass Akzeptanz keinen Preis hat
Die Geschichte, die du dir selbst erzählst,
ist die Art und Weise, wie du mehr in dein Leben lässt
Die Wahrheit ist, dass alles für dich da ist,
sobald du die Vorstellung zulässt,
dass du es wert bist
Das Bewusstsein kommt von Herzen,
aber es ist ein wahres Herz, das nach grenzenloser Liebe,
Glauben und Vertrauen sucht,
Aber es ist das wahre Herz,
das nach grenzenloser Liebe,
Glauben und Vertrauen strebt
Wenn wir hart arbeiten, setzen
wir unsere Masken auf und ziehen
unsere Rüstung an, um uns davor zu schützen,
verletzt und beschädigt zu werden

Ist es möglich, unter allen zu wandeln,
wenn dein Herz offen ist
und du weißt, dass der Schmerz,
den du erfahren wirst,
genau das ist, was wir fühlen müssen,
um die Emotionen loszulassen,
die wir mit geballten Fäusten festhalten,
um uns vor der Angst zu schützen, zu zeigen,
wer wir wirklich sind
Oh, aber wenn wir zulassen, dass diese Emotionen
offenbart werden, dann entdecken wir,
dass unsere
Herzen noch mehr akzeptieren
Wir entdecken, dass wir umso mehr
wir selbst sein können,
je mehr wir loslassen

AFFIRMATION

Ich bin, wer ich bin

INSPIRATION

Urteil

33

ICH BIN DAS BROT: JEDER IST DIE SUMME ALLER SEINER TEILE.

Wir sind nicht das Mehl, die Eier oder das Salz; wir sind die Mischung aus allen Zutaten, die das Brot ergibt.

Früher dachte ich, dass jeder Teil von mir für sich allein steht. Ich war auf der Suche nach meinem Wert und übersah dabei die Essenz, die ich bin. Ich bin nicht meine Haare oder meine Stimme. Ich bin nicht mein Aussehen oder meine Ideen. Ich bin all die Teile, die zusammenkommen. Als ich anfing, das zu erkennen, wurde mir klar, dass kein Teil den anderen überstrahlt. Alle meine Teile arbeiten harmonisch zusammen, damit ich ich sein kann. Wenn ich einen Teil als repräsentativ für mich beanspruchte, fühlte ich Disharmonie. Wenn wir anfangen zu erkennen, dass alles, was wir sind, genau die Summe von uns ist. Wenn die Dinge nicht im Gleichgewicht sind, können wir spüren, dass wir uns falsch ausgerichtet fühlen. Wenn ich also das Gefühl habe, dass etwas unklar ist oder ich negative Emotionen erlebe, gehe ich einen Schritt in mich und frage, ob diese Gefühle von mir stammen. Ich habe gelernt, dass ich, wenn ich mit Menschen zusammen bin, die ich liebe, ihre Gefühle sehr leicht aufnehmen kann. Wenn ich das spüre und es auffange, frage ich mich: Sind das meine Gefühle? Ich bin nicht mehr dafür verantwortlich, jemanden zu reparieren. Ich wusste nicht, dass ich das tue, bis ich es in der Beziehung mit meinem Mann bemerkte. Es erscheint mir so durchschaubar, ja sogar offensichtlich, aber bis ich mir meiner empathischen Natur bewusst wurde, nahm ich an, dass jeder das kann. Es gibt noch etwas, das ich gelernt habe. Wir haben die Fähigkeit, den Schmerz der Menschen um uns herum festzuhalten, besonders wenn wir empathisch sind. Situationen in deiner Vergangenheit, die dich noch immer mit anhaltendem Schmerz zu belasten scheinen, kommen daher, dass du nicht die Möglichkeit hattest, alle Gefühle zu untersuchen, die mit dieser Situation verbunden waren. Oftmals warst du nicht in der Lage, den Schmerz loszulassen. Erkenne die Weisheit, die du in dieser Situation gewonnen hast.

Ich wurde wieder daran erinnert, dass Situationen, die Konflikte verursachen, ein Spiegel der Gefühle sind, die in mir herumschwirren. Ich stehe in Verbindung mit den Situationen der Menschen in meinem Leben, die es mir ermöglichen, die Informationen zu entdecken, die ich brauche, um loszulassen und Gefühle aus meinem Leben zu befreien. Ich habe festgestellt, dass der gemeinsame Nenner in den meisten meiner Konflikte Mitgefühl und Liebe ist. Wenn ich merke, dass mein Ego in voller Alarmbereitschaft ist. Wenn ich eine Erfahrung mache, die mich auslöst, dann liegt das daran, dass ich mit Abwehrhaltung reagiere und meinem Ego erlaube, das Steuer in die Hand zu nehmen. Wenn ich mich in dieser Situation ertappe, bin ich immer wieder überrascht. Ich dachte, ich hätte das Problem gelöst. Ich dachte, ich hätte es hinter mir gelassen. Doch jetzt bin ich wieder ganz aufgeladen. Ich dachte immer, die Antwort sei, sich nicht aufzuregen, sich nicht so sehr zu stressen. Die Wahrheit ist, dass dort, wo Liebe und Leidenschaft leben, das Engagement für das Ergebnis für mich sowieso dazugehört. Ich habe auch erkannt, dass ich nicht authentisch bin, wenn ich mich in eine Situation begebe, in der ich einfach nicht gut reagiere. Die neue Fähigkeit, die ich mir angeeignet habe, besteht darin, mir den emotionalen Ausbruch zu verzeihen und herauszufinden, was ihn ausgelöst hat. Ich bitte meine Führer, mich an ihrer Weisheit teilhaben zu lassen. Ich suche den Rat des Universums und bitte um Anerkennung in einer Art und Weise, die ich verstehen kann. Die wichtigste Lektion ist, dass ich mir selbst für meine Reaktion vergebe und weiß, dass die Reaktion erfolgte, weil ich immer noch lerne. Ich weiß auch, dass hinter dem Kampf in mir selbst Weisheit steckt. Ich muss mich daran erinnern, dass ich das Bedürfnis nach einer Antwort und einer Lösung loslassen muss. Dass sie kommen wird.

Dieser Gedanke ist schwer zu fassen. Wie kann eine schmerzhafte Situation weise sein, oder? Alle Situationen, die sich uns in den Weg stellen, sind Lehrmeister.

Wir können auch an dem Schmerz, der Angst oder der Furcht festhalten, die zu deinen Eltern oder sogar deren Eltern gehören. Wenn wir anfangen, all diese Dinge anzuschauen und sie als möglich zu akzeptieren, können wir uns dem Gedanken hingeben, dass wir sie auch loslassen können.

CHANNEL

Was wäre,
wenn ich die Teile von mir akzeptiere,
die unsicher sind
Die Teile, die ich verurteile
Der Teil, in dem die Verwirrung wohnt
Wenn ich diesen Teil akzeptiere Nehme ich ihn unter meine Fittiche
Dann kann ich mich nicht mehr schämen
Ich kann wissen, dass es für mich mehr zu enthüllen gibt
Es ist ein Prozess der Akzeptanz
Wenn ich die Teile akzeptiere,
die ich vielleicht unsicher bin
Ich beanspruche mein ganzes
Ich
Und gebe mich der Idee hin, dass ich offen dafür bin,
dass mehr enthüllt wird

AFFIRMATION

Ich akzeptiere alle Teile von mir

INSPIRATION

Schmerzen durch Weisheit

34

Es gibt Bäcker und es gibt Köche.

Wir können das Wesen, das wir sind, nicht ändern, und das sollten wir auch nicht.

Solange ich mich erinnern kann, wusste ich, dass ich Dinge anders lerne. Ich bin ein multisensorischer Lerner. Das heißt, wenn ich etwas sehen, hören und anfassen kann, lerne ich besser. Ich konnte den Anweisungen in Brettspielen nie folgen. Ich habe immer nach Gefühl gehandelt. Ich habe immer meine Freunde gebeten, mir das Spiel zu erklären. Ich glaubte, das läge daran, dass ich nicht schlau genug war, um der Anleitung zu folgen. Andere Dinge schienen mir so leicht zu fallen - Naturwissenschaften und Geschichte waren mühelos. Ich verstand die Konzepte intuitiv. Backen war ein Albtraum! All das Abmessen! Ich kochte lieber und wenn ich sehen konnte, wie jemand ein Rezept zubereitet, war ich fein raus. Wenn ich jemals eine Anleitung lesen musste, um etwas zuzubereiten, schmiss ich die Anleitung weg und sah mir stattdessen das Bild an, um es herauszufinden.

Ich habe einen Fernsehtisch nicht nur einmal, sondern zweimal rückwärts zusammengebaut, weil ich glaubte, der Anleitung nicht folgen zu können. Ich habe nie verstanden, wie die Leute sie verstehen konnten. Andere haben nie verstanden, wie ich etwas ohne Anleitung zusammenbauen konnte. Es kam mir nie in den Sinn, dass sie sich genauso auf die Anleitung verließen, wie ich sie mied. Dreißig Jahre später fiel mir auf, wie unterschiedlich die Menschen arbeiten. Sogar mein Mann, der meiner Meinung nach einer der klügsten Menschen ist, die ich kenne, kam mit Anleitungen nicht zurecht. Mir wurde klar, dass das an unserer Veranlagung lag. Egal, welche Anweisungen ich bekomme, irgendetwas in mir will immer davon abweichen. Ich bin ein Querdenker. Das ist meine Art zu handeln. So bin ich nun mal.

Also wurde ich neugierig und bemerkte, dass manche Menschen eher zum freien Fluss neigen und andere die Organisation von Listen und Diagrammen brauchen. Ich nahm es auf die leichte Schulter, aber ich merkte, dass ich mich umso mehr vor konkreten Strategien fürchtete, je mehr ich meiner Intuition vertraute und je mehr ich mich in dem Moment auf meine intuitive Weisheit stützen wollte. Wenn ich das Gefühl hatte, Informationen herunterzuladen, begann ich, mich ihnen hinzugeben und der Weisheit zu vertrauen, die ich erhielt. Ich begann, meinen Führern Fragen zu stellen und wartete auf ihre Antworten. Ich begann, überall Informationen wahrzunehmen. Ich begann, sie zu sehen und diese Zeichen als Zeichen des Universums zu nutzen, um weiter zu vertrauen, zu fragen und offen zu sein, um zu empfangen. Ich musste daran denken, wie Köche und Köchinnen Aromen und Techniken kombinieren, um ihre Meisterwerke zu schaffen. Bäcker/innen neigen dazu, sich an Rezepte zu halten und sind sehr darauf bedacht, präzise zu sein. Es ist die Präzision, die sie gedeihen lässt.

Ob du nun Koch oder Bäcker bist, es gibt einen Prozess, dem du folgst, und deine angeborene Intuition leitet dich dabei. Die große Veränderung kommt dann, wenn der Koch die Prinzipien des Bäckers übernimmt und der Bäcker das "Out-of-the-Box"-Denken anwendet. Wenn wir uns von der Stärke dessen leiten lassen, wo wir uns nicht wohlfühlen, können wir uns erweitern und wachsen.

Ich weiß, dass ich ein unkonventioneller Denker bin. Ich neige dazu, mir meinen Weg durch die Dinge zu fühlen, anstatt die Anweisungen schwarz auf weiß zu lesen. So bin ich nun mal. Egal, welche Richtung mir vorgegeben wird, irgendetwas in mir will immer davon abweichen. Ich wusste schon immer, dass ich so vorgehen würde.

Finde die Räume in der Stille, um deinen Herzschlag zu hören. Lass dich vom Klang beruhigen. Nimm dir Momente in deinem Tag, um innezuhalten, zu atmen und einfach zu sein. Zeit für dich zu investieren ist eine Investition, die sich in allem, was du tust, multipliziert. Zeit für sich selbst zu schenken, scheint nachsichtig zu sein. Nur zu, gönne es dir; du bist es wert!

WERTVOLLE LEARNINGS

Es gibt diejenigen, die Präzision und Regeln brauchen und die Parameter brauchen, um die Welt zu verstehen. Dann gibt es diejenigen, die unkonventionell denken. Die Menschen, die ohne Rezept kochen. Sie streuen und fügen hinzu, was sie für nötig halten. Sie erschaffen Dinge im Moment. Beide sind wunderschön. Welches von beiden bist du? Wenn du dir das eingestehst, kannst du Frieden mit deinem Wesen schließen. Es ist nicht besser, das eine oder das andere zu sein. Beobachte einfach, wer du bist, und sieh, wo du dich erweitern kannst, indem du eine andere Perspektive einnimmst. Empfangen ist eine komische Sache. Ich wollte Informationen, aber zuerst musste ich an meinem persönlichen Wachstum arbeiten. Ich musste mich darauf konzentrieren, meine Wertschätzung für mich selbst zu steigern. Daran zu glauben, dass ich einen Wert habe. In mich selbst zu vertrauen. Das ist ein Prozess, und mit jedem Schritt gewann ich ein besseres Verständnis von Vertrauen und Glauben an mich selbst. Es fing damit an, dass ich meine Selbsteinschätzung änderte.

CHANNEL

Leg die Geschichte, die du gelernt hast,
beiseite und nimm eine neue Perspektive ein
Es braucht Weisheit, um zu wissen,
dass du mehr gewinnen kannst,
wenn du alle Seiten der Geschichte siehst
Selbst wenn du denkst, dass du schon alles gesehen hast,

schau noch einmal hin
Wie kannst du sehen, was dein Verstand nicht sehen kann In deinem Leben
begegnest du der Geschichte immer wieder
Der Grund dafür ist, dass du in diesem Wachstum wächst und sich deine
Fähigkeit, Informationen zu ernten, verändert.
Sieh dir die Seiten ohne dein Ego an,
ohne dich um ein Urteil zu sorgen, mit der Angst,
nicht akzeptiert zu werden Sieh die Geschichte um die Weisheit,
die du jetzt sehen kannst Urteile nicht über deine Unfähigkeit,
sie nicht schon früher gesehen zu haben
Es war nicht deine Zeit Sieh sie dir neu an
Nimm die Weisheit auf, die du jetzt gewinnen kannst,
da du innerlich gewachsen bist
Sieh die Ganzheit der Geschichte
Sieh, wie du ohne die Geschichte vielleicht nicht
gewachsen wärst
Triff die Entscheidungen, die du getroffen hast
Jetzt ist es an der Zeit, eine neue Perspektive einzunehmen
Nutze die Energie, um dich in ein neues Verständnis zu katapultieren
Eine neue Wahrheit Eine neue Wertschätzung für dich

AFFIRMATION

Ich kann mir selbst vertrauen

INSPIRATION

Zurücksetzen

35

DIE LIEBE BIRGT UNENDLICH VIELE MÖGLICHKEITEN.

Reichtum sollte keine Grenzen haben.

Ich weiß noch, als ich meinen Sohn bekam. Ich habe meinem eigenen Instinkt nicht getraut. Ich dachte, ich sollte Experten fragen und auf sie hören. All die Informationen, die ich aus Büchern, Artikeln und den Vorschlägen der Nachbarn erhielt, waren überwältigend. Die Kommentare waren endlos, und ich hörte sie alle. In den ersten Tagen meiner Mutterschaft hatte ich das Gefühl, dass ich nicht wusste, wie. Je mehr sie mir sagten, ich solle meinen Sohn weinen lassen, ihn nicht so oft in den Arm nehmen, desto weniger fühlte sich das in meiner Seele richtig an. Alles, was ich wusste, war, dass er zufrieden war, wenn er weinte und wenn ich ihn in meinen Hausmantel eingewickelt an mich drückte. Ich weiß noch, dass ich dachte, wie kann es schädlich sein, ein weinendes Baby zu halten. Mein Instinkt sagte mir, dass er ein Baby war. Ich weiß noch, wie ich mit meiner Schwiegermutter darüber sprach. Sie sagte: ”Sie sind nur einmal so klein”, als wollte sie sagen, genieße ihn und mach dir keine Sorgen. Meine Schwiegermutter Julia war so eine weise Frau; wenn man ihr das gesagt hätte, hätte sie widersprochen und gelacht. Sie wurde erst spät in ihrem Leben Mutter. Es gab eine Zeit, in der sie dachte, dass dieser Traum niemals wahr werden würde. Sie war eine Überlebende des Holocausts. Sie sprach nicht über ihre Erfahrungen, aber es war leicht zu erkennen, wie sie sich entschied zu leben. Sie kümmerte sich liebevoll um ihre Kinder, und es machte ihr

Freude, das zu tun. Sie sagte mir oft, ich solle loslassen, dass alles perfekt sein muss. Das Chaos macht das Leben aus. Sie sagte: "Wenn die Dinge zu perfekt sind, bedeutet das, dass es kein Leben gibt." Ich verankerte mich an diesen Worten, als ich sah, wie sich die Spielsachen in meiner Wohnung stapelten und Schuhe und Mäntel auf jeder Oberfläche in der Wohnung hingen. Ich atmete tief durch und erinnerte mich an ihre Worte. Wenn mich das Durcheinander aufregte, musste ich mich daran erinnern, dass das Leben stattfand und das Chaos nur das äußere Ergebnis davon war. Stattdessen war es durcheinander und chaotisch. Ihre Worte halfen mir, mich daran zu erinnern, dass ein gutes Leben ein Leben ist, das ein Chaos hat. Ich gebe zu, dass ich aufgeräumt habe und mich manchmal darüber geärgert habe, wie schnell es immer wieder zum Chaos wurde. Jetzt sind meine Kinder erwachsen und es gibt kein Spielzeug mehr in meinem Haus. Ich sehe immer noch Unordnung in meinem Haus und muss mich daran erinnern, dass Unordnung ein Symbol für Leben ist und dass mein Haus bewohnt ist. Der Versuch, das Äußere zu kontrollieren, bedeutet normalerweise, dass ich mir nicht die Zeit genommen habe, mich selbst mit dem Geschenk der Zeit zu ehren. Ich habe immer wieder gelernt, dass das Ergebnis innerer Unruhe ist, wenn ich zu viele Dinge erledigen muss und mir keine Zeit zum Atmen nehme. Plötzlich füllen jedes Geräusch, jeder Staubhase und jede Tasse meine Sicht soweit aus, dass ich nichts anderes mehr sehen kann. Ich habe einen Werkzeugkasten mit Dingen, die mir helfen, meine innere Göttin wiederzufinden. Du denkst jetzt vielleicht, dass Zeit für mich selbst zu Fülle und Liebe führt. Die Sache ist die: Wenn wir immer nur an andere geben, aber nicht an uns selbst, sind wir immer in Aktion. Als ich anfing, mich dem Gedanken hinzugeben, dass ich empfangen kann und soll, hat sich mein Selbstverständnis verändert. Meine Beziehung zu meinem Selbstverständnis änderte sich. Ich musste bereit sein, mich genauso wertvoll zu sehen wie die Menschen, denen ich gebe. Als ich anfing, mich darauf einzulassen, merkte ich, dass ich in jedem Bereich meines Lebens etwas bekam.

WERTVOLLE LEARNINGS

Was packst du in deinen Werkzeugkasten? Zunächst einmal muss es nicht unbedingt eine Kiste sein, die du in der Hand halten kannst. Es ist eine Box, die du auflisten kannst. Ich habe im Laufe der Jahre Dinge gesammelt, und ich habe alles in meiner Box, von der Maniküre bis zum Ausziehen meiner Schuhe und dem Stehen im Gras. Du kultivierst dich, indem du darauf achtest, was du tust, was sich für deine Seele gut anfühlt. Es ist ein Raum, den du schaffen kannst, in dem du dich verbunden und frei von Sorgen und dem Bedürfnis, etwas zu tun, fühlst. In meinem Werkzeugkasten habe ich Dinge, die Momente wie drei klärende Atemzüge oder eine Fahrt ans Meer ausmachen. Du weißt, dass es das Richtige für dich ist, wenn du in der Lage bist, Gelassenheit und Verbindung zu dir selbst zu finden. Viele Menschen haben das Gefühl, dass sie in einem Raum sein müssen, in dem ihr Geist ruhig ist. Ich sage, lass die Stimmen herein. Lass deinen Gedanken freien Lauf. Schau, welche Gedanken an die Oberfläche kommen. Einige meiner besten Ideen entstehen, wenn ich mich dieser Praxis hingebe. Ich habe festgestellt, dass ich dann meinem Gehirn Zeit gebe, sich auszuruhen. Ich bin dann in der Lage, Informationen zu empfangen. Im Laufe der Jahre habe ich festgestellt, dass es mir immer leichter fällt, in diesen Geisteszustand zu schlüpfen. Ich weiß auch, dass ich Informationen von meinem höheren Selbst erhalte. Diese Verbindung fühlt sich so grundlegend an, wie ich jetzt arbeite. Am Anfang war es eher zielgerichtet. Überfluss ist kein Ziel, sondern ein Geisteszustand.

CHANNEL

Ist es möglich, so weit mit sich selbst zu gehen,
dass die Zeit zu verfliegen scheint
und du dich im Moment wiederfindest.
Die Reinheit des Augenblicks
fühlt sich an wie ein Zuhause.
Es heißt dich willkommen und lädt dich ein,

eine Weile zu bleiben.
Deinen eigenen Gedanken und
Ideen zu lauschen oder einfach nur zu atmen.
Diese Praxis ist verjüngend,
aber wir zögern sie hinaus.
Unsere Fähigkeit, innezuhalten,
anzuhalten und zu atmen, wird mit
dem verglichen, was die Welt tut.
Das zu tun, was wir davon halten, stärkt uns.
Was wäre, wenn das unser Verderben wäre?
In einem Moment der Zeit einfach nur
in der Akzeptanz unserer selbst zu sein.

AFFIRMATION

Ich habe einen Wert, den ich erhalten kann

INSPIRATION

Reichtum und Liebe

36

GESPRÄCHE BEIM ABENDESSEN SIND DER SCHLÜSSEL ZU FAMILIÄREN VERBINDUNGEN.

Es ist das, was wir jeden Tag tun, das Verbindungen schafft.

Als wir unsere Familie gründeten, war es fast unmöglich, mit meinem Mann eine Mahlzeit einzunehmen. Es fühlte sich an, als wären wir auf eine Zeitschaltuhr angewiesen. Schon nach wenigen Sekunden beschwerte sich mein Sohn und wollte gehalten werden. Wir entdeckten früh, dass die beste Art, Zeit allein zu verbringen, ein Picknick im Auto war, während mein Sohn in seinem Autositz schlief. Das wurde zu unserer Lieblingsbeschäftigung: Wir fuhren lange Autofahrten, um meinen Sohn zum Schlafen zu bringen, und suchten uns einen schönen Platz, wo wir Musik hören und im Auto essen konnten. Es machte so viel Spaß, diese Abenteuer zu erleben. Drei Jahre später, als meine Tochter geboren wurde, versuchten wir, diese Strategie fortzusetzen, um uns etwas Zeit für uns selbst zu schaffen, aber das hielt nicht lange an. Also versuchten wir, gleich zu Beginn auszugehen. Es war eine Katastrophe. Mein Sohn konnte nie lange genug sitzen, um über die Vorspeisen hinauszukommen. Ich erinnere mich, dass ich im Urlaub alleine saß, während mein Mann mit meinem Sohn draußen spielte. Also hielten wir eine Weile an und aßen zu Hause. Ich stellte fest, dass er, wenn wir zu Hause am Tisch saßen, bei uns sitzen, unser Essen probieren und unter unseren Füßen spielen wollte; er konnte einfach nicht sitzen. So hektisch Familienessen auch sein können, so reichhaltig ist die Verbindung, die entsteht, wenn alle am Tisch sitzen. Sogar in ihren Teenagerjahren, als mein Sohn am liebsten jeden Abend etwas zum Mitnehmen bestellt hätte, haben wir immer noch Familienessen veranstaltet. Die Gespräche waren manchmal etwas steif, aber wir haben sie trotzdem weitergeführt. Ich hatte schon immer das Gefühl, dass beim Abendessen Verbindungen entstehen. Die Familienessen wurden für eine Weile aus dem Haus verlegt, denn so hatten wir Zeit, uns zu unterhalten, anstatt zu kochen und zu putzen. Das schuf eine stressfreie Atmosphäre. Jeder bekam, was er essen wollte, und wir konnten zusammen sein. Wir haben es immer wieder versucht und schließlich haben wir die Teenagerjahre hinter uns gelassen. Während des Studiums war das Abendessen eine schnelle Anlaufstelle und wir sprachen über Filme, Musik und Reisen. Es wurde einfacher auszugehen und wir wurden irgendwie zu einer Gruppe und fingen an, uns alle zu amüsieren. Manchmal gab es Konflikte, aber rückblickend bin ich froh, dass beide gelernt haben, ihren Gefühlen Luft zu machen. Die Wahrheit ist, dass unsere Familie die Spielwiese ist, um zu lernen, wie man sich in einer Gruppe verhält. Wie man seine Gefühle mitteilen kann, ohne jemand anderen zu verletzen. Wie man sich an jemanden anlehnt, wenn man es braucht, und wie man um Freiraum bittet. Es gab Zeiten, in denen ich das Gefühl hatte, dass wir niemals harmonisch sein würden. Ich widmete mein Yoga jeden Tag der Harmonie in meiner Familie. Eines Tages machte ich Yoga und als ich darüber nachdachte, welchem Ziel ich meine Praxis widmen wollte, wurde mir klar, dass wir Harmonie hatten. Ein breites Lächeln breitete sich auf meinen Lippen aus. Ich kann dir sagen, dass mein Mann und ich sehr stolz auf unsere Familie sind; sie bedeutet uns so viel. Sie sind so, wie sie sind, weil sie ihre einzigartige Fähigkeit zum Ausdruck bringen, wer sie sind. Wir haben einfach daran festgehalten. Wir akzeptieren uns gegenseitig, auch wenn es Dinge gibt, die uns beide verrückt machen. Das Tolle daran ist, dass wir immer noch zusammenkommen. Mein Mann sagt, er fühle sich wie ein reicher Mann, wenn er mit seiner Familie zum Essen gehen kann. Es macht ihm so viel Freude. In den letzten Jahren haben wir zusammen Urlaub gemacht, und das sind einige meiner schönsten Erinnerungen. Aus dem gemeinsamen Mittagessen, das mein Mann vor dreiunddreißig

Jahren ins Leben gerufen hat, ist inzwischen so viel mehr geworden. Wir haben uns alle weiterentwickelt, einzeln und gemeinsam. Die Dynamik in meiner Familie ist nicht so einzigartig. Ich weiß, dass es Millionen von Familien gibt, denen es genauso geht. Ich denke darüber nach, weil mir klar wurde, dass es der Wunsch meines Mannes und meines Herzens war, einen Raum der Einheit zu schaffen. Es ist eine Vision, die wir in unseren Herzen tragen. Du musst diese Vision mit Liebe hegen und pflegen und an sie glauben. Du siehst das Ergebnis in deinem Geist so, wie du es dir wünschst. Ich habe die Erfahrung gemacht, dass es, wenn es eintritt, noch besser ist, als du es dir vorstellen konntest.

WERTVOLLE LEARNINGS

Wenn wir einen Wunsch oder einen Traum haben, behalten wir ihn für uns. Wir haben Angst, sie auszusprechen, als würden sie nicht wahr werden, wenn wir sie laut aussprechen. Ich habe gelernt, sie aufzuschreiben. Ich sage es mir selbst und dann gehe ich ein paar Schritte weiter. Ich erschaffe eine Vision.

So geht's.

1. Suche dir einen bequemen Stuhl.
2. Nimm fünf Atemzüge, spüre, wie sich dein Bauch mit Luft füllt und achte dann auf die Luft, die über deine Lippen entweicht.
3. Finde mit dem letzten Atemzug die Verbindung zu deiner Intuition und deinem Herzen.
4. Denke an einen Wunsch, den du hast.
5. Erstelle die gesamte Vision:
   Wer ist da?
   Was machst du da?
   Wo bist du?
   Wie geht es dir?
   Halte dieses Gefühl in deinem Kopf und in deinem Herzen fest.

6. Wiederhole diese Schritte so oft wie möglich, um die Energie herbeizurufen und die Vision zu erschaffen.

Ich wusste, dass es Jahre dauern würde, meine Vision zu verwirklichen. Ich habe diese Vision immer dann erschaffen, wenn ich Yoga gemacht habe. Das habe ich auch mit anderen Ideen gemacht, sogar mit diesem Buch. Das hat mir sehr geholfen und mir die Möglichkeit gegeben, die Energie anzuziehen, um das Ergebnis zu erreichen. Wenn du darauf vertraust, dass deine Ideen Energie haben und der Glaube an sie eine Vorwärtsdynamik erzeugt, kannst du die Zeit aufgeben und einfach wissen, dass sie kommen wird.

CHANNEL

Halte die Energie in deinem Herzen, Kleines
Lass dich von der Energie wärmen und deine Wünsche wecken
Du bist derjenige, der sie herbeiruft
Bring das hervor,
was du dir mit deinem Herzenswunsch wünschst
Nimm es mit Liebe und Vertrauen auf
Wenn die Dinge düster sind Fang neu an
Halte deine Vision nahe bei dir und erlaube ihr, zu fliegen
Gib dich der Absicht hin
Hab Vertrauen und Glauben,
dass es geschehen wird

AFFIRMATION

Ich kann meine Zukunft gestalten

INSPIRATION

Erfülle deine Seele

37

DER QUERDENKER MACHT SICH DIE ZWISCHENTÖNE DER WELT ZU NUTZE.

Wenn du durch Handeln lernst, dann weißt du, dass Erfahrungen dein größter Lehrmeister sind.

Ich habe einige Zeit damit verbracht, meinen Wert auf das zu stützen, was ich in der Schule und im Unterricht gelernt habe. Wenn du darüber nachdenkst, wie wir traditionell lernen, bleibt wenig Zeit für jemanden, sich auf das zu stützen, was er *weiß*, im Gegensatz zu dem, was er *gelernt* hat. Es ist weise, ein aktiver Beobachter zu sein. Als wir jung waren, haben wir unsere Eltern, Geschwister, Lehrer und Freunde beobachtet. Der größte Teil des Bildungssystems basiert auf der Beobachterrolle. Viele von uns brauchen aber mehr, wir müssen auch aktiv mitmachen können. Ich war eines dieser Kinder. Ich war immer besser, wenn ich jemandem dabei zusehen konnte, während er es erklärte. Du kannst dir also vorstellen, dass ich und Millionen anderer Menschen YouTube sehr schätzten, als es aufkam.

Es gibt auch Menschen, die auf viele verschiedene Arten lernen. Diejenigen, die einen neuen Weg finden, eine alltägliche Aufgabe zu erledigen oder einen einfachen Trick, um ein Problem zu lösen, sehen die Dinge mit anderen Augen. Als ich diesen Weg einschlug, um meine Intuition zu entwickeln, merkte ich schnell, dass sich die Art und Weise, wie ich die Dinge um mich herum wahrnahm, veränderte. Ich sah die Dinge um mich herum als eine Möglichkeit, Informationen aus dem

Universum zu erhalten. Probleme geschahen für mich, nicht "für mich". Es war meine Entscheidung, ob ich sie als Nachricht oder als Ärgernis ansah. Das war nicht immer leicht zu erkennen, denn viele Situationen, die schmerzhaft und ärgerlich sind, lassen sich nur schwer als Geschenk begreifen. Die Wahrheit ist, dass alle Situationen es uns ermöglichen, unsere Widerstandsfähigkeit zu stärken und zurückzublicken und zu wissen, dass wir in der Lage waren, durchzuhalten. Es ist schwieriger, die schmerzhaften Situationen als Geschenk zu betrachten, aber aus ihnen lernen wir in der Regel die besten Lektionen. Ich habe meinen Kindern immer gesagt, dass sie auf das achten sollen, was sie nicht mögen, aber auch auf die Dinge, die sie von Natur aus gut können. Ich war immer der Meinung, dass man seinen Lebensweg mit etwas beginnen sollte, das einem Freude bereitet.

CHANNEL

Sei alles, was du zulässt
Bringe Mitgefühl und Liebe ein
Sieh alles, was ist
Sieh alles, was du erschaffst
Wisse, dass es deine Hand ist, die alles vermischt
Wisse, dass deine Gaben und deine Schönheit allen erlauben,
ihre Herzen zu öffnen Verkünde, was in dir ist

AFFIRMATION

Ich kann die Weisheit entdecken

INSPIRATION

Akzeptanz

38

Ein Gedanke ist nur ein Gedanke, bis du deine Stimme dahinter setzt.

Schalte die Stimmen von außen aus und gehe einfach weiter. Ich hörte Stimmen in der Stille, als hätte jemand so lange meinen persönlichen Radiosender in meinem Kopf angeschaltet. Sie verhöhnten mich mehr, als dass sie mich beruhigten. Wenn ich still war oder während ich lief, tanzte und sogar duschte. Manchmal fürchtete ich mich davor, weil ich nicht wusste, wie ich sie abstellen sollte. Ich erzählte weder meiner Familie noch meinen Freunden davon. Ich wusste nicht, was ich dazu sagen sollte.

Wenn ich an einer geführten Meditation teilnahm, konnte ich mich auf die Stimme des Leiters konzentrieren und die Stimmen in meinem Kopf ausblenden. Ich empfand diese Stimmen als störend und wünschte, ich wüsste mehr. Meistens war es ein Satz, aber manchmal war es auch ein Gedanke oder eine Gedankenfolge. Als ich unser erstes Kind bekam, wurden die Stimmen viel lauter. Eines Tages fuhr ich zu einer Freundin, um mich zum Spielen zu treffen. Mein Sohn war sicher in seinem Kindersitz, und ich hörte eine Stimme in meinem Kopf, die deutlich sagte: "Rutsch rüber", während ich auf der mittleren Spur der Autobahn fuhr. Ich warf einen Blick in den Rückspiegel. Ich war dankbar, dass kein Verkehr herrschte und wechselte schnell die Fahrspur. Wir waren in Sicherheit. Im nächsten Moment hörte ich das Geräusch, das mich davon überzeugte, wie verbunden ich wirklich war. Das Auto neben mir bremste plötzlich und ich erkannte, dass das Auto außer Kontrolle geraten war, weil ein Haufen Pfennige auf seine Windschutzscheibe geworfen worden war. In diesem Moment wusste ich zwei Dinge: dass die Stimme, die ich hörte, echt war und dass sie auf mich aufpasste. Ich begann zu reden, in der Hoffnung, die Stimme zurückzubringen, und wünschte mir, sie würde kommen und mir etwas Weisheit mitteilen. Die Stimme kam und ging wahllos. Sechsundzwanzig Jahre lang hatte ich nicht den Mut zu verstehen, wer zu mir sprach und wie ich mich mit der Stimme verbinden konnte.

Irgendwann hatte ich den Mut, meinem Mann und meinen Kindern davon zu erzählen und sie machten sich nicht viel daraus. Sie taten es als einen Tagtraum ab. In meinem Bauch wusste ich, dass es etwas Größeres war. Dennoch war es für mich einfacher, das Gleiche zu tun. So konnte ich meine Wahrheit verbergen. Es war einfacher, es für einen Tagtraum zu halten. Ich habe es nicht weiter verfolgt. Ich hielt es für eine Marotte, etwas Seltsames. Die Nachrichten hingegen kamen immer wieder. Ich ahnte, dass es um mehr ging, aber ich hatte immer noch nicht die Lust, mehr zu erfahren. Ich schob es weg. Ich hatte das Bedürfnis, meinen Mann davon zu überzeugen, dass es mehr war, aber er war nicht bereit, daran zu glauben. Ich war von all dem fasziniert. Ich sah mir Reality-Shows mit Medien an und liebte jeden Moment. Ich war von all dem fasziniert. Ich konnte mich nicht mit der Idee identifizieren, dass ich ein Medium bin. Ich konnte die Menschen nicht sehen oder hören, wann immer ich wollte. Dann war ich eines Tages bei meiner Schwester zu Hause. Wir tranken gerade eine Tasse Tee. Meine Schwester wusste, dass ich diese Stimmen hörte. Sie bat mich, ein Armband von einer Freundin zu halten. Als ich das tat, bekam ich einen Strom von Informationen. Sie war so überrascht und aufgeregt, dass ich merkte, dass ich mich mit der Energie ihrer Freundin verband.

Ich war aufgeregt, wusste aber nicht, wie oder was ich als Nächstes tun sollte, aber im nächsten Moment erhielt ich die Information, dass dieser Freund nicht mehr hier war. Es gab Informationen über ein Boot und dass seine Tochter mit ihrem Mann und ihrem Baby darauf sein würde. Die andere Tochter war auch bei jemandem. Meine Schwester und andere waren auf diesem Boot. Als ich ihr diese Information mitteilte, sagte sie: "Oh, er will, dass seine Asche in sechs Monaten verstreut wird, wenn wir eine Bootsfahrt zur Feier des Lebens machen."

Sie wusste es nicht, war aber nicht überrascht, dass seine Tochter schwanger war. Ich war überrascht, dass ich das tun konnte. Trotzdem hatte ich das Gefühl, dass ich kein Medium war. In den nächsten Jahren ereigneten sich mehrere Ereignisse, die mich dazu brachten, das zu überdenken, was ich war. Ich fühlte mich immer mit den Familien verbunden, mit denen ich als Sprachpathologe arbeitete. Ich habe nie eine berufliche Beziehung mit einer persönlichen verwechselt.

Es gibt Zeiten, in denen ich Menschen treffe und einfach eine Verbindung habe. Diese Familie lernte ich in der Sprachtherapie kennen. Als ich dort war, sprachen die Mutter und ich über ihre Tochter und über Dinge, die sie zu Hause üben kann, um ihrer Tochter zu helfen, mehr Wörter zu benutzen. Ich hörte eine Stimme. Ich hatte das Gefühl, dass es ihre Großmutter war. Es war nicht angebracht, dass ich das während der Sprechstunde ansprach. Ich war so unzufrieden mit der Sache. Es fühlte sich so unprofessionell an, dies mit einem Elternteil zu besprechen. Ich wusste nicht, was ich tun sollte, aber es passierte immer wieder, während ich dort war. Nachdem ich es mir in den Kopf gesetzt hatte, rief ich sie an und fragte sie, wie sie über Medien und intuitive Menschen denkt. Sie erzählte, dass sie diese Shows gerne anschaut und selbst schon viele besucht hat. Ich konnte ihre Aufregung spüren. Ihre Augen leuchteten auf, als sie sprach, aber ihre Stimme war liebevoll, als sie von ihren vergangenen Erfahrungen mit dem Medium erzählte. Sie fühlte sich so glücklich, die Gegenwart ihrer Großmutter zu spüren. Sie erklärte mir, wie ihre Haut kribbelt, wenn sie ihre Gegenwart um sich herum spürt. Ich beschloss, ihr zu sagen, dass ich eine Botschaft erhalten hatte und fragte sie, ob sie wissen wolle, was ich gehört hatte. Sie war ganz begeistert. Ich kam dreimal pro Woche zu ihr nach Hause und blieb meist länger und erzählte ihr von den Botschaften, die ich erhalten hatte. Ich sagte, dass *ich nicht wüsste, wie ich das gemacht habe, was ich gemacht habe.* Das war alles noch sehr neu für mich. Sie ermutigte

mich so sehr, das Thema weiterzuverfolgen. Sie war die erste Person
außerhalb meiner Familie, mit der ich meine intuitiven Gaben teilte.
Ihr Glaube an mich bedeutete mir so viel. Die Botschaften hatten für sie
eine Bedeutung. Sie war so begeistert, dass ihre Großmutter durch mich
mit ihr verbunden war. Sie hatte das Gefühl, dass sie in der Nähe war,
aber sie wusste nicht, wie sie Informationen von ihr erhalten konnte.
Von da an erhielt ich Informationen, wann immer ich in ihrer Nähe war.
Sie liebte sie und es brachte ihr so viel Trost und Freude, Informationen
zu erhalten. Einige Monate später spürte ich, dass sie schwanger war.
Ich hatte das Gefühl, dass es ein Junge sein würde. Ihre Großmutter
bestätigte das und sagte, dass er Persönlichkeitsmerkmale wie ihr Vater
haben würde. Ich sagte ihren Geburtstermin voraus. Je mehr ich mit ihr
teilte, desto mehr Informationen konnte ich weitergeben. Ich teilte auch
Informationen mit, die ich gerade fühlte. Ich erhielt Informationen, die
es ihr ermöglichten, ein florierendes Unternehmen zu gründen, das auch
heute noch expandiert. Es war das erste Mal, dass ich transparent über
meine Gaben gesprochen habe. Es bedeutete mir so viel, dass ich ihr
Informationen vermitteln konnte. Ich wusste nicht, wie ich es gemacht
hatte, aber ich wusste, dass die Informationen, die ich für sie gechannelt
hatte, um sie ihrer Großmutter mitzuteilen, echt waren, und sie ermutigte
mich, dieser Gabe nachzugehen. Ich wusste, dass ich das musste.

Wir sind immer noch in Kontakt, und sie ist begabt und intuitiv.
Es ist erstaunlich, dass ich die Möglichkeit habe, sie auf ihrem Weg zu
unterstützen, ihre intuitiven Gaben zu nutzen.

Ich konnte es nicht einfach auf Sparflamme köcheln lassen. Ich
wusste nicht wie! Ich war neugierig und wollte unbedingt mehr erfahren.
Die Angst vor dem, was ich aufdecken würde, hielt mich fest. Irgendwie
wusste ich, dass sich mein Leben grundlegend ändern würde, sobald
ich damit anfing. Es würde die Art und Weise verändern, wie ich die
Dinge wahrnehme. Ich war so besorgt, dass ich den Stein ins Rollen
bringen könnte. Es war einfacher, alles so zu lassen, wie es war. Ich wurde
immer unausgeglichener, konnte nicht schlafen, hatte Magenprobleme,
Nacken- und Hinterkopfschmerzen und Kopfweh. Ich war überzeugt,

dass ich in der Perimenopause war. Ich war emotional und nervös. Eines Abends kochte ich mir gerade eine Tasse Tee und hörte die Stimme meiner Schwiegermutter: "Es ist in der Kaffeetasse."

Ich habe es mehrere Male hintereinander gehört. Ich weiß nicht, wie ich auf die Idee kam, in den Keller zu gehen, aber ich tat es. Ich hörte immer wieder die Botschaft "in der Tasse weiße Tasse". Ich nahm meinen Schrank auseinander und fand unter einer weißen Kaffeetasse ein geschwärztes Armband. Ich polierte es ab. Ich erinnerte mich an dieses Armband, das ich gekauft hatte, als meine Schwiegermutter in ihren letzten Tagen war. Sie sagte mir, was ich besorgen sollte und ich besorgte dieses Armband für meinen Sohn und einen Herzanhänger für meine Tochter. Beide hatten die gleiche Aufschrift: "In aller Liebe, Oma". Ich fing an zu weinen. Ich konnte nicht glauben, dass sie mit mir gesprochen hatte. Sie sprach von Zeit zu Zeit mit mir, um meinem Mann auf Jiddisch zu sagen, dass sie ihn liebt. Dieses Mal war es anders. Ich rannte nach oben, erzählte meinem Mann die Geschichte und zeigte ihm das Armband. Seine Augen weiteten sich, und er war sprachlos. Ich wusste, dass er wusste, dass ich diese Botschaft gehört hatte und ich fühlte mich wie zwei Meter groß. Bestätigung! Meine Energie war elektromagnetisch; ich kribbelte von Kopf bis Fuß. Ich sah Kevins Gesicht und wusste, dass das, was passiert war, für ihn real war. Während ich dies schreibe, erinnere ich mich an das Gefühl in meinem Körper, so unsicher über seine Reaktion. Ich wusste, was ich wusste, aber ich suchte wirklich nach einer Bestätigung von außen, um mit meiner Wahrheit übereinzustimmen. Ich hatte das Gefühl, wenn er dieses Ereignis anerkennen konnte, dann war es auch real. Es klingt heute lächerlich, aber damals hatte ich keine Ahnung, was passiert war, und ich hatte niemanden, den ich fragen konnte.

Ich war so darauf programmiert, auf Zustimmung zu warten, bevor ich begann, mir selbst zu vertrauen. Ich begann zu meditieren und fand es leicht, mein Bewusstsein zu verlassen. Ich begann, mehr Yoga-Veranstaltungen zu besuchen, bei denen sich die Leute mit dieser Art von Dingen beschäftigten. Die Dinge in meinem Leben veränderten sich;

meine Stiefmutter war an Parkinson und Demenz erkrankt, und meinen Hunden ging es nicht gut. Ich hatte das Gefühl, dass alles aus den Fugen geriet und ich wusste nicht, wie ich das alles zusammenhalten sollte. Ich war es leid, so hart zu arbeiten. Mein Leben als Logopädin bedeutete, dass ich ständig unterwegs war. Ich hatte das Gefühl, dass meine ganze Karriere in der Sprachheilkunde darin bestand, Dienstleistungen für Familien zu erbringen. Ich war stolz auf meine Ausbildung, meine Zertifizierungen, meine Fähigkeiten und meine jahrelange Erfahrung. Aber ich hatte das Gefühl, dass da noch mehr war. Ich hatte einen Wert in mir und wusste, dass ich ihn erforschen musste.

Als sich die Krankheit meiner Stiefmutter verschlimmerte, waren viele meiner Kunden verärgert, dass ich Sitzungen absagte. Ich verstand, dass sie das Beste für ihr Kind wollten. Ich hatte das Gefühl, dass meine Person und mein Fachwissen nicht so wichtig waren wie die Erbringung der Dienstleistung. Am Ende fühlte ich mich schuldig, weil ich meinen Vater, meinen Bruder und meine Schwester bei der Krankheit meiner Stiefmutter nicht unterstützt hatte. Ich wusste, dass ich auch mit meinen eigenen Gefühlen zurechtkommen musste. Ich hatte das Gefühl, dass dies mein Moment war, mich selbst zu entscheiden. Also sagte ich die Sitzungen ab und erkannte, dass ich mich in der Therapie nicht einfach nur abrackern wollte. Ich wusste, dass ich bei allem, was passierte, präsent sein musste. Mir wurde klar, dass ich meinen Wert und meinen Wert an all meinen Abschlüssen festmachte. An all den Zertifikaten, die ich im Laufe der Jahre erworben hatte. Wie viele Kunden ich betreute und wie viel Geld ich einnahm. Ich liebte, was ich tat. Es hat mir so viel Freude bereitet, mit Kindern und ihren Familien zu arbeiten und ihnen beizubringen, wie sie kommunizieren können. Ich liebte es, mir jedes Kind anzuschauen und das Puzzle zu lösen, das eine Veränderung in der Lautbildung bewirken würde. Ich verbrachte Stunden damit, mir Vokabeln auszudenken und mit den Kindern zu basteln. Ich liebte diese Arbeit. Aber innerlich fühlte ich mich immer noch unterbewertet. Ein Teil von mir hatte das Gefühl, dass mir etwas Großes fehlte. Ich meldete mich an der Coaching-Schule an, und es war toll, unter Menschen zu sein, die sich selbst erforschen wollten, und ich war fasziniert von funktioneller Medizin. Also dachte ich, ich würde ein funktionaler Gesundheitscoach werden. Im Laufe der Zeit entdeckte ich, dass ich die funktionelle Medizin und die ganzheitliche Gesundheit zwar liebte, mein Herz aber dafür schlug, Menschen zu helfen, ihren inneren Wert zu entdecken. Deshalb möchte ich hier ein paar Erkenntnisse über Coaches weitergeben. Coaches neigen dazu, sich auf Bereiche zu spezialisieren, in denen sie selbst Weisheit erlangen wollen. Ich habe die meiste Zeit meines Lebens damit verbracht, mich zu fragen, ob ich gesehen werde, und habe darauf gewartet, dass jemand meinen Wert und meine Würde erkennt und bestätigt. Ich habe nie verstanden, dass das bei mir selbst beginnen muss. Ich konzentrierte mich darauf, anderen zu gefallen und nahm mir die Zeit, innezuhalten und zuzuhören, aber ich teilte den meisten Menschen wenig von mir mit. Die eine Sache, die immer wieder in meinem Leben auftauchte, habe ich aus Angst nicht verfolgt. Ich hatte immer die Neigung, Dinge zu verstehen, die über das hinausgehen, was ich gelernt oder gelesen habe. Ich konnte mich mit spiritueller Energie verbinden. Ich habe es nie in Anspruch genommen oder erforscht, was ich lernen konnte. Es war an der Zeit, dass ich mehr lernen wollte. Ich fasste den Entschluss, offen zu sein für das, was auf mich zukommt. Ich war bereit, mich zu erweitern.

WERTVOLLE LEARNINGS

Wenn unsere Wahrheit an die Tür klopft, liegt es an uns, die Tür zu öffnen. Ich habe die Tür zu meiner Wahrheit schon so oft aus Angst verschlossen. Wenn du deine Augen schließt und atmest, lass deinen Atem ruhig werden und frage, was meine Wahrheit ist. Dann kommt der schwierige Teil: Sei mutig genug, auf die unausgesprochene Antwort zu hören. Oft wissen wir tief im Inneren, dass die Dinge nicht so sind, wie sie sein sollten. Wenn du den Glauben und den Mut hast, die Eigendynamik in deinem Leben zu verändern, kannst du deinen Weg selbst bestimmen. Ich sage, es ist besser zu bemerken, wenn der Weg sich nicht synchron anfühlt, als einen Weg weiterzugehen, der es dir nicht erlaubt, der wahrhaftigste Ausdruck dessen zu sein, was du sein sollst. Manchmal bedeutet das, den Job zu wechseln, aber es könnte auch bedeuten, dass du dir Zeit nimmst, um zu entdecken, was dir Freude bereitet. Nimm dir Zeit in deinem Leben, um es zu erforschen. Erschaffe das Leben, von dem du zu träumen wagst, anstatt das Leben zu träumen, das du gerne hättest.

AFFIRMATION
Ich bin der Schöpfer meines Lebens

INSPIRATION
Einen Traum erschaffen

39

DER UNTERSCHIED ZWISCHEN FURCHT UND AUFREGUNG IST DIE PERSPEKTIVE.

Nutze diese Energie und verwandle sie in Vorfreude. Los, los, los.

Ich war immer in der Lage, Angst zu erkennen. Sie setzte sich in meinem Magen fest und die Energie sickerte in meine Adern und hielt mich dort fest. Sie kam meist inmitten von Unentschlossenheit. Wenn ein Teil von mir meinen eigenen Instinkten vertrauen wollte und der andere Teil an meinem anfänglichen Selbstvertrauen zweifelte. Es ist mir schon oft passiert, dass ich mich für etwas begeistert habe und es am Ende nicht so gelaufen ist, wie ich gehofft hatte. Ich habe dann den Schwung und die Inspiration verloren. Wir alle haben diese Momente, in denen wir das Gefühl haben, dass wir über eine unglaubliche Idee gestolpert sind. Nur wenige von uns verfolgen sie über die erste Idee hinaus. Ich dachte immer, das läge daran, dass diese Leute eine bessere Idee oder mehr Kreativität haben. Ich habe gelernt, dass es daran liegt, dass sie in der Lage waren, ihre Angst zu überwinden und die Energie zu nutzen, die sie vorwärts trieb.

Als ich mit dem Coaching begann, war ich so unsicher, wie ich meine Arbeit vermitteln sollte, dass ich alles, was ich tat, selbst anbot. Ich war ungeduldig. Diese Energie war verwirrend und frustrierend für mich. Ich hatte das Gefühl, dass jeder Schritt nach vorne mit stundenlangem Hinterfragen all meiner Entscheidungen verbunden war. Ich lebte in Knappheit. Ich war so besorgt, nicht genug Wert zu sein, nicht genug zu bieten zu haben, dass die Leute nicht mit mir arbeiten wollten. Das Ergebnis war, dass ich meine Zeit umsonst verschenkte. Ich bot so viel an, um meinen Wert zu beweisen. Auf diesem Weg lernte ich mehr über mich selbst, aber am meisten lernte ich, mir selbst zu verzeihen, wenn etwas nicht funktionierte, und mir selbst zu vertrauen, wenn ich etwas ausprobieren wollte. Das Wichtigste war, mich auf das einzustimmen, was mich ansprach. Ich kam jede Woche mit meinem Bagger, um meine Angst zu überwinden und einen Weg zu finden, authentisch voranzukommen. Die Wahrheit ist, dass es ein Dorf braucht. Wir denken, wir müssen härter arbeiten. Die Wahrheit ist, dass wir das alle tun. Ich habe gelernt, dass der einzige Weg, etwas anzufangen, an das du glaubst, darin besteht, dich mit Menschen zu umgeben, auf die du zählen kannst, die deine Vision haben und dich anfeuern können. Um ein Innovator, ein kreativer Denker, ein Schriftsteller, ein Redner und ein Visionär zu sein, braucht man ein gewisses Maß an Freiheit, um zu träumen und daran zu glauben, dass die eigene Vision das Leben der Menschen verbessern wird. Der andere Teil ist die Fähigkeit, an deiner Idee festzuhalten, vor allem dann, wenn du das Gefühl hast, dass sie eine Herausforderung ist und dich von Veränderungen abhält.

CHANNEL

Verwandle deine Angst
in unbändigen Mut.
Weg von einem Traum Affirmation
Ich ergebe mich der Angst sie ist ein Lehrer
In Wahrheit gibt es einen Ort der Freiheit,
an dem wir Zeit im Raum beanspruchen können
was musst du wissen?
Akzeptanz
Es gibt keinen bestimmten Ort l an dem Magie existiert
Es ist kein Ort Es ist das Bewusstsein dessen, was sein kann
Es ist das Potenzial dessen, was möglich ist

Wo der Glaube wohnt Glaube ist Überzeugung
Was ist die Hoffnung
Es ist kein endgültiges Gefühl
Es entsteht aus dem Zweifel Hoffnung ist trügerisch;
Sie fühlt sich wie positive Energie an,
bis du bedenkst, dass du die Energie für das
Scheitern festhältst Wenn die Energie stagniert,
wird die Kraft nicht genutzt
Die Kraft, mehr zu sein als das,
was du siehst In einem Moment werden wir herausgefordert,
es zu wagen zu träumen Träume von einer Realität,
die in der Zukunft liegt Möglichkeit ist dort,
wo du deinen Glauben und dein Vertrauen in das legst,
was du glaubst
Die Energie der Liebe ist Teil dieses Traums
sie ist eine kraftvolle Energie,
die jenseits von Rationalität und Erklärung liegt Glaube an einen anderen
Glaube an dich
Es ist, wenn das Ego dem Glauben an das,
was wir nicht halten, sondern nur fühlen können, gegenübersteht
Es ist, wenn du die Ideen und Vorstellungen von dem,
was du dir für die Zukunft wünschst, akzeptierst,
ohne dass es dir in die Hand gegeben wird,
um an einem Ort der Liebe,
des Lichts und des Glaubens zu sein
Es ist, das Licht zu suchen, wenn du den Raum erschaffst,
in dem das Leben wohnt
Die Wünsche, die du dir für dein Leben vorstellst,
werden auf dich herabregnen, denn die Liebe,
die du für dich selbst hast, das Vertrauen
und der Glaube schaffen eine Energie

AFFIRMATION

Sei innovativ

INSPIRATION

Expansion mit Liebe

40

SIEH DICH SELBST MIT DEINEN AUGEN,
NICHT MIT DEN AUGEN EINES ANDEREN.

Es lag ein Hauch von Aufregung in der Luft. Meine Lehrerin, Frau Winick, forderte uns auf, unsere Sachen wegzuräumen, unsere Brotdosen zu holen und uns anzustellen. Ich liebte die Mittagspause. Es machte Spaß, unabhängig zu sein und mit meinen Freunden zu essen. Ich erinnere mich, dass ich eines Tages meine Serviette auf den Tisch legte und mein Mittagessen herausholte. Ich holte meine Trauben, meinen Apfelsaft und mein Sandwich heraus. Als ich mein Sandwich öffnete, war nur noch die Hälfte übrig. Ich sah in meiner Tasche nach, aber außer Servietten war da nichts drin.

Ich aß, was da war und war verwirrt, was mit meinem Mittagessen passiert war. Als ich nach Hause kam, erzählte ich meiner Mutter, was passiert war. Sie sagte: "Ja, ich habe dir die Hälfte gegeben, weil du dick wirst." Ich verstand nicht, wovon sie sprach. Am Tonfall ihrer Stimme konnte ich erkennen, dass es nichts Gutes war. Ich hatte das Gefühl, dass ich etwas falsch gemacht hatte. Ich wollte nur wissen, wie ich es wieder in Ordnung bringen konnte. Sie sagte nicht viel mehr. Damals dachte ich nicht viel darüber nach, aber in den kommenden Jahren würde ich es tun. Es tat weh, wenn sie mir sagte, ich solle mir den Bauch einziehen und mit ihrer Freundin kichern, während sie sich Bilder ansah und kommentierte, wie schwanger ich auf einem Bild aussah. Als wir einkaufen gingen, wies sie mich an, einen einteiligen Badeanzug zu tragen, weil Mädchen wie ich keine Bikinis tragen würden. Ich habe nie etwas gesagt, aber jeder Kommentar hat mich gestochen und ich fühlte mich unzulänglich. Ich war immer auf der Hut und versuchte, es ihr und meinem Vater recht zu machen, ohne genau zu wissen, wie ich das schaffen könnte. Ich wollte es ihnen recht machen. So war ich nun mal. Ich verbarg meine Gefühle und versuchte, sie glücklich zu machen. Als ich jung war, verbrachte ich so viel Zeit damit, mich so zu formen, wie alle sein sollten. Ich glaubte, es sei meine Aufgabe, so zu sein, wie mein Vater, meine Schwester und meine Stiefmutter es wollten. Es schien einfach besser zu funktionieren, wenn ich gefügig war und nichts zu sagen hatte. Natürlich funktioniert diese Strategie, wenn du vier Jahre alt bist. Ich erinnere mich, dass mein einziges Ziel darin bestand, meinem Vater wieder ein bisschen Freude in die Augen zu zaubern. Ich erinnere mich nicht mehr genau an alles, aber ich erinnere mich an seine Traurigkeit. Wenn ich ihn zum Lächeln bringen und seine Gefühle verändern konnte, fühlte ich mich so wichtig und wertvoll. Ohne es bewusst zu wollen, machte ich es zu meiner Aufgabe, ihm Freude zu bereiten, wann immer ich konnte. Das gab mir ein Gefühl von Zielstrebigkeit und Stolz. Jetzt weiß ich natürlich, dass das nicht meine Aufgabe war. Auf einer unterbewussten Ebene habe ich das Gefühl, dass ich ihn mein ganzes Leben lang vor meinen wahren Gefühlen geschützt habe, um ihn vor Schmerz zu bewahren.

Ich bin der festen Überzeugung, dass die Hindernisse im Leben dazu da sind, dass wir Weisheit erlangen. Manche Lektionen brauchen länger als andere, um verarbeitet zu werden. In diesem Fall habe ich die Beziehung meiner Stiefmutter zum Essen dafür verantwortlich gemacht, dass ich eine schlechte Beziehung zum Essen und zu meinem Körperbild hatte. Die Wahrheit ist, dass ich an so vielen Gefühlen festgehalten habe. Es fiel mir leichter, mich auf meine Beziehung zum Essen zu konzentrieren als auf meine Beziehung zu meinem Körper oder auf die Beziehung, die es mit meiner Stiefmutter nicht gab. Ich erinnere mich, dass ich mich immer wie eine Ausgestoßene gefühlt habe, dass ich nie so recht dazugehörte, dass ich eine andere Sichtweise hatte und mich immer unverstanden fühlte. Als ich auf dem College lebte, entwickelte ich meinen eigenen Rhythmus, Dinge zu tun und dachte nicht mehr so viel über Essen nach. Ich fing an, mich selbst zu sehen, und begab mich auf einen Weg der Selbstentdeckung. Ich hatte das Glück, dass mein Vater das College bezahlte und ich diese Zeit nutzen konnte, um herauszufinden, wie ich träumen kann. Ich glaube, ich hatte immer die Anerkennung meiner Familie im Kopf. Ich wünschte, ich könnte dir sagen, dass ich die Wut losgelassen habe, aber das habe ich erst viel später getan. Ich habe so viele Jahre damit verbracht, bei allem, was ich tat, nach Anerkennung zu suchen. Als ich heiratete, brauchte ich sie weniger. Das Komische war, dass ich immer noch die Tochter meines Vaters war, wenn wir ihn besuchten. Ich wurde sehr ängstlich, und als ich nach meiner Heirat zunahm, kommentierte mein Vater das immer. Egal, was ich erreicht hatte oder wie alt meine Kinder waren, wenn ich zu meinen Eltern fuhr, war ich wieder in dieser Geschichte. Die Ausgestoßene, die Unverstandene - ich ließ zu, dass diese Geschichte meine Identität wurde, anstatt zu erkennen, wie viel von meiner Macht ich verschenkte. Ich dachte, zu meiner Macht zu stehen, bedeutet, meinen Vater zu bitten, mit den Kommentaren über meine Körpergröße aufzuhören. Ich erkannte nicht, dass ich zuerst mich selbst akzeptieren und anerkennen musste.

In unserem Leben werden uns Lektionen erteilt, und wenn wir bereit sind, können wir die Weisheit erkennen.

Ich suchte weiterhin außerhalb meiner selbst nach Anerkennung. Ich musste lernen, mich selbst anzuerkennen. Als ich begann zu erkennen, wer ich war, indem ich meine intuitiven Gaben nutzte, konnte ich Mitgefühl für meinen Vater und meine Stiefmutter aufbringen. Ich weiß, dass sie wirklich das Beste getan haben, was sie konnten. Es liegt an mir, mir selbst Mitgefühl zu schenken und mich in meiner Gesamtheit anzuerkennen. Ich weiß auch, dass ich auf der Suche nach Anerkennung und Akzeptanz außerhalb meiner selbst in ein Muster verfiel. Es war einfacher, die Anerkennung außerhalb meiner selbst zu suchen, weil ich das so kannte. Erst viel später in meinem Leben habe ich einen anderen Weg in Betracht gezogen. Ich hatte bis zu einem gewissen Grad

Selbstvertrauen, aber als ich jünger war, wurde ich oft gemobbt und fand mich in vielen Beziehungen wieder, in denen ich einfach das tat, was die meisten Leute dachten. Ich wusste irgendwie nie, wie es ist, Dinge zu tun, ohne um Anerkennung zu bitten. Es verblüffte mich, dass ich sie sogar von meinem Mann und meinen Kindern einforderte. Ich erkannte, dass ich aufhören musste, außerhalb von mir selbst zu suchen. Ich machte mich an die Arbeit, um herauszufinden, was ich dachte. Indem ich mich auf meine intuitiven Fähigkeiten einließ, konnte ich auf das vertrauen, was ich für wahr hielt. So konnte ich mir selbst vertrauen und anfangen, auf meine Gedanken zu hören. Ich begann, meine Gaben zu schätzen und sie in meiner Arbeit und in meinem Leben zu nutzen. Das ist die Art von Arbeit, die ich persönlich gerne mache, weil die Menschen, mit denen ich arbeite, am Ende ein stärkeres Selbstbewusstsein und Vertrauen in sich selbst und in das, was sie hier tun sollen, verspüren.

WERTVOLLE LEARNINGS

Es ist leicht, Geschichten aus unserer Jugend mit sich herumzuschleppen und zuzulassen, dass sie deine Großartigkeit aufheben und fast hemmen. Wir alle haben die Fähigkeit, eine neue Ebene des Mitgefühls für uns selbst zu entdecken. Vergib dir selbst, dass du zulässt, dass die Geschichte einen starken Einfluss auf dich hat. Du musst wissen: Je stärker der Einfluss, desto größer die Veränderung. Wenn du das Urteil loslässt, an dem du festhältst, kommst du der Weisheit auf die Spur. Diese Weisheit wird für immer dein Verbündeter sein. Dinge tauchen aus einem bestimmten Grund in unserem Leben auf und wenn wir die Kraft haben, sie zu entwirren, können wir unsere authentische Seele entdecken.

CHANNEL

Haltet an dem Glauben fest,
dass jeder von uns das Recht hat,
sein wahres Selbst zu entdecken,

das wir uns nicht wie einen Schatzstein geben können.
Viele von uns haben das Gefühl,
dass wir über unsere Gaben stolpern
und uns nicht daran erinnern können,
wann genau wir unsere Gabe entdeckt haben.
Sie ist ein sanftes Haustier in unserer Seele,
das zum Vorschein kommt,
wenn wir bereit sind, sie zu sehen.
Jeder von uns entdeckt,
dass er seine Gaben als die wahren Schätze begehrt,
die sie sind Es ist der freie Wille, der uns vorwärts treibt,
um mit Mut in das zu treten, was wir sind

AFFIRMATION

Authentische Seele

INSPIRATION

Sehe dich selbst

41

Das Universum kann dir genau das geben, was du dir wünschst, wenn du an deiner Würdigkeit festhältst.

Ich dachte immer, dass die Bestätigung für mein Wesen von außen kommt. Als ich jünger war, schaute ich auf meine Eltern, meine Schwester und meinen Bruder. Dann schaute ich auf meine Lehrer und Freunde. Ich habe so viel Zeit damit verbracht, in die Form zu passen, die andere für mich vorgaben. Erst vor kurzem habe ich das erkannt:

Wenn du dein Leben lebst, um für andere etwas zu leisten, kannst du dich nicht mit deinen Gedanken in Einklang bringen.

Deine Identität auf der Grundlage der Art und Weise zu reflektieren, wie andere dich sehen, ist destruktiv.

Jemanden zu lieben bedeutet nicht, dass man immer einer Meinung ist.

Nicht authentisch zu sein, schadet *dir* nur.

Ich habe mit dem Gedanken gekämpft, dass mein Wert einfach darin liegt, dass ich ich bin. Dass ich nicht mehr tun muss. Ich erinnere mich oft daran, denn es war eine schwere Lektion für mich, das zu begreifen. Mir wurde, wie den meisten von uns, beigebracht, dass wir durch unsere Leistung wertvoll sind. Als ich jünger war, lernte ich das durch ein Lächeln meiner Familie oder wenn sie in die Hände klatschten. Später waren es goldene Sterne für meine Schularbeiten. Es schien, als ob ich immer darauf wartete, dass mir jemand von außen sagte, wie gut ich war.

Bis ich auf die High School kam und merkte, dass die Dinge nicht so einfach waren. Während des Colleges und sogar während des Studiums zeigten die Noten, wie gut ich war. Später verschwanden die goldenen Sterne, und ich musste selbst entscheiden, ob ich gut war. Das war ein beängstigendes Unterfangen und ich erinnere mich an das Gefühl, endlich selbst entscheiden zu können, in welche Richtung ich gehe. Ich konnte meinem eigenen Instinkt vertrauen. Das hatte ich schon einmal getan. Irgendwie hatte ich mich von dem, was ich wusste, abgekoppelt. Ich suchte nach Orientierung von außen, fühlte mich unzulänglich und ärgerte mich gleichzeitig, wenn jemand behauptete, ich wüsste etwas nicht. Ich war wütend darüber, dass ich fragen musste, und hatte Angst, mir selbst zuzutrauen, es sicher zu wissen. Ich hatte nie das Gefühl, dass ich wusste, was ich tun sollte. Ich fragte ständig nach der Meinung anderer. Ich weiß noch, dass ich so viele Leute gefragt habe, dass ich am Ende noch verwirrter war. Ich habe meine Meinung nur selten geäußert, wenn es darum ging, was ich mit meinen Freunden machen sollte, und ich wollte unbedingt mitmachen, um ein Teil der Gruppe zu sein. Was ich nicht erkannte, war, dass ich damit, dass ich meinen Ideen keine Stimme gab, sagte, dass diese Ideen keinen Wert hätten. Ich hatte das Gefühl, dass ich in meinem Inneren starke Ideen hatte, aber ich habe mich selten durchgesetzt. Stattdessen beschwerte ich mich und hatte das Gefühl, nicht gesehen, nicht gehört und unterbewertet zu werden. Als ich zu verstehen begann, dass meine Stimme und meine Weisheit wichtig waren, fühlte ich mich wohler, wenn ich diese "große Mädchen"-Hose trug. Es war etwas, das ich an- und ausziehen konnte. Ich probierte sie immer wieder an, bis es sich authentischer anfühlte, meine Stimme zu benutzen, um zu sagen, wer ich bin, als mich zurückzulehnen und meine eigenen Ideen nicht zu teilen. Wenn du mich vor fünf Jahren getroffen hättest, würdest du nicht sagen, dass ich ein Schwächling bin. Ich hatte eine große Persönlichkeit. Ich nutzte meine Energie auf eine Weise, die mir nicht diente. Ich ließ überall Energie auslaufen. Ich war überwältigt, weil ich Aufgaben übernahm, zu denen ich nicht nein sagen konnte.

Ich hatte Probleme damit, Grenzen zu ziehen. Ich wusste nicht, wie ich meine Zeit einteilen sollte. Ich war überall zu spät dran. Ich hatte das Gefühl, alles machen zu müssen. Ich habe nie darüber nachgedacht, wie ich Nein sagen kann. Ich kannte meinen Wert nicht unabhängig von meinen Taten. Ich war das, was andere von mir wollten. Ich dachte, gebraucht zu werden, zeige meinen Wert und meine Bedeutung. Ich wusste nicht, was ich wollte. Ich war mir nicht sicher, was mich ausmachte. Als ich aufhörte zu fragen und anfing, mir selbst zuzuhören, konnte ich mein authentisches Selbst entdecken. Das war die eigentliche Arbeit: herauszufinden, wer ich bin, meine Gaben zu akzeptieren und sie als die meinen zu beanspruchen.

WERTVOLLE LEARNINGS

Lass mich einen Robinismus teilen, d.h. Dinge, die ich immer wieder sage und die auf meiner eigenen Weisheit basieren. Von dem Moment an, in dem wir geboren werden, sind wir Schwämme. Wir lernen, wie wir verschiedene Schreimuster erzeugen, um auf den Arm genommen und gefüttert zu werden. Wir lernen, dass das Lächeln unserer Eltern und der Blickkontakt uns zeigen, ob wir gut sind oder ob sie enttäuscht sind. Dann gestalten wir unser Verhalten so, dass wir weiterhin dieses positive Feedback bekommen. Das ist es, was die meisten Kinder tun, mit einigen Ausnahmen. Je älter wir werden, desto mehr schauen wir auf unsere Lehrerinnen und Lehrer, Trainerinnen und Trainer und andere wichtige Menschen in unserem Leben, die uns bestätigen, dass wir uns körperlich und theoretisch gut verhalten. Wenn wir aufs College gehen, nimmt das positive Feedback ab und wir beginnen, uns mehr auf das zu verlassen, was wir denken. Das bereitet uns auf unsere berufliche Laufbahn vor, in der wir unsere Arbeitsmoral von unserem eigenen Gewissen leiten lassen. Auf diese Weise entwickeln wir einen Ruf, der auf unseren Fähigkeiten beruht. Wir werden belohnt, wenn wir eine Prämie erhalten oder mit einem anspruchsvollen Projekt betraut werden.

Ich habe angefangen, darüber nachzudenken. Ich stellte fest, dass wir letztlich immer noch auf Anerkennung von außen warten. So viele von uns nehmen sich mehr vor, als sie sollten, um zu beweisen, wie fähig sie sind. Wir suchen immer noch nach dem goldenen Stern.

Was ich nicht wusste: Indem ich alles tat, war ich immer auf der Suche nach Bestätigung, wie einem goldenen Stern. "Gut gemacht!" Ich hatte das Gefühl, dass ich ständig darauf wartete, anerkannt und geschätzt zu werden. Ich war so sehr auf die Anerkennung konzentriert. Ich suchte immer noch außerhalb von mir, um mich wertvoll zu fühlen. Ich hatte Momente, in denen ich mich selbst als erfolgreich empfand. Ich konnte nicht erkennen, dass ich es anderen in meiner Familie nicht erlaubte, das zu tun, was sie konnten. Ich war nicht wertvoll, weil ich kochte oder Besorgungen machte. Natürlich wurde das geschätzt, aber es erlaubte mir nicht, mich voll und ganz auszudrücken und das zu tun, was ich innerlich brauchte. Keine Maniküre oder Massage konnte das ändern. Ich musste mich selbst freilegen.

CHANNEL

Der Geist der Freundschaft
in der Akzeptanz von dir ist kein
Ort für Tauschgeschäfte
Kann die Akzeptanz von dir selbst eine
Ware sein Kann sie etwas sein, das du eintauschst
Wie viel Opfer muss man auf sich nehmen,
bevor man erkennt, dass Akzeptanz keinen Preis hat
Die Geschichte, die du dir selbst erzählst,
wie du mehr in dein Leben lässt
Die Wahrheit ist, dass alles für dich da ist,
wenn du es zulässt, zu wissen Du bist es wert

AFFIRMATION

Ich akzeptiere mich selbst

INSPIRATION

Verbindung zu deinen Guides

42

VERTRAUEN IN DICH SELBST ZU HABEN, BRAUCHT ÜBUNG.

Es passierte einfach, als ich anfing, über den Gedanken nachzudenken, dass ich ein Baby bekommen würde. Ich fing fast sofort an zu nisten. Ich fing an, all die Dinge zu planen, die ich für dieses neue Baby haben wollte. Wie sein Zimmer aussehen sollte. Wie das Haus aussehen sollte. Ich fing an, mir vorzustellen, wie sich alles entwickeln würde. Ich hatte diese Vorstellung im Kopf, wie perfekt alles sein würde. Schließlich, so sagte ich mir, bin ich eine Sprachpathologin. Ich habe mit Babys gearbeitet. Ich war eine Expertin. Ich wusste, was zu erwarten war. Was konnte da schon schiefgehen, oder? Was ich nicht wusste, war Folgendes. Jeder Plan, den du hast, wenn du schwanger bist, wird komplett über den Haufen geworfen, wenn du nicht schlafen kannst. Die Aufregung, ins Krankenhaus zu eilen und von allen besucht zu werden, holt dich ein, vor allem, wenn du alle fünfundvierzig Minuten zum Stillen geweckt wirst. Kevin und ich arbeiteten zusammen, aber wir waren erschöpft. Mein Körper sehnte sich nach Ruhe. Mein ganzer Körper tat weh. Kevin und ich arbeiteten zusammen, aber Jason war schwer zu trösten. Ich wusste nur, dass ich ein Baby hatte, das nicht aufhörte zu weinen. Ich ging mit ihm spazieren, schaukelte mit ihm, stillte ihn, aber nichts konnte ihn beruhigen. Gerade wenn ich dachte, dass es besser wurde und er besser aß, kotzte er mich voll und ich machte mir Sorgen und fragte mich, was für eine beschissene Mutter ich war. Wie sollte er denn zunehmen? Ich war viel allein und mein Mann ging wieder zur Arbeit. Draußen war es eiskalt, also war an Ausgehen nicht zu denken. Mein Gehirn schrie mir zu, dass es Anregung brauchte, Gespräche, Lachen, vielleicht ein gutes Buch. Ich konnte keine Energie aufbringen, um irgendetwas zu tun. Das hatte ich nicht erwartet. Zu wem war ich geworden?

Während dieser Zeit kam meine Schwiegermutter mit dem Zug zu mir nach Hause, um die Wäsche meines Sohnes zu waschen. Sie kam mehrere Male pro Woche. Sie brachte immer Essen mit und hörte einfach zu. Eines Tages kam sie herein. Ich trug immer noch meinen Hausmantel und weinte, nachdem ich eine weitere Sauerei aufgeräumt hatte, weil mein Sohn mich vollgekotzt hatte. Sie sah mich an, lächelte und sagte: "Geh duschen. Lass mich ihn halten; geh und kümmere dich um dich selbst." Das war wie Gold, als hätte mir jemand das beste Geschenk der Welt gemacht: Ich sollte mich um mich selbst kümmern. In den nächsten Momenten, die ein wahres Glücksgefühl waren, duschte ich und machte mir keine Gedanken darüber, ob ich richtig oder falsch lag. Ich konnte mich zusammenreißen und es noch einmal versuchen. Mir wurde etwas klar: Das ganze Grübeln hatte Energie. Ich übertrug diese Energie auf meinen Sohn, während er gestillt wurde. Es wurde mir klar, als ich mein Haar trocknete. Es machte so viel Sinn. Natürlich konnte er meine Energie und meine Ängste spüren. Kinder sind so scharfsinnig, dass sie merken, wenn jemand unsicher oder eifrig ist. Ich wusste, dass ich etwas Großes herausgefunden hatte und dass es meine Gefühle verändern würde. Ich fühlte mich ermächtigt, dass ich diese Situation ändern konnte. Bevor ich ihn wieder stillen konnte, fasste ich einen Plan. Ich hielt ihn ganz nah bei mir und schloss meine Augen. Ich stellte mir vor, dass ich ihm meine ganze Liebe in Form von Energie geben würde. Ich stellte mir vor, dass er während des ganzen Stillens ruhig bleiben würde und je mehr er trank, desto ruhiger würde er werden. Er würde wachsen und gedeihen. Ich hörte auf, mich als Versagerin zu verurteilen und entwickelte mehr Einsicht und Geduld. Es war nicht das erste Mal, dass ich daran dachte, das Ergebnis zu planen und dann rückwärts auf mein Ziel hinzuarbeiten.

Es machte für mich Sinn, herauszufinden, was ich wollte, und dann mit meinen Handlungen und Gedanken die nötige Energie zu erzeugen, damit es sich so entfalten konnte, wie ich es wollte. Erst viele Jahre später erkannte ich, dass ich auf meine Intuition vertraute, um diese schwierige Zeit zu überstehen. Ich wusste nicht, wie sie genannt wurde. Ich wusste nicht einmal, warum ich daran dachte oder wie. Ich wusste nur, dass ich das tun musste. Es hat funktioniert! Das Lustige ist, dass ich in meinen jüngeren Jahren, wenn es darauf ankam und ich eine Entscheidung treffen musste, weil ich mich in einer Notsituation befand oder weil es für mich wichtig war, eine Entscheidung zu treffen, einfach eine traf. Ich fragte mich, warum ich keine Entscheidungen über kleinere Dinge treffen konnte. Warum kämpfte ich damit, was ich zum Abendessen kochen sollte, welches Hemd ich auf einer Party anziehen sollte, welche Schuhe ich zu meinem Hemd tragen sollte? Die eher unbedeutenden Dinge bereiteten mir eine Menge Sorgen. Ich schien nie in der Lage zu sein, effizient eine klare Entscheidung zu treffen. Ich machte mir immer Gedanken über das Urteil der anderen. In einer dringenden Situation schien es einfacher zu sein, eine Entscheidung zu treffen. Vielleicht liegt es daran, dass es keinen Raum gibt, um sich selbst zu hinterfragen. In einer Notsituation hat man keine Zeit, darüber nachzudenken, was man tun könnte oder was andere tun würden. Ich musste einfach handeln. Auf meine Intuition vertrauen. Wenn du dich in einer Notsituation befindest, kannst du deinem ersten Instinkt vertrauen, denn du hast keine Zeit, dich zu hinterfragen. Meine Intuition und der Umfang meiner Intuition bestand darin, dass ich lernte, mir selbst zu vertrauen: Punkt. Deshalb weiß ich, dass wir alle eine Intuition haben und dass es unsere Entscheidung ist, mehr daraus zu machen. Das Lustige ist, wenn ich an diese Notfälle und die Entscheidungen, die ich getroffen habe, zurückdenke, waren sie genau richtig. Ich glaube, wir alle haben eine ungenutzte Magie, die Intuition. Wenn wir uns in einer Situation befinden, die eine schnelle Entscheidung erfordert, treffen wir eine Entscheidung. Wir nutzen unsere Intuition, um uns zu den Entscheidungen zu führen, die wir treffen müssen. Diese Entscheidungen erfolgen automatisch und sind in der Regel goldrichtig. Wenn wir unsere Bauchentscheidungen zu sehr überdenken. Wir entfernen uns von unserer Intuition und begeben uns stattdessen in das Land des logischen Denkens. Logisches Denken hat seinen Platz. Ich glaube, wenn wir unsere intuitive Seite entwickeln wollen, müssen wir uns im Raum des Instinkts aufhalten. Dort können wir das Vertrauen in uns selbst entdecken und eine Beziehung zu uns selbst entwickeln. Dann können wir anfangen, unseren inneren Wert zu schätzen.

ETWAS ZUM NACHDENKEN

Die Wahrheit ist, wenn ich mir selbst schon vor langer Zeit vertraut hätte, wäre das Treffen von Entscheidungen viel weniger stressig gewesen. Wenn sich Situationen nicht aufdrängten, mischte sich mein Ego ein und schürte Zweifel. Das Ego ist eine komische Sache. Wir verwechseln es mit unserer Intuition. Der Unterschied ist, dass unser Ego dafür sorgt, dass wir uns weniger wert fühlen. Unsere Intuition wird uns in unseren Entscheidungen bestärken.

CHANNEL

Rebellion ist ein Zustand,
in dem sich das Ego befindet,
um die Idee zu schützen,
dass das Aufgeben der Macht über
sich selbst das Auslöschen
deiner Stimme bedeutet - deines Selbst und
deiner Weisheit Was wäre,
wenn du sie ehren und wertschätzen könntest,
dann könnte dein Ego zum Schweigen
gebracht werden Nur um zu zeigen,
wenn etwas Neues auf uns zukommt,

um Zweifel an deinem angeborenen
Wert zu wecken Erhöhe deine Frequenz
und erlaube deinem Ego,
Liebe und Mitgefühl zu empfinden,
wie du es bei einem Kind tun würdest.
Du hast eine neue Geschichte gelernt
Dein Ego hat das Peter-Pan-Syndrom und
steckt in dem fest, was war
Wo der Zweifel lebt
Wo der Mangel lebt
Wo die Unsicherheit lebt
Überwinde das Ego
Erschaffe den Raum des Möglichen
Wo die Liebe lebt
Wo die Fülle lebt

AFFIRMATION

Lösungen werden zu mir kommen
mit Leichtigkeit und Anmut

INSPIRATION

Lass das Licht deine Seele heilen

43

DANKBARKEIT BEDEUTET ZU GLAUBEN, DASS DAS
GUTE KOMMT, OFFEN ZU SEIN, ES ZU EMPFANGEN UND
DANKBAR ZU SEIN, WENN ES EINTRIFFT.

Es mag kontrovers klingen, aber ich bin nicht einverstanden mit
dem neuen Trend, ein Dankbarkeitstagebuch zu führen. Ich erkläre
dir, warum: *Dankbarkeit* ist ein Zustand, ein Gefühl, das du hast.
Dankbarkeitstagebücher sind eine Möglichkeit für Menschen geworden,
aufzulisten, was sie in ihrem Leben haben und sich die Zeit zu nehmen,
es zu sehen und zu schätzen, was sie haben. Bei der inneren Dankbarkeit
geht es darum, ein Gefühl der Verbundenheit und Wertschätzung für das
zu empfinden, was du bist. Um Dankbarkeit zu empfinden, musst du in
deinem Inneren wissen, dass du einen tiefen Wert hast und wertvoll bist.
Es ist also ein Gefühl, das du von innen heraus entwickelst, und wenn du
weißt, wer du bist, entdeckst du einen neuen Zustand des Bewusstseins,
der Zuversicht und des Vertrauens in dich selbst. So können wir lernen,
uns selbst zu vertrauen und mit Zuversicht Entscheidungen zu treffen.
Wir lernen, all die Stimmen in unserem Inneren zum Schweigen zu
bringen, die zu schreien scheinen, wenn wir anfangen, die beängstigenden
Schritte des Glaubens zu gehen. Lass deinen inneren Kritiker los, wenn
du aufhörst zuzuhören, könntest du deine Träume vergeuden. Wenn wir
uns öffnen und uns der Idee hingeben, dass Möglichkeiten nicht nur
für Filmstars oder deine Nachbarn da sind. Wir müssen bedenken, dass
Möglichkeiten für jeden verfügbar sind, der bereit ist, den Funken des

Einfallsreichtums zu empfangen. Ist dir schon mal aufgefallen, dass neue Filmtrailer immer gleich klingen? Es gibt viele Menschen, die den Funken der Information empfangen, aber nicht alle vertrauen auf ihre Fähigkeit, etwas daraus zu machen und zu schaffen. Der Grund, warum Shark Tank so ein Hit ist, ist, dass jeder weiß, dass der Funke jeden berühren kann, der einschalten will. Es kommt darauf an, was wir daraus machen. Lassen wir uns von unserem Ego davon abbringen? Gehen wir ein Risiko ein und vertrauen darauf, dass diese Idee mit dem übereinstimmt, was uns antreibt?

Damit ich mehr tun konnte, als nur zu träumen, musste ich zunächst daran glauben, dass ich es verdiene, dass mein Traum wahr wird. Ich musste daran arbeiten, zu glauben, dass ich Wert, Stärke, Intelligenz und Mitgefühl habe, um ihn wahr werden zu lassen. Um dieses Buch zu schreiben, musste ich all diese Dinge ausgraben und die Vorstellung loslassen, dass ich den Preis, der für mich dieses Buch ist, nicht bekommen könnte. Jetzt ist es an der Zeit, die gleiche Liebe, das gleiche Mitgefühl, die gleiche Geduld und die gleiche Einsicht zu zeigen, die ich allen gebe, die mir wichtig sind, und das Licht auf mich selbst zu richten.

Egal, wie weit ich denke, dass ich persönlich gewachsen bin, ich suche immer noch nach Bestätigung. Ich bin ein Mensch, der seine Ideen gerne teilt. Kürzlich wurde mir klar, dass ich die besten Informationen erhalte, wenn ich ruhig bin und ”herumstöbere”. Es ist nicht so, dass ich ständig Gedankenströme bekomme, aber während ich mich leise bewege, verarbeite ich alle Botschaften, die ich bekommen habe - egal wie weit ich denke, dass ich persönlich gewachsen bin, suche ich manchmal immer noch nach Bestätigung außerhalb meiner selbst. Ich gehöre zu den Menschen, die ihre Ideen gerne teilen. Kürzlich wurde mir klar, dass ich die besten Informationen erhalte, wenn ich ruhig bin und ”herumstöbere”. Es ist nicht so, dass ich die ganze Zeit Gedankenströme bekomme, aber während ich mich leise bewege, verarbeite ich alle Botschaften, die ich bekommen habe. Ich bin reichlich und dankbar.

Wertvolle Learnings

Es ist viel einfacher zu geben und viel schwieriger zu empfangen. Um zu empfangen, musst du zuerst glauben, dass du es wert bist.

Du hast die ganze Zeit über Weisheit gehabt. Gehe nach innen, um die Antworten zu suchen und glaube, dass du die Weisheit von vielen hast. Wenn wir im Außen um Bestätigung bitten, liegt das daran, dass wir glauben, unsere eigenen Antworten seien nicht genug. Die Unterstützung eines anderen zu suchen, bedeutet nicht, die Antworten zu bekommen, sondern unterstützt zu werden, sie zu entdecken.

Tägliche Praktiken, die ich anwende:

Verwandle deine Urteile in Weisheit und finde deinen eigenen Weg.

Betrachte das Urteil als Weisheit.

Ich bin nachdenklich, wenn ich mit mir selbst spreche.

Wenn du willst, dass andere die Weisheit in dir sehen, musst du sie selbst erleben.

Finde den Mut, deine Wahrheit zu sagen, besonders wenn deine Stimme zittert.

Denke daran, dass es ein Geburtsrecht ist, deine Wahrheit zu sagen - keine Stimme ist zu klein, um gehört zu werden.

Setze eine Stimme hinter die Gedanken, die deine Seele als Wahrheit anerkennt.

Sei die Person, auf die du zählen kannst, damit du dich wertgeschätzt und geliebt fühlst.

Wenn ich mir erlaube, Befriedigung, Wert und Anerkennung zu erhalten, dann geschieht das nicht nur, wenn wir dienen, sondern wenn wir uns erlauben, zu empfangen.

Die Liebe kommt von innen; sie leuchtet hell und zieht diejenigen an, die dasselbe entdeckt haben.

Suche das, was du von der Welt willst, in dir selbst.

CHANNEL

Sprich mit der Welt so,
wie du selbst angesprochen werden möchtest.
Wie können wir zu anderen auf eine
Art und Weise sprechen,
die wir uns für uns selbst nicht wünschen?
Keine Stimme ist zu klein, um gehört zu werden.
So etwas wie eine kleine Stimme gibt es nicht.
Jede Stimme hat genug Energie und Licht,
um gehört zu werden.
Liebe dich selbst, das Leben
nimmt neue Farben an Klingt einfach,
aber es geht darum, uns selbst zu erklären,
was wir wählen, und eine Praxis zu schaffen.
Liebe alle deine Teile, besonders die unvollkommenen.
Diese unvollkommenen Teile ermöglichen es uns,
unser Mitgefühl für uns selbst zu entdecken.

AFFIRMATION

Meine Weisheit erhellt mich

INSPIRATION

Den Traum nähren

44

TAGTRÄUMEN IST ETWAS FÜR KRIEGER.

Wir alle haben Träume, die wir in die Realität umsetzen. Denken und Tagträumen sind der Schlüssel zu einer kreativen Person. Um deinen Traum zu verwirklichen, brauchst du Vertrauen.

Wie fängst du an, Vertrauen zu haben? Nun, du musst dich auf deine Intuition stützen. Wenn du anfängst, deiner intuitiven Seite zu vertrauen, erkennst du, dass du an etwas glauben kannst, das nicht physisch ist. Ich habe gehört, dass andere Menschen Bilder sehen und Zeichen empfangen. Ich war ungeduldig und lernte all das. Es war eine Herausforderung, zu glauben und mir selbst zu vertrauen. Am Anfang war das für mich schwer zu begreifen. Also begann ich, meine Geistführer zu bitten, mir auf eine Weise zu zeigen, dass ich auf dem richtigen Weg bin. Ich sah einen Regenbogen in meinem Haus, eine Gottesanbeterin und ein Pfau tauchte vor meiner Tür auf. Jedes Mal, wenn ich etwas Magisches sah, schrieb ich meinem Mentor eine SMS. Ich war noch nicht bereit, meiner eigenen intuitiven Bedeutung zu vertrauen. Ich suchte immer noch nach Bestätigung außerhalb meiner selbst und wandte mich an jemanden, von dem ich glaubte, er hätte mehr Weisheit als ich.

Meine Mentorin schenkte mir ein Deck mit Tarotkarten. Sie legte mehrere Decks aus und sagte mir, ich solle mir eines aussuchen. Ich erinnere mich, dass ich sie alle anschaute und eine Karte aufleuchtete und ich wusste, dass es diejenige war, mit der ich mich verband. Sie schlug mir vor, Karten zu ziehen und zu sehen, was jede Karte für mich bedeutete.

Es gab kein Buch, und ich dachte auch nicht daran, im Internet zu suchen. Ich wusste, dass ich mich intuitiv verbinden und die Bedeutung durch meine Verbindung entdecken musste. Das Deck lag auf meinem Nachttisch. Ich nahm es von Zeit zu Zeit aus seinem Samtbeutel, aber ich spürte, dass ich so viele Informationen hatte, dass ich sie aufschlüsseln konnte. Das war die Geschichte, die ich mir einredete. Es war zu schwer; ich war nicht in der Lage, das zu tun. Ich hatte meine Grenze in meinem spirituellen Wachstum erreicht, bla, bla, bla. Ich hatte Sitzungen mit ihr, sie fragte mich nie, wie es lief, und ich hatte das Gefühl, dass ich davonkam, ohne mich mit meiner Blockade auseinanderzusetzen. Falsch gedacht! Einige Wochen später hatte ich eine Sitzung mit ihr und sie fragte mich, wie es läuft. Ich erzählte ihr die ganze traurige Geschichte. Sie sagte nur: "Hast du die Karten?" Ich gestand, dass ich sie habe, wobei ich meine kleine Stimme benutzte, was mir sehr untypisch ist. Ich fühlte mich einfach besiegt. Sie sagte: "Zieh drei Karten und lies sie mir vor." Nachdem mein Gehirn explodiert war, tat ich genau das. Ich konnte nicht glauben, wie einfach es war. Wie die Informationen flossen und wie ich sie einfach verstehen konnte. Das war das erste Mal, dass ich Karten las. Ich erzählte einer guten Freundin von dieser Geschichte und beschloss, sie zu einer Klausur mitzunehmen. Ich erinnere mich, dass ich sie in mein Handgepäck packte und dann in meine Handtasche steckte, aus der unrealistischen Angst heraus, dass mein Handgepäck verloren gehen könnte. Ich war die ganze Zeit nervös, weil ich wusste, dass sich dadurch etwas ändern würde. Es war eine weitere Möglichkeit für mich, zu zeigen, wer ich bin. Ich bot an, kostenlos Karten zu ziehen, nur um mit dieser neuen Fähigkeit zu spielen. Mein Freund saß die ganze Zeit neben mir. Ich zog Karten für ein paar Leute. Ich war ein Energiebündel und begann zu verstehen, dass ich ihre Energie lese. Die Kartenlesungen waren für mich eine Möglichkeit, mich zu verbinden. Ich hatte das Gefühl, dass es mir einen klaren Weg zu ihrer Einsicht eröffnete und jedes Mal, wenn die Karte in Resonanz ging, fühlte ich mich drei Meter groß. Ich hatte es geschafft! Gleichzeitig machte ich mir Sorgen, dass die Leute mich für einen Jahrmarktstrick hielten. Ich fühlte mich wie ein Tarotleser, den ich auf dem Jahrmarkt mit der Sanduhr gesehen hatte. Ich hatte noch mehr Arbeit vor mir, um diese Gabe als einen Weg zu akzeptieren, mich zu verbinden. Ich musste meine Gabe als einen Teil von mir annehmen und ihr vertrauen. Ich arbeitete daran, mein Urteil darüber loszulassen, wie Menschen ihre Gaben einsetzen. Diese Wahrheit löste mich aus, denn ich wollte mich ganz und gar annehmen. Ich wollte schreien. Es schien, als ob jeder Schritt in Richtung Akzeptanz bei mir auf Widerstand stieß. Schließlich erkannte ich, dass wir alle unsere Fähigkeiten auf eine Weise einsetzen können, die uns entspricht. Das ist erstaunlich, denn ich glaube, dass wir auf der Suche nach einer Person sind, die mit uns im Einklang steht. Wir haben die Wahl.

WERTVOLLE LEARNINGS

Ich war so nervös, dass ich es im Grunde tun konnte. Unser Wert besteht darin, unser Licht und unser Mitgefühl für alles, was wir sind, zu erkennen. Ich fing einfach an, am Telefon Karten für meine Freunde zu ziehen und jedes Mal antworteten sie mit positivem Feedback, was mich ermutigte, mehr zu tun. Zur gleichen Zeit, als ich diese neue Gabe entdeckte, hatte ich gemischte Gefühle, denn ich wusste, dass ich mehr tun wollte als Kartenlegen. Ich war auf einer Mission, mit Menschen zu arbeiten, die ihrer Intuition vertrauen. Ich wusste, dass wir alle eine Intuition haben und dass, wenn wir ihr vertrauen, unser Leben mehr Fülle hat, weil wir in der Fülle dessen leben, was wir sind, und nicht wissen, wie wir es teilen können. Ich hatte das Gefühl, dass das Lesen von Orakelkarten eine Fähigkeit ist. Irgendwann konnte ich einfach einen Namen sehen und seine Energie auffangen. Diese Fähigkeit war für mich ein Türöffner, um meinen Fähigkeiten zu vertrauen und zu wissen, dass die Orakelkarten ein Weg sind, um bestimmte Informationen zu erhalten. Das zeigt mir, wie viel das Universum zu bieten hat, wenn ich mein Herz öffne, um die Informationen zu empfangen. Ich muss darauf vertrauen, dass die Informationen, die ich brauche, da sind. Die Karte liefert einen greifbaren Beweis für die Energie, die ich lese, und ist ein Anker für die Person, die sie sehen und bezeugen kann.

CHANNEL

Tagträumen ist etwas für Krieger
Lass los;
Lass die Ideen los,
die sich in deinem Kopf festgesetzt
haben und die es dir ermöglicht haben,
eine Geschichte darüber zu erschaffen,
wer du eigentlich bist
Kommen sie aus der Perspektive
einer anderen Person, aus einem anderen Blickwinkel,
aus einer anderen Sichtweise, aus einer anderen Geschichte, wenn du sie
loslassen würdest,
wer wärst du,
könntest du eine neue Geschichte darüber erschaffen,
wer du bist, ohne
Du könntest alles sein
Lass es in deinem Geist Gestalt annehmen
Du kannst sein, was du träumst
Könntest du deinem Geist erlauben,
sich in all die Dinge hineinzuversetzen,
die du sein könntest
All die Dinge, die du nicht einmal
mit Klarheit sehen kannst
Dinge, die du nur spüren kannst
Lass die Urteile los
Sie halten uns zurück
Sie halten uns davon ab,
unserem Geist zu erlauben,

sich auszudehnen und all das zu betrachten,
was wir sein können
Diese Urteile sollten uns nicht zurückhalten, s
ie sollten uns leiten und uns zeigen,
wo wir uns ausdehnen müssen
Als wir jung waren, sollten sie uns beschützen,
aber unser junger Verstand hat sie falsch verstanden.
Die Menschen, die auf uns blickten,
gaben uns Regeln, wie sie glaubten,
dass wir unser Leben leben sollten
Was, wenn sie nur Vorschläge waren,
um uns in diesem Moment zu beschützen
Wir sind nicht mehr diese Kleinen,
wir sind an einem neuen Ort,
auf einer neuen Zeitlinie,
wir können die Geschichten erschaffen,
die wir träumen wollen, die wir leben wollen,
um unseren Tagtraum zu leben

AFFIRMATION

Ich kann meinen Tagtraum leben

INSPIRATION

Manifestiere deine Träume

45

Bitte das Universum um Hilfe, und hab Vertrauen.

Manchmal kann ich den Unterschied zwischen einem Tagtraum und einer Idee nicht erkennen. Ein Tagtraum ist für mich ein Gedanke, der in der Zukunft liegt und den ich gerne verwirklichen würde. Eine Idee ist eine Vision von etwas, das ich gerne tun würde, von dem ich aber noch nicht genau weiß, wie es sich entwickeln wird. Früher haben mir diese Visionen Angst gemacht, weil ich mir nicht vorstellen konnte, wie ich sie verwirklichen sollte. Inzwischen habe ich gelernt, dass meinen Ideen eine Leidenschaft zugrunde liegt und dass ich sie mit der Zeit verwirklichen kann. Ich glaube wirklich, dass jeder das kann, aber was uns davon abhält, ist die unterschwellige Angst, dass wir nicht fähig genug sind. Wir stecken alle in all den Teilen fest, die es braucht, und in der Erfolgsrate und wie gut oder schlecht diese Idee sein wird. Was wäre, wenn du das alles vom Tisch nehmen könntest? Wie wäre es, wenn du Ideen kreierst und umsetzt und die Ergebnisse einfach als Informationen betrachtest und diese Informationen analysierst, um zu sehen, was du gelernt hast. Diese Philosophie ist mir nicht in den Schoß gefallen; sie wurde mir von meinen Trainern und Mentoren beigebracht. Ich wünschte, ich könnte sagen, dass ich die Misserfolge jedes Mal mit Würde und Anmut schlucke, aber das wäre eine Lüge. Die Wahrheit ist, dass Scheitern manchmal hart ist und ich länger brauche, um mich davon zu erholen. Jetzt habe ich gelernt, dass sie wie Samen sind, die man in den Garten pflanzt: Manche gehen auf, manche nicht. Das ist nichts Persönliches. Du legst sie aus, das ist der schwierige Teil und dann siehst du, wohin die Idee führt. Mit dieser Einstellung habe ich immer wieder neue Dinge kreiert und werde das wahrscheinlich auch weiterhin tun, auch wenn sich viele von ihnen nicht so entwickeln, wie ich es mir vorgestellt habe. Ich liebe es, neue Ideen zu entwickeln und zu sehen, wie sie sich entwickeln. Früher hatte ich Angst davor, aber jetzt, mit dem neuen Verständnis, dass ich nur Samen säe, kann ich das Ergebnis loslassen.

CHANNEL

EMPFANGE
Sieh über das hinaus,
was direkt vor dir ist, sieh über das hinaus,
was deine Augen sehen können,
wenn du deinen Augen erlaubst zu sehen, was unsichtbar ist,
wird die Energie klar.
Du kannst versuchen, deine Probleme zu durchdenken,
du kannst versuchen, sie zu lesen,
aber die Wahrheit ist,
wenn du deine Intuition nutzt,
vertraue auf das,
was deine Weisheit bereits weiß,
werden die Probleme,
die auf magische Weise erscheinen, klar
Dinge, die scheinbar keine Antworten haben,
haben Lösungen
Wenn wir mit unseren Augen schauen,
vergessen wir, dem zu vertrauen,
was wir wissen,
Wenn wir mit unseren Augen schauen,
vergessen wir zu vertrauen,
was wir wissen

Die Information, die wir brauchen,
kommt zu uns, sie erscheint
Sei offen dafür, sie zu bemerken
Hab Vertrauen in das,
was du nicht sehen kannst
Hab Vertrauen in das,
was du bist
Hab die Fähigkeit zu sehen,
dass du unterstützt wirst
Hab die Fähigkeit,
ohne deine Augen zu sehen
Hab Vertrauen in das,
was auf dich zukommt
Es ist alles ein Geschenk des Universums
Öffne dein Herz
Nimm es auf
Trink es

AFFIRMATION

Ich sehe alles von mir

INSPIRATION

Vertraue zuerst dir selbst

NACHWORT

Ich war auf dem Weg zu einem Retreat. Ich freute mich sehr darauf, Zeit mit einer engen Freundin zu verbringen und mit vielen anderen in Kontakt zu kommen. In der Zwischenzeit erinnerte ich mich an eine Freundin namens Sara, die ich auf einer Klausurtagung kennengelernt hatte. Ich hatte eine Verbindung zu ihr und wollte herausfinden, wie ich mit ihr als Coach arbeiten könnte. Ich wollte mir einen Moment Zeit nehmen und sehen, ob sie daran interessiert war, mich zu coachen. Ich erinnere mich, dass ich mich mit ihr draußen an einen schattigen Platz setzte. Wir nahmen beide unsere Sonnenbrillen ab, damit wir uns aussprechen konnten. Sobald wir das taten, bekam ich eine Gänsehaut. Da war so viel Energie zwischen uns. Ich hatte das Gefühl, dass sie wusste, wovon ich sprach, bevor ich es überhaupt gesagt hatte. Ich sprach über meine Träume und darüber, wie ich mit ihr zusammenarbeiten wollte, um den Schwung zu erzeugen, mit dem ich sie verwirklichen konnte. Wir begannen, wöchentlich zu coachen. Ich spürte, dass sich in mir eine Veränderung vollzog. Es fühlt sich an wie ein Aufwühlen von Ideen, die beginnen, sich zu drehen und Gestalt anzunehmen. Am Anfang hatte ich kein klares Verständnis. Ich habe in dieser Zeit gelernt, mich der Ungewissheit hinzugeben und darauf zu vertrauen, dass sich alles klären wird. Das Gefühl, sozusagen im Nebel zu laufen, frustriert mich. Es fällt mir schwer, mich auf neue Ideen zu konzentrieren oder neue Projekte zu verwirklichen. Ich ertappe mich dabei, wie ich mir immer mehr Raum verschaffe, um zu mäandern und Informationen zuzulassen, die zu mir kommen. Ich hatte das Gefühl, dass ich einer neuen Ebene des Verständnisses näher kam. Eines Tages setzte ich mich nach dem Frühstück in meinem Schlafanzug und mit einer heißen Tasse Kaffee an den Computer. Ich öffnete eine neue PowerPoint-Datei und begann zu tippen. Die Worte sprudelten nur so aus mir heraus und ich Channelisierte die Informationen. Als ich mit der letzten Folie der PowerPoint-Datei fertig war, griff ich nach meinem Kaffee und stellte fest, dass er eiskalt war. Die Hafermilch oben drauf hatte einen Film über sich. Ich warf einen Blick auf die Uhrzeit auf meinem Computer und rechnete aus, dass etwa vier Stunden vergangen waren. Ich sah mir die PowerPoint-Präsentation auf meinem Bildschirm an und bemerkte, dass die letzte Folie mit zweiundvierzig nummeriert war. Wie konnte das sein? Ich dachte, ich könnte es nicht glauben. Ich begann, die Folien zu lesen und war so begeistert, dass mir klar wurde, dass diese gechannelten Botschaften das Buch waren. Ich war dazu bestimmt, diese Weisheit zu teilen. Ich schrieb Sara eine SMS, die mir mit allen möglichen Emojis antwortete, die es gibt. Ich war ganz aus dem Häuschen. Ich schickte ihr eine Kopie der PowerPoint-Präsentation. In unserer nächsten Coaching-Sitzung freute sie sich für mich, schlug aber vor, dass es noch mehr geben könnte, dass es eine Geschichte hinter diesen gechannelten Botschaften gibt. So begann ich, dieses Buch zu schreiben. Ich dachte, dass jeder Aufsatz ein Stückchen Weisheit enthalten würde. Der Leser könnte sich das heraussuchen, was er in diesem Moment an Inspiration braucht, und diesen Aufsatz lesen. In der Zwischenzeit gründete Sara die Thought Leader Academy und ich trat natürlich bei. Ich lernte erstaunliche Menschen kennen, die mir mit ihrer Hartnäckigkeit und ihrem Mut so viel beibringen konnten. Nach drei Jahren, in denen ich immer wieder geschrieben habe, ist dieses Buch das Ergebnis meiner weiteren Reise. Was dabei herauskam, ist mehr, als ich mir je hätte vorstellen können. Als ich all meine Geschichten ausgrub, entdeckte ich, dass sie begannen, diese Aufsätze zu einem Buch zu verweben. Sie begannen, aufeinander aufzubauen, und dieser Schreibprozess ließ mich erkennen, dass ich ein Geschichtenerzähler und ein Schriftsteller bin. Eine aufwühlende Stimme macht dich unausgeglichen und unverbunden. Die Wahrheit ist sehr verbunden. Die Verbindung ist in diesem Moment nicht knackig. Ich muss darauf vertrauen und die Kontrolle abgeben und einfach darauf vertrauen, dass das, was reinkommt, das ist, was ich brauche.

Irgendwo im Austausch dieser Geschichten konnte ich auch das Wachstum in mir sehen. Niemand ist mehr überrascht als ich, dass dieses Projekt all das ans Licht gebracht hat. Mir wurde klar, wie viel Angst ich davor hatte, alle Teile von mir zu teilen. Mein persönlicher Dank geht an meinen Mann Kevin, der diesen Wirbelwind mit Liebe unterstützt hat. Besonderen Dank an meine Kinder, die immer wieder zuhörten, um zu teilen. Meine Lektorin Audrey hat mich gelehrt, der Geschichte zu vertrauen, die ich teilen möchte. Es gibt kein Zuviel an Informationen. Je näher ich dem Ende kam, desto mehr Angst hemmte mein Schreiben. Ich nahm an vielen gemeinsamen Schreibsessions mit meinen Freunden und meinen talentierten Freunden teil. Eines Tages, als ich in meinem Kopf war, teilte mein Coach Kaela dieses Nugget: "Du bist der Channel für die Geschichte, und es ist an dir, sie zu teilen. Wenn nicht du, wer dann?" Ich glaube, es ist leicht zu denken, dass jemand anderes diese Geschichte erzählt hat. Ich weiß aber, dass das nicht der Fall ist, denn es ist meine Geschichte. Ich habe von meiner Mentorin Sara gelernt. Dass niemand sonst deine Geschichte erzählen kann und dass meine Geschichte dazu bestimmt ist, geteilt zu werden. Also grabe ich tief in mir, um die Kriegerin in mir zu finden, die diese Geschichte denjenigen, die sie lesen sollen, als eine Quelle des Trostes, der Inspiration und der Weisheit anbietet. Das letzte Wort lässt mich immer noch zögern. Auch wenn ich stolz auf die tiefgreifende Arbeit bin, die ich im Einzelcoaching und in kleinen Gruppen leiste. Ich kann immer wieder beobachten, wie sich Menschen verändern, wenn sie anfangen, sich selbst zu vertrauen. Ich bin immer noch beeindruckt von den Informationen, die ich erhalte. Ich vertraue jetzt allem.

ÜBER DIE AUTORIN

Seit Robin denken kann, nennt ihr Vater sie Sunshine, als ob er die Energie und das Licht, das sie umgibt, schon bei ihrer Geburt gespürt hätte. Vom ersten Tag an liebte sie es, unter Menschen zu sein, und sobald sie sprechen konnte, entwickelte sich daraus eine Leidenschaft für das Gespräch mit Menschen. Diese natürliche Freude an tiefgründigen Gesprächen und der Wunsch, bei den Menschen um sie herum wirklich präsent zu sein, führten zu ihrer festen Überzeugung, dass "keine Stimme zu klein ist, um gehört zu werden". Ihre angeborene Fähigkeit, in die Tiefe zu hören, manifestierte sich zunächst in einer Karriere als Sprachpathologin. Irgendwann erkannte sie jedoch, dass sie eine spirituelle Intuition besaß. Im Laufe der Jahre gab es so viele Anzeichen für ihre Gabe, die sie immer wieder unterdrückte, bis ihr eigenes Motto "Keine Stimme ist zu klein, um gehört zu werden" plötzlich auf ihre eigene Stimme und ihre eigenen Erfahrungen zuzutreffen schien. Endlich war sie bereit, auf ihre innere Stimme, ihre Intuition und ihre bemerkenswerte Fähigkeit zu channeln zu hören. Heute setzt sie diese Gaben als intuitiver Life Coach ein. Die Weisheit, die sie auf ihrer Reise gewonnen hat, um die Magie ihrer Gabe voll zu akzeptieren, ist in ihrem ersten Buch "*Vertraue deiner Intuition*" enthalten.

Robin wurde in der Bronx geboren und hat ihr ganzes Leben in New York City verbracht. Sie genießt es zu wissen, dass sie zu Aufführungen gehen kann, wann immer ihr danach ist. Ihren Mann lernte sie auf dem College kennen und sie wuchsen zusammen auf. Sie haben zwei Kinder und in den letzten 38 Jahren zwei Katzen, vier Hunde und eine Handvoll Fische. Um mehr über Robin und ihre Arbeit zu erfahren, besuchen Sie www.robinspollak.com. Robin glaubt, dass jeder Mensch eine Bestimmung hat und es verdient, seine angeborenen Talente zu leben. Sie freut sich darauf, dir bei der Entdeckung und Verwirklichung deiner Träume zu helfen.

Danksagung

Kevin, ich kann mich glücklich schätzen. Mit dir an meiner Seite. Danke, dass du all das Essen besorgt hast und zu oft mit Cooper gelaufen bist.

Und meinen Kindern, die mir zu oft zuhörten, wenn ich von diesem Abenteuer erzählte.

Und all meinen Freunden (ihr wisst bescheid), die zugehört, geweint, gelacht und mich gefeiert haben.

Meinem höheren Selbst danke ich dafür, dass du deine Weisheit mit mir geteilt hast.

www.ingramcontent.com/pod-product-compliance
Lightning Source LLC
Chambersburg PA
CBHW030919140626
46545CB00016B/1569